2027 중등 교원
임용 시험 대비

권은성 ZOOM 전공체육

스포츠사회학

권은성 편저

Z

O

O

M

박문각

PART 03 · 사회과정과 스포츠

Chapter 03 스포츠와 집합행동

Chapter 04 스포츠와 세계화

스포츠사회학

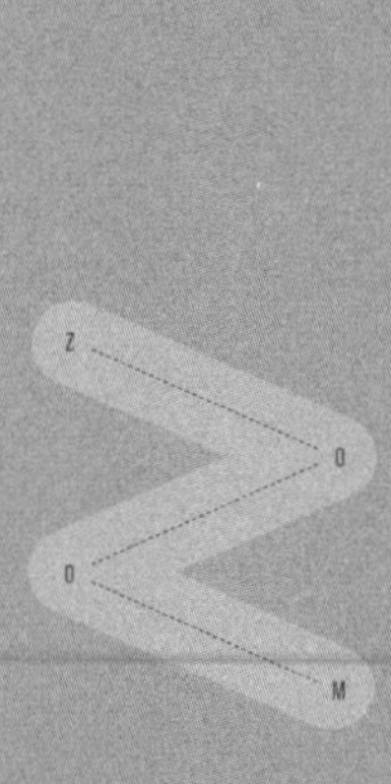

스포츠사회학

01 스포츠사회학

01 스포츠사회학의 정의

1. 정의	(1) 스포츠 사회구조와 사회과정 연구 (2) 표준화된 상호작용 유형 파악
2. 의미와 적용	(1) 사회조직의 유형 유지 (2) 스포츠사회학 이론의 적용

02 스포츠사회학의 연구 영역 · 방법

1. 스포츠사회학의 연구 영역

	연구 내용		특징
(1) 연구 내용 (과제 영역)	사회적 행위		특정 집단이나 범주 내 공통의 성격과 동일 양식 형성
	집단		집단의 구조적 · 기능적 특성과 사회과정 연구
	문화 · 제도	행동문화	제도, 규범, 규칙
		정신문화	이데올로기, 신념, 스포츠맨십, 아마추어리즘
	사회변동		스포츠에 대한 사회적 요구, 스포츠클럽 속성, 지도자 역할

① 거시적 사회제도

<u>스포츠</u>	가치, 이데올로기, 신념 전달, 정치와의 관계, 참가자의 정치적 성향, 스포츠의 이용
종교	스포츠를 통한 절정적 의식 경험
교육	스포츠 참가의 영향
실력주의	계층 이동 요인과 차등에 대한 합법성
성	참가, 성차

② 미시적 사회관계와 소규모 사회체계

소집단 상호작용	협동심, 구조의 효율성
지도자론	특정 경기 위치와 지도자 충원의 관련성
사회화	참가 동인, 참가 결과
사기	승리, 공격성(폭력), 비행

③ 전문적 학문

학문적 적법성	연구 이유와 방법
스포츠의 본질적 정체	구조기능주의, 갈등 이론, 비판 이론, 상징적 상호작용

(2) 범위 (접근 영역)

2. 스포츠사회학의 연구 방법 및 연구 기법

	관점	특징
(1) 연구 방법	규범적 접근	• 가치지향적 연구 • 진위사실 판별의 당위성에 관한 가정
	비규범적 접근	• 과학적, 가치중립적 • 있는 그대로 과학적 기술과 설명

	구분	양적 연구	질적 연구
(2) 연구 기법	특성	자료의 계량화 및 수치화, 통계 기법 적용	연구자의 전문성 및 통찰 중시
	목적	경험적 자료 계량화, 인과 관계 설명, 보편적 법칙 검증 및 규명	의미를 심층적으로 이해
	추론 방법	연역적 추론	귀납적 추론
	접근 방법	조사연구, 실험연구, 평가연구 등	근거이론, 생애사, 현상학, 문화기술지, 사례연구 등
	자료 수집	설문지, 실험 등	참여관찰, 심층면담 등
	장점	연구자의 주관성 배제, 객관적 연구 가능	심층적인 의미 해석 가능
	단점	심층적 이해 한계	연구자의 주관적 가치 개입 가능성

03 스포츠 정의

1. 스포츠 본질

(1) 스포츠 활동 형태	복합적 신체기능이나 활발한 신체발현이 포함된 활동
(2) 스포츠 활동 조건	제도화(공식적·조직적 상황)된 경쟁적 신체활동
(3) 참가자의 주관적 성향	내·외적 동기 사이의 균형 유지와 자유·자발성 공존

2. 스포츠 정의

(1) 일반적 정의	스포츠는 내·외적 요인의 결합에 의해 동기유발된 개인의 활발한 신체활동이 포함되거나 비교적 복합적인 신체기능을 구사하는 제도화된 경쟁적 활동이다.
(2) 코클리(Coakley)	스포츠는 참가의 내적 만족에 기초한 동기가 순수한 신체적 표현의 즐거움 또는 이와는 분리된 외적 보상에 기초한 동기와 공존할 때 창출된다. 내적 동기가 외적 동기를 대치하면 활동은 순수 놀이가 되며, 외적 동기가 내적 동기를 대치하면 스포츠는 서커스가 된다. 따라서 스포츠의 존속 여부는 내·외적 동기 사이의 균형 유지에 의존한다.

3. 스포츠 특성

(1) 맥킨토시(Mcintosh)의 스포츠 분류
2025년 B 7번

🏆 '우월성의 추구 욕구'에 따른 스포츠의 범주

분류	설명
경기 스포츠	스포츠의 대부분을 차지하며 경기를 통하여 자신의 탁월성을 증명하고 승리를 위해 최선을 다하는 기회 제공 육상, 축구, 농구, 구기 운동 등
투쟁 스포츠	상대방이나 상대 팀에게 탁월성(우월성)을 증명하고 승리를 위해 최선을 다하는 데 그 목적이 있으나, 경기 스포츠와 달리 신체를 통한 직접적인 접촉과 검이나 봉을 통한 간접적인 접촉을 바탕으로 투쟁의 성격을 띰 레슬링, 펜싱, 유도, 검도, 태권도 등
극복 스포츠	특정 환경이나 상황에 대한 경쟁 활동으로 개인이나 집단이 아니라 환경 및 상황에 의해서 전개되며, 대부분 자연환경에 대한 도전의 특성을 지님 수영, 캠핑, 카누, 요트, 등산, 하이킹 등
율동 스포츠	경쟁성이 내포되어 있지 않으며 탁월성·우월성의 추구가 아니라 신체 지각을 통해 인간의 이념이나 감정을 표출하는 신체활동 무용, 에어로빅, 피겨스케이팅, 리듬체조 등

(2) 코클리(Coakley)의 스포츠 특성

특성	개념 및 사례
허구성	일상과는 직접적인 연관성이 떨어지는 허구적인 성향이 존재하여 경험할 수 없는 상상의 즐거움을 제공해 주는 것을 의미함 손흥민 선수가 프리미어 리그에서 득점을 하는 모습을 통해 일반인들은 그들이 경험할 수 없는 프로축구 선수로서의 경험을 상상함으로써 다양한 즐거움을 만끽하게 된다.
비생산성	스포츠를 통해 재화를 생산하는 것이 목적이 아니라 참가자 개개인이 스포츠로 인해 얻을 수 있는 즐거움이 주된 목적이 됨 생활체육은 물질적, 금전적 보상을 목적으로 하지 않는다.

	불확실성	승패의 예상 혹은 경기의 전반적인 흐름을 예측할 수 없으며 동일한 팀 간, 그리고 같은 상대와의 스포츠 경기라고 하더라도 매 경기마다 결과는 불확실하며 불확실성을 통해 스포츠만의 스펙터클함과 극적 요소가 만들어지게 되고 이는 스포츠 관람의 가장 큰 가치를 만들어내게 됨
(2) 코클리(Coakley)의 **스포츠 특성**	제도화된 규칙성	경기(시합) 전 규칙이 미리 합의되고 그로 인해 해당 경기를 위한 매뉴얼이 만들어지게 되는데(예 국제축구연맹의 규정집), 이를 제도화된 규칙성이라고 함 스포츠에서는 합의된 규칙에 의거하여 경기가 진행되면서 경기에서의 승리를 위하여 다양한 확률, 기술, 전술 등을 활용하게 될 때 스포츠의 극적 요소를 더욱 확대할 수 있게 된다.
	경쟁성	단순히 참가하는 것을 넘어서서 게임과 스포츠 경기에서의 승리를 목적으로 하고 있기 때문에 기본적인 경쟁성이 필수 요소임 스포츠 현장에서, 경쟁에서의 승리를 통해 얻을 수 있는 물질적, 정신적 보상은 스포츠 참가의 주된 이유가 된다. 이러한 스포츠에서의 경쟁 대상은 타인 혹은 타 팀은 물론 자기 자신이 될 수도 있다.
	신체의 움직임 및 탁월성	스포츠를 가장 스포츠답게 해주는 특성인 탁월성으로 인하여 신체적 움직임은 스포츠의 도구가 아닌 목적으로 인식됨 김연아 선수의 트리플 악셀과 같은 신체적 탁월성을 포함하는 기술은 일반인이 모방하기에는 힘든 스포츠 기술에 해당된다. 이에 일반인들이 스케이트장에서 즐기는 스케이팅은 놀이 및 게임에 해당되지만 김연아 선수가 올림픽에서 행하게 되는 스케이팅은 스포츠에 해당된다.
	제도화	스포츠의 형성 과정 전반에 걸쳐 놀이 및 게임의 단계를 거치면서 조직, 제도, 규칙, 문화 등이 제도화되어 나타나게 되는 형태로 조직이나 행동 등이 시간의 흐름, 장소의 변화 등에 의해 표준화되고 체계화되는 과정을 의미하고 이러한 과정이 바로 스포츠의 특성을 나타내는 가장 중요한 특성이 됨

① 신체적 활동

> 격렬한 신체활동, 대근 활동

② 경쟁적 활동

> 사회적 역동, 자신의 한계 극복, 타인에 대한 우월성 검증, 불확실성과 볼거리 제공

③ 제도화된 활동

🏆 코클리(Coakley)의 스포츠 제도화

2014년 A 6번 / 2022년 A 8번 / 2025년 B 6번

(3) 스포츠의 핵심 요소

규칙의 표준화	개인의 차원을 넘어선 공식적인 집단에 의해 표준화된 절차 및 규정으로 규칙 제정 스포츠에서 규칙은 게임의 규칙과는 다르게 개인적인 차원을 넘어서며, 공식적인 집단 및 조직(스포츠 관련 협회, 연맹 등)에 의해서 표준화된 기준(절차 및 규정)이 제정되는 단계이다. 이는 국제축구연맹(FIFA), 국제야구연맹(IBAF), 국제농구연맹(FIBA) 등과 같은 스포츠 집단 및 조직이 개인적 차원의 규칙을 넘어 전 세계의 축구, 야구, 농구 경기에 적용할 수 있는 표준화된 규정 혹은 규칙을 제정하는 단계이다.
공식 규정 위원회의 규칙 집행	경기를 공식적으로 인가하고 장소에 따라 상이한 기준을 적용하지 못하도록 규칙의 집행을 보장하는 기구 존재 공식적인 집단 혹은 조직이 스포츠 경기를 인가하고 이미 제정된 규칙을 실제 시행하는 단계이다. 물론 시대적 흐름에 의해, 혹은 참가자와 관람자의 요구에 의해 경기규칙이 변경되기도 하지만 이 또한 공식적인 집단이나 조직이 그 책임을 지게 된다.

(3) 스포츠의 핵심 요소

행동의 조직 합리성 강조	규칙을 준수하면서 경쟁에서 승리하기 위해 선수 및 코치의 활동이 점차 합리적으로 변화함. 예를 들어, 경기에 대비해 팀이 전략 및 훈련 일정을 세운다든가 신발·유니폼·기타 장비가 그 활동만을 위해 개발되는 등의 추세를 의미함 제정되고 집행된 규칙 혹은 규정을 준수하면서 스포츠에 참가하는 사람들(선수, 코치 등)이 경쟁에서 승리하기 위해 합리적으로 변화하는 단계로 그들의 스포츠 경기력 향상을 위해 다양한 스포츠 장비의 개발, 기존의 기술을 초월하는 새로운 전문기술의 개발과 한 시즌(프로스포츠 구단 혹은 학교운동부 등)의 전반적인 훈련 일정이 체계적으로 구축된다.
경기기술의 정형화	스포츠가 조직화·합리화됨에 따라 전문성 증대와 경기기술이 정형화됨. 예를 들어, 초창기 농구에서는 공을 두 손으로 들고 허리 아래에서 위로 던지는 언더핸드 슛 등 여러 가지 슛 동작이 경기에 적용되었지만, 현재는 세트 슛·점프 슛·레이업 슛 등으로 한정되어 사용될 뿐만 아니라 각각의 슛을 사용하는 상황 역시 거의 정해져 있음. 이는 경기 경험이 축적되면서 슛에 대한 기술이 체계적으로 정형화되었기 때문임 스포츠에 참가하게 되는 사람들이 전문성을 가지게 되는 단계로, 제정된 규칙을 선수나 코치가 명확하게 알고 있어야 하며 합리적이고 체계적인 훈련 프로그램이 선행되었을 경우 이룰 수 있는 단계이다.

스포츠 제도화의 네 단계 : 농구 사례

동네에서 혼자 혹은 친구들끼리 행하던 농구 게임에서 정했던 규칙들이 발전하여 국제농구연맹에 의해 표준화된 일련의 규칙이 제정되는 것이 바로 첫 번째(규칙의 표준화) 스포츠 제도화의 과정이다. 또한 국제농구연맹은 공식적으로 제정된 규정을 통해 경기를 인가하고 대회 등을 승인하게 되는데, 이는 바로 스포츠 제도화의 두 번째(공식 규정 위원회의 규칙 시행) 단계이다. 그리고 이러한 농구 대회에 참가하는 코치 및 선수들은 경쟁에서 승리하기 위해 다양한 전술 및 훈련 프로그램 등을 개발하게 되는데, 이것이 바로 세 번째(활동의 조직적·전문적 측면의 강조) 스포츠 제도화의 단계이다. 마지막으로 전술 및 훈련 프로그램 등을 통해 전문성을 갖추게 된 농구 선수들은 각각의 상황에 맞는 슛을 행하게 된다는 것이 네 번째 단계인 경기기술의 정형화 단계이다.

(3) 스포츠의 핵심 요소

④ 내외적 보상에 의해 동기화된 참가자

PLAY   SPORTS   SPECTACLE

- 초점: 참가자 ---------------------------------- 관중 / 시청자
- 참가자: 선수 ---------------------------------- 등장인물
- 보상: 내재적 ---------------------------------- 외재적
- 활동 본질: 진정성 ------------------------------ 각색된 모습
- 활동 주체: 즉흥적 표현 -------------------------- 연출된 드라마
- 구조: 개방적 / 창조적 --------------------------- 계획적 관리에 의해 고정된
- 역학 관계: 자유 ------------------------------- 예견 및 계획
- 목적: 개인의 즐거움 ---------------------------- 관중의 즐거움

🏆 놀이와 극적인 구경거리 요소를 포함하는 스포츠

'엘리아스(N. Elias)의 문명화 과정'의 개념을 통해 고대, 중세, 근대 스포츠의 발전과정을 살펴보면 오늘날 스포츠가 어떻게 발전되어 왔는지 파악할 수 있다. 18세기에 복싱, 경마, 크리켓 등은 폭력성이 완화된 형태로 변모하였고, 특히 볼을 가지고 하는 게임인 축구, 럭비, 하키, 테니스와 같은 스포츠 역시 비폭력적인 형태로 진화하였다. 이와 같이 스포츠의 각 종목에서 폭력성이 배제되어 가는 과정은 스포츠가 문명화되어 가는 과정으로 이해될 수 있다.

(4) 문명화 과정과 스포츠
2024년 A 7번

고대 스포츠	• 야만적이고 잔인한 성격 • 신체 모든 부위와 넘어진 상대에 대한 공격이 가능할 정도로 폭력성이 짙은 판크라티온 종목, 전차 경주 등이 존재함 • 스포츠는 전쟁을 위한 훈육의 한 방식으로 여겨짐
중세 스포츠	• 중세의 여우사냥은 여우 살생에 목적을 둔 전쟁과 유사한 형태로 이루어짐 • 축구는 신체적 폭력이 관습처럼 허용됨 • 토너먼트는 서로 잡고, 싸우고, 거짓말과 같은 것들이 포함된 매우 폭력적인 형태로 이루어짐. 12세기~16세기 사이에 상류계층의 여성들을 특히 의식하여 폭력성이 점차 사라지고, 야외극 형식으로 변형되어 감
근대 스포츠	• 근대의 여우사냥은 살생보다 여우 추적 과정에서의 긴장감과 쾌감을 더 중요하게 여김 • 여우사냥에 대한 흥분감과 쾌락 극대화를 위해 여우 추적을 고의로 어렵게 만듦. 엘리아스는 이를 '쾌락 원천의 다양화'와 '클라이맥스의 지연(the delay of the Climax)이라고 칭함

스포츠사회학의 주요 이론

01 스포츠사회학의 주요 패러다임

1. 기능 – 체계 패러다임	(1) 특징	① 체계적 구조(유기적)는 체제 욕구와 구성원 욕구 간의 만족과 균형 유지 ② 기능적 문제(긴장처리, 적응, 목표성취, 통합, 조화, 신념과 태도의 지속성)에 대한 스포츠의 기여 ③ 사회 안정과 유지를 위한 스포츠 역할 ④ 스포츠의 기여 방법과 과정 기술 설명
	(2) 한계점	① 소수 엘리트에 의한 스포츠 지배 간과 ② 스포츠에서 발생되는 각종 차별과 불평등 간과 ③ 스포츠의 긍정적 기능 과장
2. 폭로 패러다임	(1) 특징	① 사회적 가치에 대한 문제 제기와 개선 촉구의 실천적 의미 제공 ② 약물복용, 대교경기 부정선수, 스포츠 조직의 관료주의 성향, 인종차별, 성차별 등에 대한 연구 진행 ③ 사회문제를 스포츠에 존재하는 가치체계의 붕괴가 아닌 의도적·조직적 노력의 산물로 간주
	(2) 한계점	① 과학적 객관성 미확립 ② 문제해결 방안의 제한성 ③ 체계적 지식 형성 미흡
3. 인간주의 – 실존 패러다임 (상징적 상호작용)	특징	① 인간중심 사회학으로 설명 ② 현실문제 초점 연구 ③ 사회문제와 관련된 인간철학적 탐색 ④ 자유 상실과 스포츠 경험에 의한 자아실현의 잠재성에 대한 발견 ⑤ 현상학적 연구 진행

02 스포츠사회학 이론

1. 구조기능론 : 스포츠는 삶의 활력소이다. 2006년 14번 / 2020년 A 10번

(1) 이론의 가정

① 사회는 상호 의존적 제도이며 스포츠는 전체 안정에 기여

> 18세기 산업혁명 시기부터 도시 팽창에 따른 범죄와 같은 일탈 행위, 열악한 노동조건에 따른 파업과 계급 간 대립 등 이전에는 볼 수 없었던 사회문제들이 급증하기 시작했다. 이러한 혼란 속에서 초창기 사회학자들은 사회변화가 주는 불안을 통제하기 위해 이를 설명하고 예견할 수 있는 법칙을 발견하고자 노력했다. 그중 꽁트(Auguste Comte, 1798~1857) 사회과학의 최종 목표는 불평등·사회갈등과 같은 사회불안 요소들을 해결하고 통제함으로써 사회를 보다 도덕적이고 안정적인 상태로 인도하는 것이었다. 뒤르켐(Emile Durkheim, 1858~1917) 역시 통합적이고 안정적인 사회를 정상 상태로 가정하고 어떻게 사회질서를 회복할 것인가에 관심을 갖고 있었다(Giddens, 2006).

② 사회 구성원의 가치관 강조

③ 사회는 유기체로 사회 각 부분은 전체 존속에 필요한 각각의 기능 수행

구조기능론의 사회에 대한 기본 가정(Turner & Maryanski, 1979)

- 각 부분은 사회의 존속에 기여하며, 그로써 자신의 존속도 보장받는다.
- 부분은 상호 의존하며, 한 부분의 변화는 다른 부분의 변화 역시 초래한다.
- 사회는 기본적으로 안정을 유지하고자 하며, 균형이 깨지면 회복하려는 본성을 갖고 있다.
- 사회 유지와 안정에 관계되는 가치나 신념체계는 기본적으로 합의되어 있다.
- 각 부분 간에는 기능상의 차이만 있을 뿐 우열은 없다.
- 사회계층은 차등적 보상의 결과로서, 더 많은 보상을 받는 사람은 그만큼 다른 사람들에 비해 더 힘들고 중요한 기능을 맡고 있기 때문이다.
- 유기체의 각 부분과 마찬가지로 사회의 각 부분도 자율성을 갖고 있다.

④ 존속하는 체계는 비합리적이거나 모순적일 수 없다는 기본 가정

⑤ 사회의 질서와 안정을 유지시키는 도덕적 합의의 중요성 강조 2024년 B 5번

> 도덕적 합의는 한 사회의 대다수의 사람들이 동일한 가치를 공유할 때 형성되며 구조기능론자들은 질서와 균형을 사회의 정상적인 상태로 가정한다. 이러한 사회적 균형은 사회 구성원들 간에 도덕적 합의가 있기 때문에 유지된다. 뒤르켐(Emile Durkheim)에 따르면 친족이나 혈연 또는 지연 중심으로 구성된 전통사회에서는 구성원들 간의 역할 분담이 매우 낮은 수준에서 작동하는 '기계적 연대'였으며 근대 산업사회에서는 개인 간 계약 관계가 더욱 중요하게 인식되어 구성원 간의 노동 분업이 상당히 복잡한 수준에서 이루어지는 '유기적 연대'의 모습이 나타난다고 하였다. 유기적인 사회적 연대성이 작동할 수 있게 만들어 주는 전제 조건으로 '집합 표상(collective representation)'을 지목하였다. 집합 표상이란 '한 사회의 구성원들이 공유하고 있는 사유 과정, 가치와 신념'을 의미하며 집합 표상은 사회를 구성하고 있는 사람들이 서로에 대하여 가지고 있는 규범적인 기대이고, 또한 그것을 담은 도덕이다.

(2) 파슨스(Parsons) 스포츠의 4가지 사회적 기능(AGIL 모형)

① 적응(A)	㉠ 특정 사회를 지향하는 사회 환경과 동화·조화하고, 환경요구에 대처 ㉡ 적응기제와 방어기제(사회적·물리적 환경 적응) 강화
② 목표 성취(G)	㉠ 특정 사회가 지향하는 목적을 정의하고, 이를 달성하기 위한 방법 및 수단을 제공 ㉡ 구성원의 동기부여 및 사회 만족감 부여 ㉢ 사회제도 목적과 동원 가능한 수단의 합법화와 재확인 ㉣ 승리제일주의에 대한 단호한 거부 ㉤ 스포츠 참가를 통한 스포츠맨십과 페어플레이 전제 **목표 달성 및 성취동기 강화** 스포츠는 개인의 역량을 발휘하고 이를 바탕으로 타인에게 존경과 인정을 받을 수 있는 기회의 통로이다. 뿐만 아니라 교육적인 측면에서 스포츠는 상급학교 진학을 위한 주요 통로로 활용되며, 경제적 측면에서 막대한 부를 축적할 수 있는 기회를 제공한다.
③ 사회통합(I)	㉠ 사회 각 부분들을 관리하여 내부적으로 조화로운 사회관계 유지, 일탈행위가 발생할 경우 이를 바로잡는 기능 ㉡ 결집과 조직 일체감 조성 ㉢ 사회 성원의 출신성분에 관계없는 공통적 감정 유발

④ 잠재적 체제 유지(L) (체제 유지·긴장 처리)	㉠ 사회의 기본적 가치와 규범 내면화 규칙 준수, 공정경쟁, 공격 본능 방출 **사회화 주관자** • 사회에서 요구되는 공유가치와 행동규범을 익힐 수 있는 기회 제공 • 페어플레이 정신, 협동심, 충성심, 근면 등의 덕목들이 개인에게 내면화 ㉡ 경쟁적 스포츠 참가는 성취 욕구 고취와 생산성 증진 ㉢ 성인 역할학습으로 적자생존의 사회 적응력 함양 ㉣ 사회구조에서 발생되는 욕구불만, 좌절 등의 긴장과 갈등 정화 **정서 순화** • 건강 증진 및 정서 순화에 기여함으로써 사회질서에 순응 및 환경변화에 적응 • 사회에 대한 불만과 긴장을 합법적으로 해소하고 감정을 표출할 수 있는 기회를 제공함으로써 사회적 안전판 역할 수행

☑ 뒤르켐(Emile Durkheim)과 사회통합

뒤르켐(Emile Durkheim)은 종교가 사회를 존속게 하는 유용한 사회적 기제, 즉 유기적인 사회적 연대를 형성함을 지적하면서 그 핵심 개념으로 종교의 구성요소인 집합표상과 집합의례, 집단의식을 설명하였다. 이를 적용하여 스포츠에서의 사회통합 메커니즘을 설명한다.

집합표상	특정 집단을 대표하는 상징물로서 스포츠에서는 선수의 유니폼, 팀 로고, 응원가, 마스코트, 깃발, 응원도구와 같은 것들이 이에 속한다. 스포츠에서 자국 선수를 응원하는 데는 국가, 국기 등의 다양한 상징물이 등장하는데, 이는 해당 국가의 정체성을 표출하는 도구로서 각 구성원을 결속시키는 집단표상인 것이다.
집합의례	집단 행사의 절차, 즉 과정을 의미한다. 이는 국민의례, 개회식, 폐회식, 선수끼리의 인사, 치어리더의 응원전 등을 들 수 있다.
집단의식	집합의례에 참여하는 성원 모두는 자기 자신의 개성을 잃어버리고 집단무의식 상태에 들어간다. 이 상태에서 각 개인은 '나는 이 구단의 일원'이라는 집단의식, 즉 집단정체성을 갖게 된다. 시합에서 이겨서 헹가래 치는 것, 각종 세레머니 등은 집단의식의 표현방식 중 하나이다. 이렇게 되면 그 팀의 선수들은 물론 경기장에서 응원하던 관중, 나아가서는 TV를 통해 국제 경기를 시청하던 사람까지 모든 구성원이 결속과 통합의 경지에 도달하게 된다.

🏆 다섯 가지 측면에서 스포츠의 사회적 기능(Stevenson & Nixon, 1972) 2026년 A 10번

사회-정서적 기능	스포츠가 대중들에게 일종의 카타르시스를 제공해 줌으로써 일상에서 경험하는 긴장과 스트레스를 해소할 수 있는 기회를 부여하고, 특히, 사회에 대한 불만과 긴장을 합법적으로 해소하고 자신의 감정을 표출할 수 있는 기회를 제공함으로써 사회적 안전판 역할을 수행한다. 이러한 과정을 통해 사회 구성원들의 사회-정서적 안정을 도모한다.
사회화 기능	스포츠는 사회에서 요구되는 주된 가치와 행동규범을 자연스럽게 익힐 수 있는 기회를 제공한다. 예컨대 페어플레이 정신, 협동심, 충성심, 근면과 같은 가치들은 대표적인 현대 자본주의의 노동윤리인데, 스포츠에 적극적으로 참여함으로써 이러한 덕목들이 개인에게 내면화된다.
사회적 통합 혹은 사회적 연대의 기능	스포츠는 사회적 연대성이 작동할 수 있게 만들어 주는 '집합 표상'의 역할을 수행함으로써 사회 구성원 및 집단 간의 결집을 도모하여 사회체제 안정에 기여한다. 국가적 차원에서 올림픽이나 월드컵과 같은 국제 스포츠행사는 국민들로 하여금 자신의 국가 정체성을 확인하고 공유할 수 있는 기회를 제공한다. 또한 지역사회에서는 프로스포츠와 같은 지역 구단을 통해 지역 주민으로서의 자부심과 하나 됨을 경험하게 된다. 이러한 경험의 공유는 전체 사회체계가 안정적으로 유지될 수 있는 주요 동력으로 작용하게 된다.
정치적 기능	대중의 이목을 집중시킬 수 있는 문화적 기제로써 특정 정치적 상황에서 지배계급의 이데올로기를 강화하는 유용한 수단으로 활용된다. 뿐만 아니라 국제 정치 무대에서 스포츠는 국가의 외교적 도구로 활동되기도 한다.
사회계층 이동 기능	스포츠는 단순한 신체활동의 의미를 넘어 개인의 역량을 발휘하고 이를 인정받아 사회적 신분 상승의 기회를 제공한다. 스포츠는 신체적 탁월성을 바탕으로 타인에게 존경과 인정을 받을 수 있을 뿐만 아니라 교육적인 측면에서 스포츠는 상급학교 진학을 위한 주요 통로로 활용된다. 또한 경제적 측면에서 스포츠는 막대한 부를 축적할 수 있는 기회를 제공함으로써 선수 개인의 사회적 지위를 높일 수 있게 만들어 준다.

☑ Merton의 기능분석틀 2025년 A 10번

Merton은 기능을 행위의 결과에 따른 순기능과 역기능, 행위의 의도에 따른 명시적 기능과 잠재적 기능으로 구분할 필요가 있다고 하였다. 명시적 기능은 의도되고, 동의되고, 기대되었던 기능임에 반해, 잠재적 기능은 의도되지 않고, 동의되지 않고, 기대되지 않았던 기능이다.

행위의 결과에 따른 구분	순기능	역기능
행위의 의도에 따른 구분	명시적 기능	잠재적 기능
예시	미국 노예제도의 명시적 기능은 남부의 경제 생산성을 증가시키는 것	미국 노예제도의 잠재적 기능은 흑인 중심의 방대한 빈민계층을 형성함으로써 빈부를 막론하고 남부 백인의 사회적 지위를 향상시켰으며, 이러한 계층 간 심각한 불평등 문제는 남북전쟁을 촉발하는 계기가 됨
	현대인들의 스포츠 참가의 명시적 기능은 스포츠를 통한 건강 증진과 일상탈출	현대인들의 스포츠 참가의 잠재적 역기능은 지나친 스포츠로의 몰입으로 인해 운동중독으로 이어져 가정생활과 사회생활을 등한시하는 현상을 초래
	노인의 스포츠 참여와 관련하여 사회 내에서 무능력한 사회적 약자라는 과거 노인의 이미지에서 벗어나 젊은 노인이라는 새로운 이미지를 각인시키는 잠재적 순기능을 수반함으로써 노인에게 있어 스포츠는 다양한 사회구성원이 함께 공유하는 장으로서 기능함	Berger는 잠재적 역기능을 폭로(debunking)라 함. 사회체계의 이면을 들여다보면, 특정 체계에 대한 역기능적인 결과는 대부분이 잠재적으로 구성되기 때문

(3) 이론의 한계

① 어떠한 갈등이 있다고 해도, 사회가 존속하는 한 이를 체계가 자리 잡아가기 위한 일시적 현상으로 이해할 뿐 구조적 모순으로는 받아들이지 않는 근본적 한계

> 갈등을 일시적 현상으로 이해할 뿐 구조적 모순으로 받아들이지 않는 근본적인 한계를 가지며 존속하는 체계는 비합리적이거나 모순적일 수 없다.

② 목적론적 오류 : 스포츠의 긍정적 기능 과장과 역기능 은폐

> 전체의 질서에 기여하지 않는 부분은 존속할 수 없다는 가정은 이러한 경우가 있음을 부정함으로써 방치한다.

③ 사회 구성원이나 집단 간의 욕구가 다르다는 점을 간과

> 실제 사회는 유기체와 달리 각 부분이 다른 이해와 욕구를 추구하기도 한다. 이런 상황에서 사회는 일부의 욕구를 전체의 욕구로 받아들이게 되어 대부분 규모가 크거나 힘이 있는 집단의 욕구를 채택한다. 사회 구성원이나 집단 간의 욕구가 다르다는 점을 간과하며 각 부분이 다른 이해와 욕구를 추구하기도 한다. 채택이 되는 규모가 크거나 힘이 있는 부분의 욕구, 또는 힘이 있는 집단의 욕구가 된다.

④ 스포츠가 사회 내 특정 집단에게 보다 많은 이익을 부여할 가능성 간과

> 구조기능론은 스포츠가 사회 구성원들을 기존의 사회질서에 순응하도록 하는 제도라는 관점을 취한다. 따라서 기존의 질서와 이해관계를 갖는 기득권 집단에게 선호되는 경향이 있다. 이런 점에서 일상생활에서 접하는 스포츠와 관련된 현상들은 구조기능론의 관점을 반영한 것이 대부분이다. 학교 교과과정이나 군대 훈육 과정에 스포츠가 도입되는 이유, 스포츠신문이 따로 존재하는 이유, 국가가 스포츠정책에 예산을 지원하는 이유, TV에서 스포츠를 방영하는 이유 등은 모두 구조기능론의 입장에서 설명할 수 있는 현상들이다.

⑤ 인간 상호작용으로 창출되는 스포츠, 즉 스포츠의 사회 구성적 성격 간과

> 스포츠는 사회의 어떤 세력이 활용하느냐에 따라 긍정적 역할을 할 수도 부정적 역할을 할 수도 있는데 구조기능론은 스포츠의 역할을 긍정적인 것으로만 한정한다. 비판이론가들은 구조기능론의 이런 경향이 계급 간 이해관계에 스포츠를 반영하려는 모든 계급 간의 갈등을 무시하고, 마치 모두가 잘 합의해서 체계가 존속되는 것으로 이해하도록 하는 이데올로기 효과를 낳는다고 비판한다.

⑥ 스포츠의 역사적 발전과정과 특정 경제 조건 간과

2. 갈등 이론 : 스포츠는 아편이다. 2005년 16번 / 2011년 20번 / 2014년 B 서술 2번 / 2024년 A 7번

18세기 후반 영국에서 시작된 산업혁명으로 많은 농민들이 도시로 몰려들어 공장의 임금노동자가 되었다. 반면 자본가들은 더 많은 이윤을 남기는 것에만 관심을 가졌을 뿐 노동자들의 열악한 노동환경에 대해서는 관심이 없었다. 사회가 어떤 공유 가치나 규범에 대한 폭넓은 합의를 통해 잘 통합된 구조를 이루고 있다고 보는 구조기능주의론과 달리, 갈등 이론은 공유된 가치나 규범을 기존 사회체제의 혜택을 누리고 있는 지배 집단이 자신들의 기득권을 유지하고 보강하기 위해 조작한 환상이나 이데올로기라고 주장한다. 특히 갈등 이론은 모든 사회에는 변동 요인으로 작용하는 갈등이 존재하며, 사회는 구성원의 동의에 의해서가 아니라 강제에 의해 통합된다고 규정한다. 갈등론의 선구자인 칼 마르크스(Karl Marx)는 근대 사회 변동의 주요 원인을 자본주의의 발전으로 간주하였다. 미래에 더 큰 자산을 만들기 위해 활용되거나 투자될 수 있는 화폐·기계·공장과 임노동 두 요소는 자본주의의 본질인 계급 관계를 형성하여 자본가와 노동자 의존적 계급 관계는 불평등한 착취의 관계에서 공장제 자본주의 생산체제가 야기했던 가혹한 노동조건과 불평등한 계급 관계에 주목하였다. 대립과 갈등을 역사 발전의 원동력으로 간주한 마르크스 갈등론은 변증법적 유물론(역사적 유물론)에 따라 물질(토대)이 의식(상부구조)을 규정하는 것으로 인식한다. 갈등론은 구조기능론이 감당하지 못하는 부분을 보완하면서 사회의 진보에 기여한다. 운동선수들에 대한 인권 침해, 올림픽의 상업화를 비판하는 언론보도나 이를 개선하고자 하는 사회운동 등은 갈등론의 입장에서 스포츠를 바라보는 대표적인 사례이다.

(1) 이론의 가정

갈등이론의 사회에 대한 기본 가정들(Shepard, 1996)

1. 모든 사회는 언제나 변화의 가능성을 가지고 있다. 즉 사회변동이 일어난다.
2. 모든 사회는 항상 불일치와 갈등이 편재하고 있다.
3. 사회의 모든 구성요소는 잠정적으로 사회변화(사회의 해체와 변동)에 기여한다.
4. 모든 사회는 일부 사회성원이 다른 사회성원들을 강압함으로써 유지된다.

(2) 스포츠와 갈등론

① 존 하그리브스 (John Hargreaves, 1982)	㉠ 조직스포츠는 '유연한 노동력'을 기르는 데 기여함 노동과 여가 생활의 철저한 분리, 개별 생산단위 간의 유대 강화, 노동에 대한 감독과 규율, 노동시간 준수('시간은 돈이다.') 등 자본주의 노동규율에 길들여진 노동자들은 스스로를 적응시키면서 그 틀 안에 자신의 목표를 국한시킨다. 스포츠는 이러한 자본주의 노동규율을 모범적으로 준수한다. 스포츠 집단은 자본 창출의 핵심 요소인 '승리'라는 공동체의 목표를 달성하기 위해 엄격한 집단규율(노동규율)을 만들고 이를 성경(Bible)처럼 떠받든다. 이러한 규율을 무시하거나 어기는 선수는 가차 없이 퇴출당하게 된다. ㉡ 스포츠는 상업화되며 시장 논리로 지배됨 스포츠와 선수들은 자본주의 기업이 이용하는 상품처럼 취급된다. 즉, 스포츠는 막대한 이윤을 내며 대중 소비를 위해 시장에서 팔리는 다른 모든 상품과 똑같이 생산되고 포장되어 팔린다. 이 과정에서 생산수단을 소유한 구단주와 그렇지 못한 노동자(선수)라는 사회적 관계가 형성되며, 이는 노동 착취와 소외로 이어진다. 현재 프로스포츠의 계약 규정 중 선수 보류조항과 트레이드 제도는 계약의 결정권이 선수에게 있는 것이 아니라 구단주, 즉 자본가에게 있어 선수는 그들의 처분에 따라야 하는 상품과도 같은 존재임을 보여주는 단적인 예이다. ㉢ 스포츠는 자본주의 사회의 중요한 이데올로기를 표현함 스포츠는 사람들에게 미묘한 방식으로 공격적 개인주의, 무자비한 경쟁, 동등한 기회, 엘리트주의, 국수주의, 성차별주의, 민족주의 등 특정한 속성을 가르쳐준다. 스포츠는 이러한 이데올로기를 통해 대중들로 하여금 사회변혁의 의지를 상실케 함으로써 자본주의적 가치에 순응하는 노동자를 양산한다. 자본주의 사회에서 발달하는 관람스포츠는 오락과 유흥을 제공하여 정치적·경제적으로 민감한 사안으로부터 대중의 관심을 관람스포츠 쪽으로 돌림으로써 현실에 대한 문제의식을 희석시킨다. 즉, 스포츠는 기존 자본주의 체제 유지에 위험한 요인들을 제거하는 데 일조한다. ㉣ 국가 행정은 자본가의 이해를 대변함 스포츠에 대한 국가의 개입은 모두 스포츠 참가를 자본주의 체계의 요구와 연계시키려는 시도로 간주된다.

㉠ 소외(alienation)

> 마르크스는 자본주의 사회의 특성 때문에 인간 소외가 발생한다고 주장했다. 소외란 인간이 만든 생산물이 인간으로부터 분리되어 자립하면서 인간에게 낯설고 대립적인 존재가 되고, 나아가 인간을 억압하여 종속시키는 힘으로 작용함으로써 인간이 주체성과 자율성을 상실하게 되는 현상이다. 인간은 유적 존재로서 노동을 통해 자아를 실현하는데, 자본주의 사회에서는 노동 소외로 인해 자아실현의 기회를 상실하고 비인간적인 삶을 살게 된다.

㉡ 스포츠사회와 소외

> 스포츠 상업화가 촉진되는 과정에서 직업선수가 증가하고 보편화되면서 스포츠 현장에도 자본주의 시대의 노동자가 겪는 노동 소외 현상이 선수들에게 그대로 투영된다.

㉢ 마르크스(Marx, 1964) : 소외의 범주

② 마르크스
(Karl Marx)

소외	특징
	노동자는 생계를 유지하기 위해 자본가가 시키는 일을 할 수밖에 없다. 그 결과 노동은 자발적인 것이 아니라 강제적인 것이 되며 그 과정에서 행복보다는 불행을 느끼며 비인간화된다.
생산과정으로부터 소외	노동자들이 하나의 부품처럼 작업의 전체 공정 가운데 한 부분만을 맡아 수행하는 것처럼 '스포츠 활동으로부터의 소외'는 운동선수의 소외로, 운동선수는 상위수준의 선수도 고도로 전문화된 영역으로 역할이 한정된다. 또한 생산 활동에서 사람의 생산성이 얼만큼이냐에 따라 다른 사람으로 교체될 수 있는 것처럼 선수도 더 좋은 경기력을 지닌 선수로 언제든지 교체될 수 있다. 선수의 역할은 전체의 목적 달성을 위하여 부분에 한정되고, 팀의 전체적인 경기력 제고를 위해 기계의 부품처럼 활용된다.

	노동 생산물로부터 소외	노동자는 임금을 받고 고용되기 때문에 노동 생산물을 자신이 향유하지 못하고 자본가에게 빼앗긴다. 이로 인해 자신이 생산한 생산물이 낯선 존재로 대립된다.
		브롬(Brohm, 1978)은 '자본주의 사회의 스포츠 팀은 시장에서 경쟁하는 기업(생산 공장)과 같고, 선수는 임금노동자와 같아서 그 자신을(그의 신체를) 하나의 상품(생산물)으로 생산해낸다.'고 하였다. 그러나 운동선수의 신체가 자신의 자연적 욕망보다는 승리의 결과로 수반되는 외적인 보상에 종속되어 신체와 적대적으로 대립하는 경우 '생산물로부터의 소외' 개념에 상응하는 '신체로부터의 소외'가 발생한다. 승패에 따른 경쟁적 보상구조 때문에 선수들이 위험을 무릅쓰고 부상 투혼 또는 지나친 체중조절 등의 신체적 고통을 감수하는 것은 '신체로부터의 소외'를 보여주는 대표적 사례이다.
② 마르크스 (Karl Marx)	유적 본질로 부터 소외	노동이 생계수단으로 전락함으로써 인간은 자신의 노동 생산물을 상실하고 그것과 대립하게 되며, 자신을 유적 존재로 의식하지 못하게 된다. 따라서 노동은 비인간화를 조장한다.
		스포츠는 즐거움과 쾌락을 추구하는 놀이라는 인간의 자연적 본성에 기반을 둔 활동이다. 스포츠는 자유와 창조성의 추구를 통해 인간존재를 풍요롭게 만든다. 그러나 소외된 스포츠 활동에 참여하여 스포츠가 생존을 위한 수단이 되거나, 외적인 보상에 종속되어 그 의미가 축소될 때 유적 존재인 인간은 스포츠로부터 소외를 경험하게 된다.
	인간으로부터 소외	노동자와 자본가가 대립하는 적대적인 인간관계, 즉 계급 관계가 형성된다.
		지도자가 독단적으로 선수의 희생을 강요하거나 선수를 기계의 소모품처럼 활용하는 경우 경험할 수 있다.

② 분업화에 의한 노동 소외

분업의 과정에서 노동자는 기계적인 작업을 반복함으로써 노동 소외를 겪는다. 분업은 사회적 차원에서 생산력과 사회적 부를 증진시키는 데 기여하지만, 개인적 차원에서는 개인의 능력을 오히려 퇴화시키는 부작용을 낳는다.

③ 이데올로기
(ideology)

㉠ 마르크스(Karl Marx)

이데올로기란 '불평등한 권력 관계의 은폐와 정당화를 목적으로 하는 관념체계'로, 생산력을 지배하는 자본가계급의 관념이 투영된 결과이다. 자본가가 자신의 이익을 위한 경제성장 정책을 마치 사회 각계각층에 골고루 이익이 돌아가는 것처럼 선전할 때 이데올로기는 진실을 은폐하는 허위의식(false consciousness)으로 작용한다. 따라서 계급 차별이 사라진 계급 없는 사회(공산주의)로 나아가기 위해서는 허위의식에서 벗어나 노동자로서의 계급의식을 가져야만 한다.

㉡ 알튀세르(Louis Althusser)

허구가 아니라 실제로 사람들의 행동을 규제하는 힘을 갖는 이데올로기는 인간 존재를 결정짓는 물질적인 것으로, 사회적 조건에 의해 생성된다. 마르크스가 상부구조의 국가를 '억압기구이며 지배적 생산관계에 있는 계급(자본가)의 이익을 대변한다.'고 보는 반면 알튀세르는 국가를 '억압적 국가기구'와 '이데올로기적 국가기구'로 구별하고 이들은 상대적 자율성을 가진 존재로 파악했다. 억압적 국가기구는 강제적인 힘의 행사를 통하여 계급 갈등을 규제하는 기능을 수행한다. 이데올로기적 국가기구는 지배 이데올로기와 가치에 대한 자발적 동의를 유도함으로써 계급 질서를 정당화한다.

억압적 국가기구(장치)	이데올로기적 국가기구(장치)
폭력으로서의 기능	이데올로기로서의 기능
공적 영역	사적 영역
정부, 행정기관, 군대, 경찰, 법정, 감옥 등	종교, 교육, 가족, 법, 정치, 노조, 미디어, 문화(예술, 스포츠 포함) 등

㉢ 브롬(Brohm)

스포츠가 대중을 멍한 행복감에 머물게 하는 '아편'이라고 단언하였다. 이렇듯 스포츠의 이데올로기 기능은 노동자 계급 스스로 자본주의 체계를 지지하는 허위의식을 갖도록 조장한다. 갈등론의 입장에서 자본주의 사회의 스포츠는 자본의 필요에 의해 결정되고 자본가계급의 이익을 증진시키기 위해 조작된 것으로 규정된다. 자본주의 사회에서 스포츠가 변화하기 위해서는 운동선수들이 허위의식에서 벗어나 노동자로서 계급의식을 가져야 하며 선수들 자신의 노동 조건을 통제하고 변화시킬 권리를 부여하기 위해 선수노조의 설립을 허용하고 지속적인 교육을 통해 선수들에게 주체 의식을 심어주어야 한다(Rigauer, 2000).

🏆 스포츠와 갈등론(임번장, 『스포츠사회학 개론』)

갈등론의 연구 주제	특징
신체적 소외	• 스포츠는 상업화되어 엘리트선수의 신체를 생산수단과 오락 도구로 간주 자본주의 사회의 스포츠는 운동선수의 신체를 소외시킨다. 운동선수는 신체능력 발휘를 통한 내면적 만족보다 경쟁의 결과인 금전적 보상에 만족한다. 이때 신체는 운동선수 자신의 것이지만, 자신의 욕망보다 자본의 욕망에 종속되기 때문에 '소외'가 발생한다.
강제와 사회통제	• 경제적 자원과 권력을 지닌 계층이 스포츠를 이용하여 국민의 사회적·경제적·정치적 무관심 조장 제5공화국의 스포츠정책에 대한 연구는 프로야구와 프로축구의 탄생, 1988년 서울 올림픽 유치와 같은 스포츠정책들이 미약한 정권의 정통성을 보완하고 광주 민주화 항쟁에 대한 정치적 부담을 상쇄하기 위한 시도였다고 밝혔다.
상업주의	• 물질만능과 승리제일주의 물질적으로 풍요로워진 소비사회에서 스포츠는 거대한 여가 서비스를 제공하는 시장으로 성장하고 있다. 스포츠 시장의 성장은 대체로 많은 투자 자본이 필요하다는 점에서 자본가와 기득권 계층에게는 기회가 되지만, 노동자나 대중은 소비자의 역할에 한정될 가능성이 높다. • 출세주의와 업적주의 출세주의와 업적주의는 자본주의 사회가 스포츠영웅을 만들어내고, 이들에게 지급하는 천문학적인 보수를 전시함으로써 어떻게 계층위치를 고착화시키는가를 다룬다. 가령 성과에 따라 철저히 차등 보상함으로써 구성원 개인의 직능을 최대한 발휘하도록 하려는 자본의 욕구가 개입되어 있다. 즉, 프로스포츠에서 스포츠스타들이 벌어들이는 상금·연봉·성과급을 선전하는 것은 자본이 원하는 방식의 보상체계와 계층구조를 사회 구성원들이 받아들이도록 하는 효과를 발휘한다. • 자본가의 이익 창출 수단으로 재정적 이익과 선전매체로 스포츠 수단화

성차별 · 인종차별	• 전통적 성역할 고정관념 강화와 여성 참여 기회 제한 남자 어린이에게는 축구공을 선물해 주고 여자 어린이에게는 인형을 선물해 주는 것이 자연스러운 것이라고 생각한다. 그러나 이러한 고정관념은 여성들의 스포츠 활동을 제한하는 결과로 나타날 수 있다.
국수주의 · 군국주의의 관계성	• 맹목적 국가 자존심 육성 주로 군사독재 국가나 민족주의의 전통이 강한 국가에서 스포츠가 대중들을 정권에 맹목적으로 충성하도록 만드는 데 기여한다. 장기 집권을 시도하는 권위주의 정권은 정부에 비판적인 목소리를 차단하기 위해 스포츠를 통해 민주주의 장치들을 무력화시킨다. 스포츠의 사회통합 효과는 이렇게 정치권력에 의해 악용된다. • 국수주의 고립정책 및 군국주의 적대 성향 유발 • 스포츠 민족주의란 스포츠경기에서의 우월한 경기력을 통해 민족의 자부심을 높이고, 일국의 명예를 더 높이고자 하는 모든 활동을 포함하는 개념(Lieper, 1981)

(3) 이론의 한계

① 스포츠 참가자의 자율성 무시

갈등론은 개인의 사회적 행위를 경제적 요인, 즉 계급구조에 따라 설명하려 하기 때문에 자아실현, 건강관리와 같은 개인의 동기와 욕망을 설명할 수 없다는 한계가 있다. 경제적 요인은 스포츠에 참여하는 개인에게 제약과 기회의 조건을 부여하기는 하지만, 절대적인 영향력을 행사하는 것은 아니며, 개인은 단지 구조에 의해 일방적으로 결정되는 존재도 아니다. 이를테면 갈등론은 최근 월급보다 더 많은 돈을 특정 스포츠에 소비하는 여가족에 대해 설명할 수 없다.

② 경제결정론적 관점으로 여타 문화적 요인들을 간과

스포츠와 관련된 사회문제는 성, 인종, 연령, 지역, 종교 등 다양한 사회문화적 요인에 의해 좌우되는데, 갈등론은 사회에서 발생하는 억압과 차별의 다양한 요인을 무시함으로써 문제를 단순화할 수 있는 여지가 있다.

③ 스포츠 자체의 내적 속성인 신체적 해방감을 무시

> 정치적·사회적·경제적 담론으로 논의되기 이전 자연 상태에서 인간의 신체환동은 개인과 공동체에 활력을 불어넣어 준다. 스포츠의 이러한 본질적 기능에 대해서 고려하지 않은 채 갈등론은 단지 스포츠의 정치적 보수성만을 강조한다.

④ 스포츠가 갖고 있는 사회변혁의 역량을 무시

> 스포츠는 기득권 집단의 이해에 도전·저항하고, 때로는 권력이 조직이나 공동체에서 분배되는 방식을 전환시킬 수도 있다(Donnelly, 1988). 용기 있는 여성들이 스포츠에 등장하면서 전통적인 여성의 이미지에 변화가 일기 시작했고, 남녀의 동등한 스포츠 참여 보장은 다른 사회분야에 그것이 불가능한 일이 아님을 증명함으로써 사회진보를 촉진할 수 있었다. 그럼에도 갈등론은 스포츠의 역할을 한정함으로써 정작 자신들이 추구하는 사회변혁에 스포츠를 활용하지 못한다.

🏆 **갈등론의 한계(임번장, 『스포츠사회학 개론』)**

경제결정론	• 경제적 요인 이외의 가능성을 배제하여 스포츠의 변화 가능성을 무시한 부정적 영향만 강조 • 참가자 자율성 무시
자본가의 지나친 통제 강조	• 자생·지역스포츠와 레크리에이션 스포츠는 갈등 이론의 적용 불가능 • 지나치게 관람스포츠에만 초점된 설명
스포츠 참가를 통한 창조·표현·해방 경험 간과	

3. 비판 이론 : 스포츠는 대중을 기만하는 문화 산업이다. 2014년 B 서술 2번 / 2020년 B 7번

(1) 이론의 가정

자본주의 사회에 대한 비판에 의한 노동자 계급의 해방을 목표로 마르크스주의의 전통을 계승하였으나 마르크스주의자들이 노동자 계급의 혁명적 역량을 지나치게 맹신했다고 비판한다. 사회주의 혁명(러시아 혁명, 1917년 3월 혁명과 10월 혁명)이 현실 정치 체제에 대한 실망과 혐오를 바탕으로 20세기 자본주의 체제 스스로의 위기관리 능력을 통해 체제 내의 문제점을 극복하고 교정할 수 있다고 주장했다.

① 프랑크푸르트학파(20세기 비판 이론)

> 자본주의의 모순은 토대에서 발생하는 것이 아니라 상부구조인 문화에서 나온다고 인식했다. 즉, 문화는 토대에 의해 일방적으로 결정되는 상부구조가 아니며, 스스로 이데올로기를 생산해 냄과 동시에 경제적 토대에 영향을 미치기도 한다.

② 20세기 자본주의(후기 자본주의) 체제를 파국으로 치닫는 사회로 규정

> 인간 대상을 지배하고 효율적으로 자각 대상을 수량화, 계산 가능한 것으로 만들어야 하는 것으로 가정했고, 이 과정에서 합리화의 도구로 전락한 '도구적 이성'이 전면에 나서게 되었다. 베버는 이를 '도구적 합리성'으로 설명하였다. 아도르노는 후기 자본주의 사회를 '잠재적으로 전체주의적'이라고 보았고, 왜 대중들의 저항과 반발 없이 안정적으로 유지되는 것일까에 대한 의문을 대중매체(미디어)를 통해 전파되는 대중문화에서 찾았다.

③ 도구적 이성(합리성) 비판

> 효율성과 계산 가능성을 추구하는 도구적 이성은 대상을 관리하고 통제하는 데 탁월한 능력을 발휘함으로써 근대 자본주의의 발전을 이끄는 원동력으로 작용하였다. 1910년대, 노동 과정의 세분화와 분업화, 부품의 규격화, 컨베이어(conveyer) 시스템을 통한 높은 생산성 달성을 기반으로 한 대량생산, 대량소비로 이어지는 포디즘(Fordism)이 도구적 이성의 대표적인 예라 할 수 있다. 다른 한편으로 도구적 이성은 인간으로서 사유할 수 있는 능력을 점점 더 잃어버리게 만들었다. 즉, 인간의 이성적 사유가 진정으로 사유할 수 있는 능력, 스스로를 반성하고 비판할 수 있는 능력을 상실해 버리고 어떻게 하면 보다 효율적으로 목적을 달성할 수 있는가에만 몰두하는 도구적 이성이 되어버렸다.

④ 문화 산업(대중문화) 비판

전통적으로 문화는 인간적 가치와 창조성을 표현하는 것으로 산업과 적대적인 것이었다. 그러나 자본주의하에서 문화는 이윤을 추구하기 위한 하나의 사업으로 존재한다. 따라서 대중문화를 평가하는 기준은 무엇보다도 얼마나 인기를 끌었고 수익을 얼마나 올렸는지에 따라 좌우된다. 따라서 문화는 이데올로기일 뿐만 아니라 산업이기도 하다. 문화 산업에 나타나는 특성은 '표준화(standardization)'와 '사이비 개성화(pseudo-individualization)' 라는 두 개념으로 요약된다. 먼저 표준화는 대량생산 체제의 산물로서 대중문화가 겪을 수밖에 없는 본질적인 특성이다. 표준화되고 획일화된 문화 산업의 산물은 동일하게 반복되는 것에 대해 기계적이고 수동적으로 반응하게 함으로써 수용자의 적극적이고 반성적인 사유를 위축시킨다. 또한, 동일한 것에 익숙해지도록 길들인 대중을 현실로부터 도피하게 만들고 현실 억압과 모순에 대한 저항을 불가능하게 만들어 결국 기존의 지배 질서에 순응하게 한다. 따라서, 문화 산업은 허위적이고 조작된 욕구와 이데올로기들을 유포하고 이데올로기를 일방적으로 주입하는 도구일 뿐이다.

비판 이론의 가정(임번장, 『스포츠사회학 개론』)

- 사회는 사회적 구성체로 간주
- 제반 사회현상에 대한 윤리성과 당위성 투영
- 환경 변화 능력을 내재된 인간 강조
- 경제결정론 한계 지양과 사회 내 개인에 대한 문화적 억압 규명
- 권력의 출처, 영향력, 범위, 형태에 대한 연구 초점
- 이데올로기(상부구조)의 갈등 강조
- 현대 과학기술과 문화 산업에 대한 비판

---

(2) 스포츠와 비판 이론

프랑크푸르트학파는 자본주의에 대한 비판적 시각을 문화의 영역으로 확대하여 경제결정론으로 설명할 수 없는 문화의 새로운 측면들에 주목하고 자본주의 사회의 스포츠를 부정적으로 평가한다. 문화적 형태의 스포츠는 여가 시간의 상품화를 통해 자본주의 체제를 보호하고 이윤과 사회 통제를 동시에 이루게 되는 대중문화의 전형적인 특징을 대변한다. 따라서 스포츠는 일종의 대중 기만이며 스포츠 활동의 선택과 소비는 철저히 자본주의 체제에 의해 공급되고 지배될 수밖에 없다. 비판 이론은 스포츠가 문화로서 상품화되면서 본래 문화가 가진 품위와 해방적 기능을 추락시켰다고 가정한다.

① 스포츠의 도구적 이성(합리성) 비판

비판이론가들이 비판한 자본주의 사회의 도구적 이성은 특정 목표 달성을 위해 가장 효율적인 수단을 발견하는 것으로, 노동체계에서 나타나는 노동의 분화 및 분업이 그 예시이다. 이는 근대 스포츠에서도 명확히 나타난다.

대표적인 예로 전문화(여기에는 거트만이 제시한 관료화도 포함될 수 있다.)를 들 수 있다. 자본주의적 관점에서 분업화된 팀과 그렇지 못한 팀 간의 생산성·효율성은 극명한 차이가 나타나므로, 자본주의 스포츠 또한 승리라는 목적을 달성하기 위한 수단으로서 전문화가 필연적으로 이루어졌다. 그 결과 야구에서 투수는 선발, 셋업맨(원 포인트 릴리프 포함), 마무리, 심지어 패전투수로 세분화되었다. 미식축구는 각 포지션이 매우 전문화되어 있어 전문화의 극단을 보여준다. 공격선수와 수비선수는 엄격히 구분되며 스페셜팀도 전문화된 선수가 활약한다. 심지어 다른 포지션에 있는 팀 동료가 어떤 역할을 하는지 모르고 자기 자신에게 주어진 역할만을 수행하는 경우도 있다. 즉, 미식축구 선수들은 자기에게 주어진 업무만 잘하면 되는 것이다.

한편, 프로스포츠에서 운영하는 2군 제도, 트레이드 제도, 용병 제도 또한 도구적 이성이 발현된 제도라 할 수 있다. 프로스포츠는 승리를 위해 존재하며 선수들도 팀의 승리에 공헌할 수 있을 때 가치를 인정받는다. 2군은 1군 선수를 대체할 수 있는 자원을 길러내며 2군에서 적절한 선수를 찾지 못할 경우 타 팀에서 영입을 한다. 특히 외국인 선수의 경우 즉시 전력감이 되지 못할 경우 바로 계약해지와 함께 새로운 선수로 교체될 수 있으며, 이는 감독·코치 또한 마찬가지다. 이들도 언제든지 대체 가능한 자원일 뿐이다. 이렇듯 도구적 이성이 중심이 된 프로스포츠는 오직 목표 달성을 위한 최선의 합리적 선택을 하며, 이는 다양한 재능을 가진 창조적 인간을 기계의 부품과 같은 존재로 만들어 버린다.

② 문화 산업의 하나로서 스포츠 비판

자본주의 문화 산업 중 상업화된 스포츠는 인간의 비판적 이성과 미적 진보, 그리고 인간 해방과는 거리가 먼 도구적 이성과 기술의 지배, 그리고 인간 구속과 소외를 가져온다. 상업적 관람스포츠는 '전체주의적 대중집회의 모델'로 평가되며 스포츠 이벤트는 대중매체와 결합하여 대중들에게 말초적 자극을 주고 무비판적 순응화를 야기하여 사회현상에 대한 비판적 사고를 멈추도록 만든다.

🏆 비판 이론의 비판 대상 및 연구 주제(임번장, 『스포츠사회학 개론』)

비판 대상	• 마르크스주의 • 실증주의 및 사회학 • 현대사회와 문화 산업 현대사회에서 기술이 중립성을 지닌다는 견해를 비판하면서, 기술의 발달과 일차원적 사회가 도래하게 된다고 주장했다. 일차원적인 사회에서 개인은 사회에 대하여 비판적·부정적으로 사고할 능력을 상실하게 된다고 지적하고 있다.
연구 주제	• 스포츠의 이상 인간성 실현을 위한 스포츠 재구성과 대안 스포츠 창조, 지역 스포츠 리그 활성화를 주장한다. • 사회집단에 따른 기회와 선택 자본주의 체제하에서 산업기술 발달 및 경제력 증진으로 인하여 창출된 사회적 자유의 시간과 영역이 인간 개발을 위한 여가 시간으로서가 아니라, 자본 이윤 축적을 위한 상품소비의 터전으로 전환되는 경향이 있다고 비판한다. • 스포츠의 변화 방법 모색 공유가치와 이해·갈등이 사회 내에 공존하고 있다는 사고에 기초하고 있으나, 공유가치는 사회 내 다양한 집단 간의 지속적인 협의·타협·강제 과정에 기초하고 있기 때문에 영구적이지 않다고 주장한다. • 스포츠를 통한 사회변화 모색 비판 이론은 특정 이웃·지역사회·전체사회에서 스포츠가 하는 역할, 스포츠 상황에서 의사결정이 이루어지는 방법 및 그와 같은 의사결정이 상이한 권력과 자원을 소유하고 있는 사회집단에게 영향을 미치는 과정에 대하여 관심을 갖는다. 따라서 소수인종·성·민족에 대한 억압에 항의한 올림픽 보이콧의 역사, 국가권력, 남성 지배 질서, 거대 자본에 맞서 저항했던 선수들의 사례를 분석하고, 대중적 파급효과가 큰 스포츠 메가 이벤트를 통해 변혁을 촉진할 수 있는 방안을 탐구한다. • 스포츠를 사회 반영 이상의 존재로 인식 스포츠는 단순한 사회의 반영이 아니라, 문화가 생산되고 재생산되며 변화하는 장이다. 따라서 스포츠가 사회적으로 구성되는 과정과 스포츠를 통한 사회변혁의 가능성에 많은 관심을 갖는다.

(3) 이론의 한계

① 마르크스주의가 갖는 본질적 한계인 사회 상부구조의 자율성 무시라는 전제

> 비판 이론에서 스포츠는 자본주의 사회의 도구적 이성의 산물로서 인간의 몸은 객체화·물신화되며 계량적 기준에 의한 교환가치에 따라 평가되는 것으로 간주한다. 이러한 접근은 스포츠에 내재된 사회 현상과 구별되는 독립적인 존재 가치를 파악할 수 없게 만든다.

② 스포츠를 단순한 자본주의 반영으로 간주함

> 스포츠에 내포된 고유의 속성을 포착하여 설명할 수 없다.

③ 미디어 수용자를 '군중'으로 간주함

> TV에 중계되는 프로스포츠는 대중들의 허위 욕구를 만들고 충족시키는 기제에 불과하며 이를 지켜보는 미디어 수용자들은 미디어의 노출에 피동적으로 반응하는 '군중'일 뿐이다. 즉, 미디어 수용자는 능동적이고 선택적이기보다는 수동적으로 조정된다는 비판 이론의 관점이 스포츠에 그대로 투영되고 있다. 그러나 이러한 관점은 사회행위자로서의 미디어 수용자들이 스포츠를 즐기고 관여하고 소비하는 과정에서 비판적·선택적인 행동과 해석이 가능한 '공중'이라는 사실을 파악하지 못한다. 즉, 스포츠를 둘러싼 다양한 관계는 단순한 반영물이 아니라 사회적으로 구성되며 변화의 과정을 끊임없이 겪는다는 것에 관심을 두지 않는다.

☑ 스포츠의 맥도날드화(McDonaldization)

리처(George Ritzer, 1993)는 근대 이후 관료제의 성장과 발전을 분석한 막스 베버의 합리화 이론을 바탕으로 합리성이 낳은 불합리성을 밝히면서, 개인 삶의 전 영역과 사회 구조를 장악한 맥도날드화를 비판적으로 분석하였다.

맥도날드화의 특성은 다음과 같다.

- 효율성 : 최선의 수단을 통해 목적을 수행하는 가장 빠른 방법으로 규칙과 일의 단계를 구조화했다.

> 스포츠는 규칙과 제도의 합리화를 통해 상품과 상품을 둘러싼 환경을 변화시켜 소비자의 욕구에 최대한 부응할 수 있도록 만든다. 스포츠에서 상품은 경기이고 선수는 효율성을 바탕으로 최고의 상품 경기를 만들어 내는 노동자에 해당된다.

- 계산가능성 : 판매되는 제품에 대한 양적 강조로, 제품의 크기나 비용뿐만 아니라 시간도 계산에 포함된다.

> 판매된 상품의 성공은 관중 수 혹은 시청률로 환원되어 평가받는다. 경기에서 승리보다는 많은 관중 수와 높은 시청률이 더욱 중요한 가치를 갖게 된다. 따라서 경기장은 대형화·등급화된다. 선수들 또한 수치화된 자료를 바탕으로 평가받는다. 따라서 팀의 승리도 중요하지만 개인 기록은 더 중요한 가치를 갖는다.

- 예측가능성 : 제품과 서비스는 시간과 장소에 구애받지 않고 항상 동일하다.

> 스포츠의 세계화는 국가의 경계를 넘어 전 세계인들이 동일한 스포츠를 소비할 수 있도록 만든다. 미국의 스포츠 상품과 한국의 스포츠 상품은 점점 표준화·획일화되어 간다.

- 통제 : 종업원과 고객을 자동화 시스템으로 통제한다.

> 스포츠를 둘러싼 모든 환경이 기술의존적으로 변화하게 된다. 그럼으로써 선수들과 관중들은 고도의 통제 속에 놓이게 된다.

4. 상징적 상호작용 2017년 A 10번

19세기 말 등장한 상징적 상호작용론은 거시적인 구조에서 탈피해 미시적으로 사회를 바라보고자 한 시도로, 개인의 행위가 단순하게 이루어지는 것이 아니라고 반발하며 근대화가 낳은 구조적 문제보다는 일상생활에서 개인 간 상호작용의 양상이 변화해 가는 것에 주목했다. 즉, 이들은 사회생활 전체를 구성하는 현상이 개인들의 상호작용 행위에 의해서 형성된다고 보았다.

(1) 이론적 가정

① 구조보다 행위자 개인의 역량을 높이 평가함

> 인간은 대상과 상황을 주관적으로 해석하고 의미를 부여하며, 그것에 따라 자신의 행위를 능동적으로 구성해 나가는 주체적 존재이다. 사회는 이러한 인간행위와 사회세계의 관계에서 나타나는 의미와 상징들에 의해 구성되는 실체이다(Coakley, 2009).

② 각 개인은 일상생활에서 마주치는 사람들(타인)과 상호작용을 통해 자신을 발견하고 정체성을 형성하며, 사회의 의미를 구성함

> 인간이 어떻게 사회를 정의하고 의미를 부여하는지, 그리고 그러한 의미가 어떻게 정체성의 기초가 되는지를 탐구한다.

허버트 미드(Herbert Mead)의 자아 이론

거울의 나는 '주관적인 나(I)', 거울을 보는 나는 '객관적인 나(me)'로 구분되며, 한 개인의 행동은 주관성(나)과 객관성(타인)이 상호작용하는 가운데서 만들어진다. 따라서 인간은 자신이 살고 있는 사회에 대해 내리는 정의와 부여하는 의미의 정도에 따라 행동하며, 그것이 사회적 실체를 만들어 낸다.

🏆 미드(Mead) 아동기 발달 과정의 역할취득 단계 2026년 A 10번

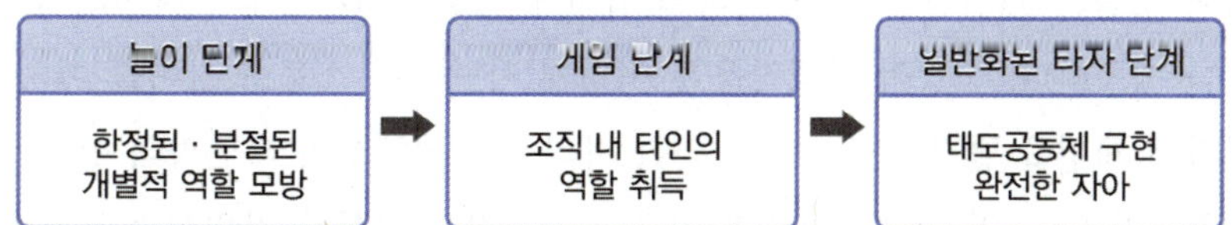

단계	특징
놀이 단계	• 특정 상황에서 타인이 취하는 태도를 익히는 것으로써 상황에 대한 역할모방 • 역할모방은 가상의 지위에 따른 역할을 연극처럼 연기하는 것을 의미 • 상호작용의 대상이 되는 다른 사람들의 태도를 배우며 그 가운데 특정한 사람들의 역할을 모방 • 주체인 동시에 객체가 될 수 있는 능력을 갖추게 되나 매우 제한된 역할취득
게임 단계	• 게임에 속한 모든 타인의 역할을 취하게 됨 • 각자의 담당 역할을 인지하고 참여하게 됨. 즉, 게임 속에 존재하는 상이한 역할들을 인지하고 상호 간 명확한 관계를 획득 • 집단 내에서 개인은 자기 자신을 특정 상황 내에서 특정 타자와의 관계 속에서만 파악 • '조직 내 타인의 역할'을 취득
일반화된 타자 단계	• '공동체의 태도 및 역할취득'을 의미 • 개인이 공동체의 전반적인 관점 혹은 일반적인 신념 · 가치 · 규범을 취하는 것으로 일종의 양심과 같은 역할 • 사람들은 사회적 당위성과 도덕성을 내재화하면서 규범과 가치관에 따라 스스로의 행동을 통제할 수 있게 됨 • 일반화된 타자 단계에서 형성되는 자신에 대해 가지는 안정적 태도의 발전을 미드(Mead)는 '완성된 자아'라고 지칭

어린아이들이 축구를 처음 접할 때, 공차기를 흉내 내며 축구가 공차기라는 것을 알게 된다. 그런데 왜 공차기를 하고, 누구에게 어떻게 해야 하는지는 명확히 인지하지 못하고 이리저리 방황하는 공차기를 한다. 이것이 바로 놀이 단계에서의 축구이다. 이후 점점 축구에 대해 알게 됨으로써 게임 규칙, 기술과 포지션에 대한 역할을 알게 된다. 가령 축구에서 뛰어난 미드필더가 된다는 것은 공격수와 수비수의 역할을 명확하게 인지할 때 가능하다. 그래야 공격수의 역할과 움직임을 파악하여 도움(어시스트)을 잘 하고, 수비수의 역할 위치를 파악하여 미드필드에서 종횡무진한다. 이것이 게임 단계에서의 축구이다. 축구 팀 구성원으로서 공동체의 태도 및 역할취득이 이루어질 때, 미드(Mead)가 언급한 완전한 자아(통일된 자아)가 형성되는 것이다. 개인의 역량 발휘를 넘어 팀이 추구하는 공동체로서 태도와 역할이 내면화될 때 비로소 일반화된 타자 단계에서의 축구성원이 된다.

(2) 스포츠와 상징적 상호작용론

스포츠 참여 경험은 개인이 사회를 미리 학습하게 하고 사회 내에서 자신의 위치를 성찰할 수 있는 기회를 제공한다. 상징적 상호작용은 어떻게 사람들이 스포츠 참여를 이해하고 그와 관련된 자의식과 정체성을 발전시키는지, 그러한 자의식과 정체성이 타인과의 상호작용에는 어떠한 영향을 미치는지 또는 역으로 어떻게 타인과의 상호작용을 통해 자의식과 정체성이 형성되는지에 관심을 갖는다.

① 스포츠 참여를 통한 개인의 사회화와 정체성 형성

> 야구경기는 참가자에게 다양한 포지션을 경험해 볼 수 있도록 함으로써 타인의 상황을 이해할 수 있을 뿐 아니라 자신의 모습을 타인의 시각에서 바라볼 수 있는 능력을 길러준다. 또한 성장기의 스포츠 활동을 통해 사람들이 어떻게 남-여의 역할 모델, 리더-팔로우어의 역할 모델을 수행하는지 학습하고, 이를 통해 어떻게 자신의 정체성을 형성하며 사회 내 역할에 적응하는지를 익힌다.
> 헤스브룩(Hasbrook, 1993)에 따르면 자신의 신체에 대해 학습하면서 남성과 여성의 차별성을 강조하는 신체를 인식하는 법을 배운다고 하였다. 이는 여자 신체성을 무시해도 상관없다는 사회적 맥락을 만드는 데 기여하며 이러한 사고방식은 학교생활을 통해 발생되고 체현되는 과정을 거쳐 사회적으로 재생산된다고 설명한다.

② 스포츠 참여와 사회생활의 의미 형성

> 스포츠 참여는 대개 정보의 교환, 연습, 경기 참가를 위해 타인과의 상호작용을 동반하는데, 이러한 상호작용은 곧 일상생활의 한 부분이기도 하다. 예를 들어 파편화된 도시인의 삶에서 스포츠 참여를 통한 상호작용이 갖는 의미, 농촌공동체에서 주기적인 스포츠 참여가 사회 구성원들의 관계에 일으키는 변화 등을 연구한다.

③ 하위문화 형성

> 하위문화는 주류문화와 대비되는 그들만의 문화로 노동자, 유색인종, 동성애 문화를 의미하며 상징적 상호작용론은 이에 대해 설명한다. 하위문화는 사회 전체에서 문화 권력의 전체적 성향과의 관계를 고려한 계급의 맥락으로 특징이 규정되며 계급에 기초한 현상 계급투쟁의 대안적인 표현으로 저항의 상징성을 보여준다. 스포츠 하위문화는 주류문화에 대해 어떻게 저항하는지 보여준다. 호주와 뉴질랜드 서핑의 하위문화는 지배문화의 재생산과 저항으로 보며 보드서핑은 사회 현상에 대한 저항의 의미를 담고 있는 종목으로 보았다.

④ 참여관찰과 심층면접의 방법

> 상호작용론은 구조를 전제로 개인의 행위에 대한 가설을 세우지 않기 때문에 행위가 이루어지는 현장에서 곧바로 개인의 행위를 관찰하고 기록하며, 심층면접을 통해 개인 내면에 일어나는 인식이나 심리의 변화까지 분석한다.

(3) 이론의 한계

전체 사회구조의 문제를 다루는 데까지는 나아가지 않는다. 개인의 행위와 상호작용이 사회의 구조적인 문제들과 연계되어 있다는 데 관심을 두지 않기 때문에 스포츠 상황에서 발생하는 차별·불평등과 같은 문제를 적절히 설명할 수 없다. 예컨대 상호작용론은 개인의 정체성에 관심을 가짐에도 불구하고, 성·인종·계급과 같은 개인의 정체성이 사회에서 차별적으로 재생산된다는 사실에는 무관심하다.

5. 교환이론

(1) 교환이론에 대한 이해

① 교환이론은 비용과 보상을 바탕으로 하는 인간의 상호작용을 설명하는 미시이론임

교환이론은 구조기능주의를 비판하면서 구조가 아닌 개인 간의 사회관계에 주목한 이론이다. 구조기능주의 이론에 대한 거부로부터 출발한 교환이론은 분석 단위가 집단이 아니라 개인이며, 개인행동에 나타난 기본적 행위 전체가 궁극적인 사회현상을 가능하게 한다고 보았다. 인간을 지나치게 사회에 종속시키고 사회적 제도나 규범, 역할에 주목함으로써 사회를 해석하고자 했던 구조기능주의에 반기를 든 교환이론은 개인의 사회적 관계에 관심을 가지고 인간의 상호작용을 설명하고자 하였다.

② 인간은 교환관계를 통해 끊임없이 무엇인가를 주고받으며 상호작용을 함

사람들은 정신적, 시간적, 물질적 손해를 봐야 하거나 어떠한 비용이 많이 드는 일은 최대한 피하고자 하며, 특정한 이익이 주어지거나 보상이 기대되는 일을 추구하는 경향을 나타낸다. 교환이론에 의하면 교환관계에 사람들이 주고받을 수 있는 것은 물질적인 것이 될 수도 있고 비물질적인 것이 될 수도 있다. 이를테면 사람들이 보상의 대상으로 삼고 있는 것은 물질적 재화만이 아니라 동의, 사랑, 우애, 존경, 권력 등도 있으며 그로 인한 보상의 대가로 지불하여야 할 것들로서는 의무, 권태, 불안 등이 있다는 것이다. 중요한 것은 어떤 것이든 교환되는 것이 있어야 상호작용이 지속될 수 있고, 교환되는 것이 없어진다면 상호작용도 중단된다.

🏆 교환이론을 뒷받침하는 대전제

행동주의 원칙	행동주의는 사회심리학의 한 영역으로 보상과 처벌, 이에 따른 행동의 정적 강화와 부적 강화에 대해 설명하는 이론이다. 정적 강화는 행위자가 어떠한 행동을 했을 때 그 사람에게 상을 준다면 행위자는 이후 비슷한 상황에서 같은 행동을 할 가능성이 높아진다. 부적 강화는 특정 행동에 대해 처벌을 가하게 되면, 이후에 같은 행동을 할 가능성은 줄어들게 된다. 교환이론에서는 보상이 행동을 정적 강화시키고, 지불해야 할 비용이 행동을 부적 강화시킨다고 설명한다.
경제행위 원칙	경제학에서 비용, 보상, 이윤의 개념을 차용하여 인간의 행동을 설명하고자 하였다. 행위자는 어떤 행동을 할지에 대해 결정할 때 비용과 보상을 예상하고 계산하여 자신에게 유리하다고 판단되는 방향으로 가고자 한다. 이때의 비용과 보상은 물질적인 것은 물론이고 심리적·정신적 만족을 포함한다. 인간의 행동에는 언제나 비용이 발생하고 이에 따른 보상이 주어지게 마련이다. 경제행위 법칙이란 가급적이면 비용을 최소로 투자하여 최대한의 이익을 얻고자 하는 것을 말한다.
합리성 원칙	개인이 합리적으로 판단하였을 때 자신에게 가장 큰 이익을 줄 행위를 선택한다는 것인데, 보상의 가치뿐만 아니라 가능성에 대한 판단이 포함된다. 즉 선택 가능한 행동들 중에서 보상의 가치도 높고 획득할 수 있는 가능성이 크다고 판단되는 행동을 선택함을 의미한다. 또 아무리 제공되는 보상이 크더라도 보상을 얻을 수 있는 가능성이 너무 희박하다면 차라리 보상의 가치가 그보다 적더라도 보상을 받을 수 있는 가능성이 큰 행동을 결정한다는 것이다.
호혜성 원칙	개인이 보상과 이득을 얻기 위해서는 스스로도 그것에 버금가는 비용과 손실을 감수해야 한다는 것이다. 교환관계에서 당사자 간의 투자와 보상이 공평하게 이루어질 때에는 서로 평등한 지위에서 관계를 유지할 수 있지만, 만약 한 사람이 다른 사람에게 받은 보상의 가치와 비슷한 가치를 상대에게 제공하지 못하게 된다면 호혜성 원칙이 깨지게 되고, 한 사람이 열등한 지위에 놓이게 되고 권력이 발생하게 된다는 것이다.

(2) 스포츠와 호만스(Homans)의 교환이론

① 구조기능론에 대한 비판

> 구조기능주의에서 중요하게 다루는 사회적 구조와 사회규범에 대해 Homans는 사회적 규범이 분명 개인의 행동을 제약하고 인간을 순응하도록 하는 기능을 갖고 있으나, 이 규범이 자동적으로 작동하지 않는다는 점을 지적하였다. 개인이 규범에 순응하는 것은 그렇게 행동하는 것이 그들에게 유리하다고 느끼기 때문이며, 이런 이익에 따른 행동을 연구하는 것은 사회심리학의 영역이라고 보았다.

② 사람들은 상호작용을 하는 사회적인 존재들이라는 점을 전제로 심리학의 행동주의를 적용하여 개인의 행동을 설명함

> Homans는 이론을 완성하기 위해 사회적 행동을 최소한 둘 이상의 사람들 사이에서 이루어지는 유형 혹은 무형의 활동이며, 어느 정도의 보상이 제공되거나 비용이 소모되는 활동의 교환으로 정의하였다. 이러한 교환은 호혜성에 근거하여 작용하는데, 지극히 합리적이라는 것이다.

③ Homans 교환이론의 기초를 이루는 일반적 명제 2022년 A 8번

이론의 명제	특징
분배적 정의	특정한 비용과 보상의 분배가 얼마나 적절하게 이루어졌고 공평했는가에 대한 개인의 판단을 의미한다. 조건이 같다고 가정할 때 교환관계에 있는 개인들은 그가 부담한 비용과 보상이 정비례해야 한다고 생각하며, 자본에 차이가 있을 경우에는 자본의 크기와 이익의 차이 역시 정비례해야 한다.
합리성	합리성 명제는 개인이 대안적 행동들 중에서 특정 행동을 선택해야 할 때, 그 행동의 결과에 주어지는 보상이나 가치에 그 결과를 얻을 확률을 곱한 값이 더 큰 행동을 선택할 것이라고 설명한다. 즉 행동과 그 결과의 가치와 결과를 얻는 가능성 간의 관계는 '행동=가치×가능성'인데, 개인은 이 등식의 값이 최대치가 되는 행동을 선택하게 된다. 여기에는 기본적으로 사람들은 자신에게 주어진 다양한 대안 행동들을 미리 생각하고 각 행동에 따르는 보상의 양과 그 보상을 실제로 획득할 가능성을 계산하기 마련이다. ⑩ 축구 경기에서 공격수가 상대방의 골문 앞에서 슛을 시도할 수도 있지만 더 좋은 위치에 있는 선수에게 패스를 할 수도 있다. 이때 동료에게 패스하지 않고 자신이 직접 슛을 할 경우 골키퍼에게 막힐 확률이 더 높다고 판단될 경우 동료에게 패스하는 것이 합리적인 행위에 해당한다. 이 경우 동료의 골 유무와 상관없이 해당 선수는 팀을 위해 헌신한 선수로 평가받게 된다.

박탈-포화	어떤 특정한 보상을 받은 횟수가 많을수록 보상이 아무리 크더라도 개인에게는 그 보상이 점점 떨어진다. A라는 사람과 B라는 사람이 조언을 주고받으며 서로에 대해 보상하는 행동이 너무 자주 일어나면 그 보상이 두 사람 모두에게 더 이상 가치 있게 느껴지지 않게 된다. Homans는 특히 시간을 강조하고 있는데 이 보상이 장기간에 걸쳐 계속될수록 그 보상에 대한 만족감은 점점 줄어들게 되고 그 보상에 대해 만족할 가능성 또한 점점 더 낮아진다는 것이다. 그 보상이 일상적이고 당연하게 느껴지기 때문이다. 예 농구선수가 4년 연속 MVP를 수상할 경우 그 선수는 처음 MVP를 수상했을 때보다 MVP의 가치를 덜 느끼게 된다는 것이다.
공격-승인	공격 명제는 부정적인 감정을, 승인 명제는 긍정적인 감정에 대해 다루고 있다. 공격 명제는 한 사람이 그의 행위에 대해 기대했던 보상을 받지 못하거나 생각하지 못했던 불이익을 받게 되면 개인이 화를 내게 될 것이라는 것이다. 개인이 공격적인 행동을 하게 될 가능성은 커지게 되고, 그 행동의 결과가 개인에게 더 큰 가치를 가지게 된다. 승인 명제는 한 사람이 그의 행위에 대해 기대 이상의 보상을 받게 되거나 예상했던 불이익을 받지 않게 되면 개인이 기뻐할 것이라고 설명한다. 그래서 다음에는 더 크게 승인되는 행동을 하게 될 것이고, 그 행동의 결과가 그에게 더 큰 가치를 가지게 된다. 예 축구 경기에서 심판의 오심으로 경기에서 졌을 경우 선수들은 격렬하게 심판에게 화를 내게 될 가능성이 높고 이 행위를 가치 있다고 생각하게 될 가능성이 높아진다. 반대로 축구 경기에서 경기가 잘 풀리지 않자 패스 플레이 대신 개인기를 활용해 경기 분위기를 반전시켜 감독의 칭찬과 언론의 찬사를 받았을 경우 다른 경기에서도 과감하게 개인 드리블을 중심으로 한 플레이를 할 가능성이 높아진다.
성공명제	특정 행동에 대해 자주 보상을 받을 경우 미래에도 그 행동을 반복할 가능성이 높아진다. 예 농구에서 자유투를 얻은 선수가 자유투를 던지기 전에 두 번 드리블하고 심호흡을 한 후 던지는 루틴을 통해 슛을 했을 때 성공률이 높을 경우 다음 상황에서 같은 루틴을 반복할 가능성이 높다.
자극명제	과거에 했던 자신의 자극들이 원인이 되어 현재의 행동을 보상받았다면 과거의 행동과 유사한 행동을 할 가능성이 커진다. 예 야구에서 투수가 특정 타자를 대상으로 특정한 구질(슬라이더 혹은 포크 볼)로 삼진을 여러 차례 잡았다면 이 투수는 특정 타자를 다시 만났을 경우 같은 구질로 승부할 가능성이 높아진다.
가치명제	자신이 한 행동의 결과로 인해 자신에게 주어지는 가치가 크면 클수록 그 행동을 반복할 가능성이 높아진다. 예 비시즌 동안 열심히 준비한 결과 시즌에서 좋은 성적을 올려 연봉이 상승할 경우 다음 시즌에도 비시즌 동안 열심히 운동에 참가할 가능성이 높아진다.

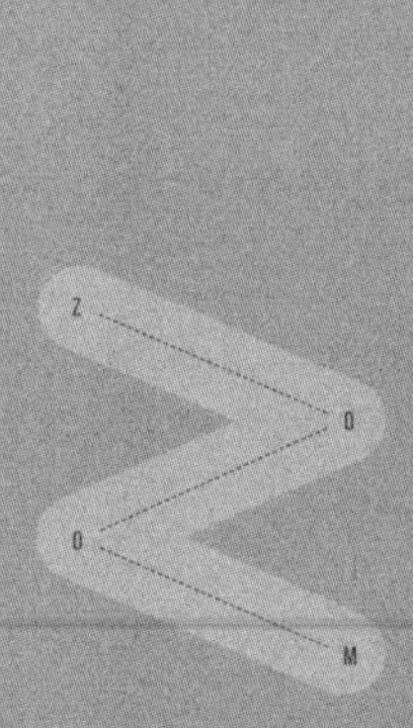

권은성 ZOOM 전공체육

스포츠사회학

02

사회제도와 스포츠

01 스포츠와 정치

01 스포츠와 정치의 관계 2013년 20번 / 2022년 A 2번

1. 스포츠정치화의 이유 : 스포츠가 정치적 공간으로 활용되는 이유

스포츠행위가 사회적 상황에 놓이는 순간 어떤 형태로든 정치적 의미를 띠게 된다. '누가 더 참여하는가'(◎ 흑인, 백인, 여성, 남성), '누구를 대표해서 참여하는가?', '어떤 목적으로 참여하는가?', '누구의 후원으로 참여하는가?', '그 후원의 대가는 무엇인가?'에 따라 스포츠행위는 누군가의 이해(interest)와 가치를 대변한다. 예를 들어 프로축구 선수들이 삼성이나 LG와 같은 대기업 후원사의 로고를 그린 유니폼을 입고 경기에 뛰는 것은 허용되지만, 대기업과 투쟁하는 노동조합을 지지하는 메시지를 적어 노출하는 행위는 금지된다. 대기업 로고의 노출은 자본의 이해(interest)를 정당화하는 기능을 수행하기 때문이다.

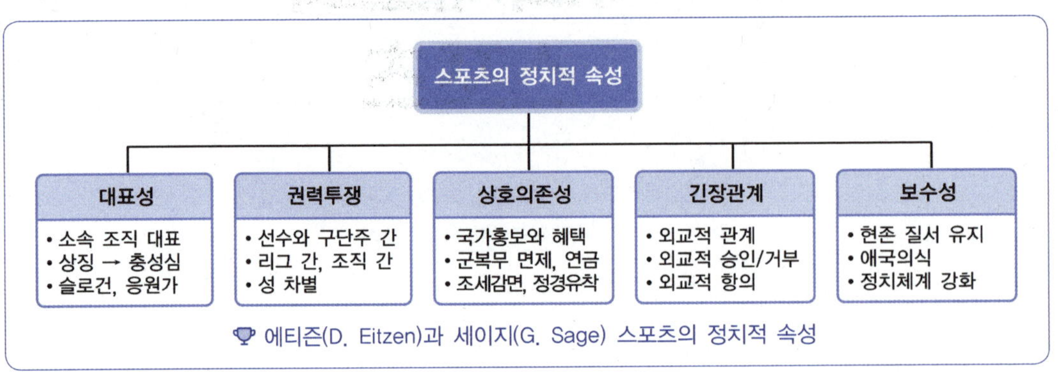

🏆 에티즌(D. Eitzen)과 세이지(G. Sage) 스포츠의 정치적 속성

2. 스포츠와 정치의 관계에 대한 연구 관점

(1) 공식적인 정부기구나 제도에 의해서 스포츠가 통치되는 방식

정책 자원의 하나로서 스포츠가 분배되는 과정, 즉 스포츠정책이 수립·집행되는 정치 과정에 대한 연구 관점이다. 가령 스포츠 메가 이벤트의 개최나 프로구단의 운영을 둘러싸고 협력하거나 갈등하는 스포츠 조직 간의 관계, 스포츠 조직 운영에 동반되는 거버넌스 딜레마(예 자율성 vs 책임성, 효율성 vs 정당성 등), 엘리트스포츠·생활스포츠와의 관계 설정, 스포츠 육성을 관장하는 플랫폼으로서 학교와 클럽의 역할 설계를 다루는 연구를 예로 들 수 있다.

(2) 고정관념·담론에 대한 문화적·정치적 접근

올림픽 100m 달리기 결승전에서는 흑인선수들이 대부분인 반면, 수영 결승전에서는 왜 흑인선수를 거의 볼 수 없는지와 같이 인종 사이에 분배되어 있는 권력 관계를 탐구하는 연구 관점이다. 이러한 연구의 결과는 우리들이 갖고 있는 '고정관념'을 바꾸고 주요 '담론'으로 작용하게 한다. 그리하여 실제로 스포츠를 보급하는 스포츠경기단체나 스포츠정책을 수립하는 정부가 모두에게 균등한 스포츠 참여 기회를 줄 수 있는 프로그램을 고안하도록 한다. 그 외에도 스포츠 광고나 중계에서 강요되는 젠더역할, 서구와 동양에 대한 고정적 이미지, 팬들이나 선수들의 인종차별적 구호나 행동, 스포츠경기의 구성을 통해 드러나는 국가주의나 신자유주의적 강요와 같은 주제들을 연구한다.

3. 스포츠와 정치의 결합 방법 2006년 13번 / 2012년 24번 / 2013년 24번

스포츠가 가진 사회통합 기능은 공동체를 경험토록 하는 긍정적 기능도 갖지만, 정치적 의제에서 관심을 돌리도록 하려는 정치적 전략에 악용될 소지도 있다. 이러한 스포츠의 악용은 상징·동일화·조작이라는 일련의 과정 속에서 이루어진다.

(1) 상징	스포츠에 참여하는 선수나 팀이 스포츠경기라는 맥락을 뛰어넘어 특정 집단을 대리하거나 대표하는 것으로 의미가 확장되는 과정을 일컫는다. 예를 들어 월드베이스볼 클래식 한일전에서 한국이 일본을 이기고 한국 선수가 그라운드에서 가장 높은 자리인 투수마운드에 태극기를 꽂는 장면은 한국이 일본을 정복했다는 상징적 의미를 갖는다.
(2) 동일화	동일화는 스포츠 선수나 팀이 갖는 상징적 대표성이 스포츠를 보는 대중들에게 받아들여지는 과정이다. 대중은 선수나 팀의 성취를 인종, 지역, 민족, 국가의 영광으로 확대 해석한다. 프로스포츠의 지역연고제는 '동일화' 효과를 기반으로 한다.
(3) 조작	상징과 동일화는 이를 활용하려는 인위적 시도에 의해 '조작'된다. 가령 한일전 축구 경기를 앞두고 한국과 일본의 과거사를 강조하는 정치적 발언이 거듭된다면, 이는 양국의 축구 대표 팀이 가진 '상징', 양국 대중이 갖고 있는 팀에 대한 민족적 '동일시'와 결합되어, 상대국가에 대한 적대감을 불러일으킨다. 정치 세력은 이러한 여론을 통치에 용이한 방향으로 조장하거나 직접 조작에 관여함으로써 체제를 유지·강화하고자 한다. 독도와 같이 민감한 주제를 스포츠에 연결시키거나 편파 해설을 하는 것 또한 '조작'으로 해석된다.

02 정치 수준과 스포츠

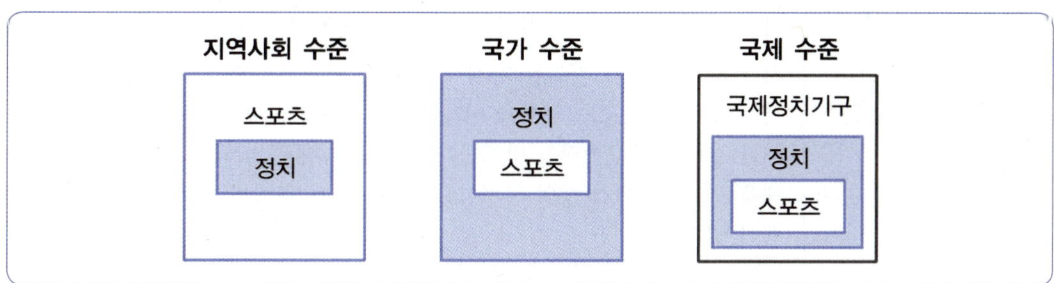

1. 지역사회와 스포츠

(1) 지역사회 수준 스포츠	① 지역사회에 대한 향토애 진작과 지역사회 개발 ② 학원스포츠, 아마추어·프로스포츠, 생활체육활동 등	
(2) 스포츠와 정치	① 정치가 스포츠에 미치는 영향	• 스포츠 참여 기회 제공과 참여 확대 기반 결정 • 지역스포츠 관련 단체의 정치적 관심이 높을수록 지역스포츠가 활성화·발전 • 지역의 정치적 유대 조성과 연대감 강화
	② 스포츠가 정치에 미치는 영향	• 지역사회 개발·발전 • 지역주민의 사회적·정치적 지위 고양(자치 능력 향상)

2. 국가사회와 스포츠 2006년 13번

(1) 민족국가 태동	① 스포츠의 국가 체제 유지와 통합 ② 정치·경제·군사·문화적 측면의 도구로 스포츠 이용 ③ 스포츠를 대중 조작의 상징적 매개물로 간주
(2) 국가 스포츠의 정치적 역할	① 사회통합 촉진 ② 대중의 사회통제 ③ 국가 간 공식 외교관계 수립과 국가적 위광 획득
(3) 스포츠와 민족주의의 관계	① 국민 사회화 수단으로 스포츠는 국가 정치체제에 대한 합법성 지원 ② 충성심과 애국심 고양 ③ 정치는 관련 법규 제정과 재정 투자를 이용하여 국민의 스포츠 참여 기회를 구속하므로 권력의 균형이 상대적으로 스포츠보다 정치적 영역에 편재

🏆 국가 정치의 스포츠 개입 – Allison(1993)과 Houlihan(1994)

공공질서 보호	개인과 집단의 보호를 명목으로 정부는 스포츠와 관련한 다양한 규칙을 제정한다. 정부는 어떤 스포츠가 불법이고 합법적인지, 스포츠가 조직되는지, 누가 스포츠에 참가 기회를 가져야 하는지, 어떤 장소에서 스포츠가 행해져야 하는지, 공공 스포츠 시설을 이용하는지에 대한 일련의 규칙을 정하며, 이에 대한 집행력과 구속력을 발휘한다. 대표적인 예로, 미국의 Title IX에는 학교 체육 프로그램에서 성의 공평함을 증진시키기 위해 의도적으로 규제하는 정책이 있다.
시민들의 건강 및 체력 유지	정부는 시민들의 건강을 증진하고 의료비 지출을 줄이기 위해 스포츠 정책 및 서비스를 지원한다. 올림픽 기념 국민생활관과 같은 체육관을 건립하고 생활체육 진흥을 위해 생활체육 7330(일주일에 3번, 30분 이상) 캠페인을 전개한 것이 그 예이다.
지역사회나 국가의 명성(위신) 고취	2002년 한일월드컵 개최로 '다이내믹 코리아 구축'이라는 슬로건이 서로 부합되어 국가 브랜드 이미지가 성공적으로 개선되었다. 반대로 국제스포츠 경기에서 저조한 성적을 내면 세계 무대에서 위신을 상실하게 된다고 생각한다. 그 예로, 영국인 중 일부는 영국이 만들어 낸 국기와 같은 스포츠에 참가하여 패배하면 그 패배가 세계 정세에서 국가의 스포츠와 정치의 쇠퇴 징후라고 걱정한다(Maguire, 1994, 1999).
정체성과 소속감 증진	정부는 국가 경제 불황, 인종 및 계급 간의 불화 등의 사회적 갈등이 고조될 때 국가에 대한 정체성과 소속감을 증진하기 위해 스포츠를 적극적으로 활용한다. 국가대표 축구팀이 월드컵 경기를 할 때면 모두 하나가 되어 자국 팀을 응원한다. 2002년 한일월드컵을 통해 국민 대통합을 이루었다.
지배적인 정치 이데올로기와 관련된 가치 재생산	스포츠경기의 승리는 한 나라의 정치체제의 승리로 상징 및 해석될 수도 있다. 1936년 베를린 올림픽에서 독일의 히틀러는 게르만족의 우월성과 나치즘(Nazism)의 우수성을 선전하고 과시하였다. 1980년 모스크바 올림픽에는 미국을 중심으로 한 자유민주주의 진영의 국가가 대거 불참하였고, 1984년 LA 올림픽에는 구소련을 중심으로 한 공산주의 진영 국가가 대거 불참하였다.
정치 지도자와 정부에 대한 시민의 지지 증진	월드컵, 올림픽과 같은 메가 스포츠 이벤트를 성공적으로 개최하여 시민 지지를 증가시킨다.
국가 및 지역사회의 경제발전 도모	88 서울 올림픽을 기점으로 경제적 수준이 월등히 향상되었다.

🏆 스포츠의 정치적 기능 : 코클리(Coakley)

국민 건강 증진과 여가 기회 제공	정부는 경제, 보건, 복지의 차원에서 국민 건강을 증진하고 여가 기회를 제공하기 위해 스포츠에 개입하게 된다. 이를 위한 정부의 노력 가운데 대표적인 것은 체육·여가 공간 확대를 위한 기반 시설을 구축하는 것으로 공원·실내체육관·수영장·운동장 건립 등의 사업이 이에 해당한다.
사회질서의 유지·보호	스포츠 현장에서 발생하는 지도자와 선수 간 폭력 및 성폭력 사건에 대한 개입, 학생선수들의 학업권을 보장하지 않는 엘리트스포츠 체계에 대한 시정 노력, 홀리건과 같은 과격한 관중문화에 대한 규제 등을 예로 들 수 있다. 정부는 스포츠 환경에서 발생하는 모든 일탈 및 위법행위를 통제함으로써 사회질서를 유지하고자 한다.
국위선양	정부는 종목별 경기단체에 대한 재정 지원, 경기력 향상을 위한 태릉선수촌 운영 등의 정책을 시행해 왔고, 특히 올림픽이나 아시안게임에서 성과를 낸 우수 선수들에게는 병역 대체복무제도, 경기력 향상 연구, 연금제도 등을 통해 보상하고 있다. 국위선양은 선진국보다 수출 위주의 경제 정책을 추진하는 개발 도상국에서 스포츠에 정치가 관여하는 대표적인 이유이다.
사회통합	2002년 한일월드컵의 사례와 같이 스포츠는 구성원 간의 사회경제적 차이에도 불구하고 하나라는 일체감을 선사하며, 이는 여타 정치경제적 활동의 동력으로 작용한다. 한편, 정치는 사회통합을 위장하기 위해 스포츠를 활용하기도 한다.
국가·지역사회의 경제발전 촉진	올림픽이나 월드컵과 같은 메가 이벤트의 유치는 다방면에서 국가와 지역사회 경제발전에 기여할 수 있다. 경기를 개최하는 데 필요한 기반시설인 교통·주거 환경 개선으로 건설 경기가 부양되고 행사를 조직·기획·운영하기 위한 고도의 지적·인적 인프라가 구축돼 지역사회 발전에 중요한 자원을 확보할 수 있다.
정부·정치가에 대한 지지 확보	정부나 정치가는 체제의 정당성을 강화하고 자신의 권력을 유지하기 위해서 스포츠를 지원하기도 한다. 정치가는 자신이 후원하는 스포츠 활동에 참여하는 사람들이 즐거움과 가치를 느끼면 자신의 인지도와 함께 정치적 입지가 강화된다고 믿는다.
지배 이데올로기에 부합하는 가치·성향의 강조	현대 자본주의 사회의 질서유지에 필수적인 가치들이기 때문에 정부는 이러한 태도 및 성향을 고취시키기 위해 스포츠를 이용한다. 국가적인 스포츠 영웅을 양성하고 환대함으로써 그들이 얼마나 힘든 과정을 인내했으며, 이를 극복함으로써 어떤 성취를 이룰 수 있었는지를 면밀히 전시해 국민들로 하여금 이러한 가치를 자연스럽게 받아들이도록 한다. 이를 통해 대중들은 구조적 사회모순의 양산에 주목하는 대신 열심히 하면 누구나 성공할 수 있다는 성공 이데올로기를 내면화하게 된다.

03 국제 수준 스포츠와 정치

1. 국제관계와 스포츠의 중요성

(1) 스포츠를 통한 특정 정부의 의식·의도 행위 반영

(2) 국내 상황에 대한 스포츠 결과의 영향 증대

2. 국제스포츠의 정치적 결과 영향 요인

(1) 평화

(2) 적대

3. 국제정치와 스포츠(국제정치에서 스포츠의 역할) 공청회 11번 / 2017년 B 6번 / 2023년 B 7번

(1) 국가 외교적 활용(도구) 중 외교적 승인

국제 수준에서 스포츠를 이용하는 가장 보편적인 방법은 외교적 수단으로서 승인과 거부이다. 오늘날에는 어느 한 국가가 다른 국가와 스포츠경기를 교류하게 되면 공식적 외교관계가 성립되어 있지 않은 국가 간이라도 양국 및 해당 정부를 승인함을 상징하게 된다. 역으로 특정 국가와의 스포츠 교류를 거절하거나 그 나라의 운동선수에게 비자 및 여행 문서 발급을 거부함으로써 스포츠 참가를 인정하지 않는 행위는 외교적 단절과 동등한 의미로 해석된다.

동서 냉전기였던 1971년 미국 탁구 대표팀의 중국 방문은 20년 이상 서먹하던 양국이 교류를 재개하는 계기가 되었다. 이듬해 미국 닉슨 대통령의 중국 방문이 성사되면서 발표된 상하이 공동성명은 동서 냉전을 완화하는 데 크게 기여한 것으로 평가된다.

<table>
<tr>
<td>(1) 국가 외교적 활용(도구) 중
외교적 승인</td>
<td>한국전쟁 후 대치했던 양 체제는 1990년 남북통일축구대회를 개최하고 1991년 세계탁구선수권과 세계청소년축구대회에 단일팀을 파견했다. 2018년 평창에서 개최된 동계올림픽 여자 아이스하키 경기에 남북한 단일팀이 참가하기로 한 결정은 2016년 개성공단 중단 이후 오랫동안 경직되어 있던 남측과 북측 사이를 재개하는 통로가 되었다. 2018년 4월 남북정상회담 이후 계속 진행되고 있는 남북통일농구대회(2018년 7월), 남북노동자 통일축구대회(2018년 8월), 그리고 2018년 자카르타 팔렘방 아시안게임 동시입장과 같은 스포츠 교류는 이러한 화합 분위기를 지속하고자 하는 양측의 의지를 담고 있다고 볼 수 있다.</td>
</tr>
<tr>
<td>(2) 국가 외교적 활용(도구) 중
외교적 항의</td>
<td>1980년 모스크바 올림픽의 경우 구소련의 아프가니스탄 침공을 이유로 미국을 비롯한 서방 국가가 올림픽에 불참하였으며, 1984년 LA 올림픽에서는 이에 불만을 품은 구소련이 동구권 국가의 동조를 받아 LA 올림픽 경기를 반쪽대회로 전락시켰다.

남아프리카공화국(남아공)은 인종차별주의 정책인 아파르트헤이트(apartheid)를 시행한 까닭에 여러 국가들이 남아공에서 열리는 스포츠대회에 참여하지 않았고, 남아공 선수들은 올림픽을 비롯한 국제대회 참여가 불허됐다.</td>
</tr>
<tr>
<td>(3) 국가 외교적 활용(도구) 중
국가 이미지 형성</td>
<td>역사적 과오가 있는 전범국이나 인권 관련 이슈 등으로 부정적인 국가 이미지에 시달리는 국가들은 스포츠 메가 이벤트 유치를 통해 고정관념에서 탈피하고자 한다. 세계를 향해 연출하는 쇼로서 메가 이벤트를 활용한다.

도쿄에서 열리는 2020년 하계올림픽은 2011년 동일본 대지진과 방사능 피해를 입은 후쿠시마 지역에 경기를 배치함으로써 '안전'의 이미지를 연출하고자 시도하였다. 올림픽 경기가 열렸다는 사실 그 자체가 관광에 문제가 없는 곳이라는 인상을 줄 것이고, 이것이 피해지역의 경제를 활성화하는 데에도 보탬이 될 것이라 여기기 때문이다.</td>
</tr>
</table>

(4) 이데올로기 및 체제 선전의 수단

베를린 올림픽은 전 세계에 나치 국가의 위신을 드높였다. 또한, 독일이 우호적이고 평화를 사랑하며 근대적일 뿐만 아니라, 효율적으로 조직된 국가라는 인상을 표출할 수 있는 기회를 제공하였다. 1936년 베를린 올림픽은 히틀러 정치 체제가 공산주의 국가의 정치적 역량과 제도를 전시하기 위한 정치 선전의 장으로 스포츠를 활용했던 사례를 대표한다.

(5) 국위선양

멕시코 올림픽 육상경기에서 케냐의 해이노(Heino), 테무(Temu), 비워트(Biwott)의 우승, 로마·도쿄·멕시코 올림픽 마라톤 경기에서 에티오피아의 아베베(Abebe), 월데(Wolde)의 우승, 뮌헨 올림픽에서 우간다의 아키부아(Akii Bua)의 우승, 몬트리올 올림픽에서 자메이카의 쿠아리에(Cuarrie)의 우승과 트리니다드의 크로포드(Crawford)의 우승, 그리고 바르셀로나 올림픽에서 황영조의 우승 등이 예이다.

(6) 국제이해 및 평화	 남·북한 간의 체육 교류를 들 수 있다. 최근에 이르러 활발하게 진행되고 있는 정치, 경제, 사회, 문화 전반에 걸친 남북 간 교류는 분단 이후 우리 민족이 한마음으로 염원해 온 통일에 대한 기대가 비로소 가시화되고 있음을 보여주고 있다.
(7) 갈등·전쟁 촉매	 1969년 월드컵 축구 지역예선 경기에서 발생한 온두라스와 엘살바도르 이야기를 들 수 있다. 양국은 축구경기 이전부터 장기간 정치·경제적 분쟁 상태에 놓여 있었다. 그렇기 때문에 월드컵 축구 출전 대표팀 선발을 위한 세 차례의 최종 예선전에서 양 팀은 경기 때마다 홈 팀의 관중이 방문 팀의 선수에게 폭력을 행사하여 많은 사상자들이 발생하게 되었다. 결국 세 차례의 경기 끝에 온두라스가 지역대표 팀으로서의 출전 자격을 획득하였으나 이에 불만을 품은 엘살바도르가 군대를 이동하여 온두라스의 국경을 침범함으로써 양국 간 전면전이 발발하게 되는 결과를 초래하였다.

🏆 Strenk(1977) 국제정치에서 표현되는 스포츠의 기능 6가지 방식

외교적 도구	• 외교적 거부 : 남아프리카공화국은 인종차별 정책으로 1994년까지 국제대회에서 거부당함 • 외교적 승인 : 1971년 미국 탁구팀의 중공 방문, 일명 핑퐁외교
정치이념 선전	• 스포츠이벤트에서 국력을 상징적으로 드러낸다는 점에서 체제의 우월성을 입증하는 근거로 활용 ⑩ 나치 정당의 정당성 및 우월성을 보여주기 위한 1936년 베를린 올림픽 • 국제스포츠를 정치세계와 이데올로기의 힘을 시험하는 장으로 활용
국위 선양	• 스포츠에서의 승리 = 개인의 영광 = 국위선양이라는 등식 • 국제스포츠경기는 한 국가를 세계에 알리는 가장 강력한 수단 : 2002년 한일월드컵 4강 신화를 통해 축구 변방국가에서 축구 강국으로 인식 변화
국제 이해와 평화 증진	• 스포츠는 전 세계적으로 소통할 수 있는 만국 공통어 • 분단국가인 우리나라에서의 남북 체육교류는 통일의 밑거름이 될 것으로 기대
외교적 항의	• 국제정치에서 스포츠는 간접적인 외교적 항의 도구로 이용. 전형적인 사례는 보이콧 선언 • 1980년 모스크바 올림픽 서방 국가 보이콧 선언. 이후 1984년 LA 올림픽 동구권 국가 보이콧 선언
갈등 및 적대감의 표출	• 무기 없는 전쟁 갈등과 적대감의 표출 수단으로 이용 • 1972년 뮌헨 올림픽에서 아랍 테러리스트 '검은 구월단'이 선수촌에 침입하여 이스라엘 선수 살해 • 1972년 멕시코 월드컵 예선에서 엘살바도르와 온두라스의 경기가 두 국가 간 축구전쟁의 촉매제가 된 사례

4. 국제 스포츠 거버넌스(governance) : 국제 스포츠단체의 정치적 영향력

(1) 관리와 규제	국제 스포츠단체는 지역이나 국가수준의 스포츠경기단체에 대해 일정한 영향력을 행사한다. FIFA와 IAAF(국제육상경기연맹) 같은 종목별 국제 경기단체는 상위기관으로서 지역과 국가수준의 경기단체들이 따라야 할 경기 규칙과 대회 운영 지침을 결정한다. 하위수준의 경기단체들이 규칙과 지침을 따르지 않을 경우에는 벌금부과, 대회참여 금지 등의 조치를 취할 수도 있다. IOC의 헌장에 각 국에서 NOC(National Olympic Committee), KOC(Korean Olympic Committee)가 정치적으로 독립되어야 한다고 명시하고 있는 것 또한 국제수준의 스포츠 조직이 갖는 규제적 성격을 보여준다.
(2) 긴장	국제 스포츠단체의 규제는 국가수준 스포츠경기의 운영 방식과 마찰을 일으키기도 한다. 예를 들어 올림픽, FIFA 월드컵과 같은 스포츠 메가 이벤트는 그 이벤트를 주관하는 스포츠경기단체의 방침에 맞추어 개최국의 법이나 조례를 개정하도록 요구한다. UN, IMF와 같은 국제 정치·경제기구가 규제 완화 요구를 할 경우 심각한 내정간섭으로 받아들여지는 반면, 국제 스포츠경기단체가 '스포츠대회'를 통해 유사한 요구를 하는 것에 대해 특별한 반발이 없는 것을 두고 지린(Zirin, 2014)은 스포츠 메가 이벤트가 시장의 규제 완화를 재촉하는 '신자유주의적 트로이의 목마'라고 부른 바 있다.
(3) 인정	국제 스포츠단체는 그것이 가진 초국적 성격 때문에 종종 특정 집단에 대해 정치적 인정에 준하는 수준의 사회적 승인을 내리기도 한다. 그릭스(Grix, 2016)에 따르면, 과거 동독은 서독과 분리되면서 국제사회로부터 독립국가로 인정받지 못했으나, 국제 스포츠 무대에서 전례 없는 성과를 거둔 이후 국제 스포츠경기단체들로부터 정당한 성원으로 인정받았다.

04 올림픽 경기와 정치 2017년 B 6번

1. 올림픽 이념과 정치	(1) 고대 올림픽 창설 동기	① 폴리스 간 평화유지 ② 이민족 대비를 위한 군사적 동맹
	(2) 올림픽의 민족주의 요소	① 국기 게양, 국가 연주, 국가 단위별 입장 ② 국가 간 경쟁, 경기 순위
2. 올림픽 경기의 정치화 요인	(1) 민족주의 심화	① 고대 올림픽부터 민족주의와 스포츠 밀접 ② 국기 게양, 국가 연주, 메달 성적 발표, 팀 스포츠 등의 제도적 요인으로 심화 ③ 정치와 스포츠 동일시
	(2) 상업주의 팽창	① 올림픽 경기의 상업적 도구화 ② TV, 라디오 영향으로 상업주의 효과 극대 ③ 올림픽 의식과 시설의 화려함 추구 ④ 상업주의 자체가 올림픽 경기의 정치화 요인으로 작용
	(3) 정치 권력 강화·보상	① 올림픽 경기 결과의 정치적 해석 ② 승리제일주의 국가 이데올로기와 결합
3. 올림픽 경기의 문제점과 개선방안	(1) 올림픽 제도·운영	① 타국선수와 혼합 입장이나 종목별 입장 ② 올림픽기, 올림픽가, 국가유니폼 폐지 ③ 개인 메달집계만 발표
	(2) 상업주의 대안	① 경기규모 간소화 ② 단체경기 배제와 참가자 수 제한
	(3) 정치성 배제	개최지를 중립적 장소와 개발 도상국으로 한정

🏆 정치적으로 화제가 된 스포츠 메가 이벤트의 사례

올림픽 대회	사건
1896년 아테네	• 터키의 지중해와 에게해 침략정책을 저지하려는 그리스의 정치적 의도 개입
1936년 베를린	• 히틀러 나치 정권의 정치적 선전 장 • **최초의 성화봉송제도 도입** : 고대 그리스와 근대 독일을 연관 지으려는 선전장관 괴벨스와 스포츠장관 카를 디엠의 작품
1948년 런던	• 제2차 세계대전 후 동유럽을 병합하려는 소련과 이를 저지하려는 미국, 영국, 프랑스 등 서방 세력 간의 정치적 갈등의 장
1956년 멜버른	• 소련의 헝가리 침공에 대한 항의로 스페인, 네덜란드, 스위스 등 서방 국가 불참
1964년 도쿄	• 1962년 아시안게임 개최 시 대만과 이스라엘 선수단에 비자발급을 거부하고 그들을 초청하지 않았다는 이유로 인도네시아 참가 불허
1972년 뮌헨	• 검은 구월단 사건 발생 : 11명의 이스라엘 올림픽 팀 선수들과 1명의 서독 경찰이 팔레스타인 무장단체인 검은 구월단(5명 사망)에 의해 살해됨 • 남아프리카공화국의 인종차별정책과 로디지아(현 짐바브웨)의 백인 소수 지배체제에 반대하는 아프리카 국가들의 대회 불참
1976년 몬트리올	• 뉴질랜드 럭비 팀의 남아프리카공화국 원정경기에 항의하고 뉴질랜드의 올림픽 참가를 저지하기 위하여 아프리카 국가들의 대회 불참 • 거액의 빚으로 기억되는 올림픽으로 채무를 갚는 데 30년 소요 • 몬트리올 올림픽 스타디움은 활용도가 낮은(white elephant) 곳의 전형으로 알려짐
1980년 모스크바	• 소련의 아프가니스탄 침공에 대한 미국의 정치적 대응으로 미국을 비롯한 서방 국가들의 대회 불참
1984년 LA	• 소련의 불참과 그에 동조한 공산진영 13개국 불참 • 가장 급진적으로 상업화 전략이 도입됐던 대회
1992년 바르셀로나	• 도시 이미지 향상, 균형 잡힌 예산 활용 등으로 성공적인 대회로 평가 • 관광의 증가, 사후 시설을 장기적이고 알뜰하게 활용
2004년 아테네	• 한 해 세입의 5%에 달하는 비용을 올림픽에 지출해서 그리스의 재정 파탄에 상당한 기여를 한 것으로 알려짐 • 올림픽을 위해 지어진 경기장과 시설들이 사후에 무용하게 방치
2006년 독일	• 장기계획과 팬 중심의 기획에 의한 성공 • 올림픽 기간과 전후 외국인 관광객 수가 200만 명 급증

2008년 베이징 (하계)	• 개회식 비용 9백억 원 • 인권 이슈, 티베트 승려들에 대한 중국의 태도
2010년 남아공 (월드컵)	• 아파르트헤이트로 외면받던 국가로서 국제적 신뢰를 확보하고자 기획됨 • 아프리카 국가 중 첫 번째로 메가 스포츠 이벤트를 유치하여 대륙을 대표하게 되었고 국제질서에서 중간적 위치 확보
2018년 평창	• 남북 공동 입장 및 여자 아이스하키 단일팀 구성
2022년 베이징 (동계)	• 중국 인권탄압 문제 등을 이유로 사절단을 보내지 않은 미국을 비롯한 주요 서방 국가들의 외교적 보이콧 및 서방 국가 지도자들의 개막식 불참 • 베이징은 동·하계 올림픽을 모두 개최한 세계 유일의 도시 • 시진핑 주석의 장기 집권의 발판을 위한 포석
2022년 카타르 (월드컵)	• 이란의 반정부 시위와 이란 축구계의 주요 인사들과 축구 국가대표팀의 반정부 시위 지지 • 카타르의 인권 문제(이주노동자 착취 및 성소수자 인권 문제)에 대한 유럽 국가, 협회, 선수들의 정치적 목소리

🏆 국제경기대회 남북단일팀 구성 현황

대회	장수	일시	참가자	비고
1991 지바 세계탁구선수권 대회	일본 지바	1991. 4. 24. ~5. 6.	단장(북한), 총 56명 (임원 각 17명, 선수 각 11명)	여자단체 우승, 여자단식 준우승, 남자 단식 및 혼합복식 각 3위
1991 포르투갈 세계청소년축구 선수권대회	포르투갈 리스본	1991. 6. 14. ~30.	단장(남한), 총 62명 (임원 각 22명, 선수 각 9명)	8강 진출 (예선 1승1무1패)
2011 카타르 피스앤드스포츠컵	카타르 도하	2011. 11. 21. ~22.	총 4명 (남 2명, 북 2명)	남자복식 우승, 여자복식 준우승
2018 평창 동계올림픽	대한민국 평창	2018. 2. 10. ~22.	총 35명 (남 23명, 북 12명)	여자아이스하키
2018 할름스타드 세계탁구선수권	스웨덴 할름스타드	2018. 4. 29. ~5. 6.	총 9명 (남 5명, 북 4명)	여자단체전 4강 동메달
2018 자카르타 – 팔렘방 아시안게임	자카르타 팔렘방	2018. 8. 18. ~9. 2.	총 51명 (남 29명, 북 22명) • 카누 남 12명, 북 12명 • 여자농구 남 9명, 북 3명 • 조정 남 8명, 북 7명	카누 금 1, 동 2, 여자농구 은 1, 조정

02 스포츠와 경제

01 경제발전과 스포츠

1. 현대 스포츠 발전의 사회적 영향	(1) 산업화	① 사회적 생산력 증대, 대중의 생활수준 향상, 기계화로 인한 여가 시간 확보 ② 용구의 대량 생산체계, 용구 표준화, 경기 수준 향상
	(2) 도시화	① 근무 시간 엄수 → 여가 수요 증대 → 새로운 스포츠 출현 유도 ② 흥행 위주의 프로스포츠가 형성될 수 있는 시장 형성 **베츠 : 도시화가 근대 스포츠 형성에 미친 영향** 도시 지역은 좋은 교통시설, 유한계급의 증가, 팀 조직의 용이성 등을 통해 스포츠 발전에 기여함
	(3) 교통·통신 발달	① 인적 이동·물류 이동 → 다양한 스포츠 행사 인프라 ② 통신 발달 → 정보 유통 → 스포츠 저널리즘 발전 → 스포츠 대중 기틀
2. 스포츠 관련 경제 활동	(1) 스포츠용품 산업 (2) 건설업 (3) 기념품과 매점업 (4) 취업 기회 제공	

02 스포츠와 상업주의 2011년 20번 / 2013년 20번 / 2018년 A 3번 / 2021년 B 5번 / 2025년 B 7번

1. 신자유주의 시대의 스포츠 상업주의의 출현

'자본의 세계화' 흐름에 기반한 사상인 신자유주의는 정치·경제·사회·문화 등 모든 영역에 대한 정부 개입을 최소화함과 동시에 세계화와 자유화를 강화해야 한다고 주장하는 경제 패러다임이다. 신자유주의의 특징인 자유 시장, 규제 완화, 낮은 세금, 작은 정부, 유연한 노동 시장은 1980년대 영국과 미국 정치를 비롯한 전 세계를 지배하는 근간이 되었다(Turner).

신자유주의적 세계화의 물결은 스포츠에도 영향을 미쳐 오늘날 세계 프로스포츠 시장의 근본적인 구조변동을 가져왔다. 초국적 기업의 등장을 통해 특정 국가 리그에 자본이 자유롭게 유입되었고, 우수한 외국인 선수의 영입이 특정 리그와 클럽에 집중되었다. 더불어, 국가에 머물던 단일 리그가 국경을 넘어 전 세계로 확대되었다. 미국과 영국, 스페인 등 몇몇 국가의 리그들은 전 세계 유명 선수들의 집합소가 되었다. 소위 자본주의 중심국을 중심으로 전 세계의 프로리그가 하나의 단일 시장으로서 피라미드형 구조를 구축하게 된 것이다(Andrew & Silk).

신자유주의 정치, 경제적 합리성은 도시지역 스포츠 발전에 공헌한다. 프로스포츠 시장의 도시 집중화로 부를 창출해 내도록 유도한다. 신자유주의 경제는 필연적으로 양극화 문제가 발생한다. 우수 선수의 영입이 특정 리그와 팀에 집중되면 팀 간, 리그 간 빈익빈 부익부 현상이 심화될 수밖에 없다. 신자유주의 시대에 상업화된 스포츠는 전 지구적 스포츠의 이윤 창출 시스템을 극대화할 수 있으나 자본과 권력에 편승하지 못한 스포츠 종목, 구단, 그리고 선수들은 도태될 수밖에 없다.

2. 상업주의 스포츠 출현의 일반적 사회 조건(Coakley, 2017)

사회 조건	특징
자본주의적 시장 경제 체계	스포츠 관련 경제적 보상체계의 발달
인구 밀도가 높은 대도시	스포츠 관련 흥행 성공가능성
자본의 집중	대단위 체육시설의 유치 및 유지
소비문화의 발전 정도	스포츠의 소비 촉진
경제적 여유가 있는 계층	소비하고 즐길 수 있는 경제적 여유 필요

3. 상업주의와 스포츠의 변화

(I) 스포츠 목적의 변화	① 상업주의에 기반한 스포츠는 인간의 내면적 성취욕구 충족을 추구하는 아마추어리즘보다 흥행에 입각한 프로페셔널리즘 추구 ② 스포츠가 상업화되면서 기업의 상업적 홍보 및 선전 수단으로 이용됨 ③ 이윤 추구를 위하여 대중의 흥미를 지속적으로 유지시키고자 노력함

🏆 코클리(J. Coakley) 스포츠의 관중 흥미 촉발 요인

요인	특징
경기 결과의 불확실성	• 경기 종료까지 승리자를 알 수 없는 긴박한 상황 유지 프로리그 경기에서 특정 팀의 기량이 탁월하여 연승을 거두고 있는 상황이라면 다른 팀과의 시합, 특히 하위 팀과의 시합 결과는 너무 확실하게 되어 관중의 흥미가 떨어지게 된다. 프로 협회에서는 이를 방지하기 위해 다양한 수단을 동원하고 있다. 그 대표적인 예가 신인선수에 대한 드래프트(draft) 제도이다.
대회 참가에 대한 재정적 보상	• 상업스포츠는 개인 및 대회의 규모·능력·기량 등의 요소가 금액으로 환산 • 금액의 규모가 대회의 규모 및 흥행을 가늠하는 중요 잣대 • 스타선수들의 대회로 관중, 미디어, 기업의 관심을 유도함
경기에 참가한 스타의 탁월한 기량	• 관중이나 팬은 스타 개인의 훈련, 인간관계, 성장과정 등 우수선수에 대한 모든 것을 상품을 통해 동일시함

① 상업스포츠는 관중의 흥미 유지를 위해 규칙을 변화시키면서 스포츠의 형태를 변화시킴
② 결승전 경기시간 조정, 광고시간 삽입, 경기팀 조정, 규칙 개정, 도박심리 유도, 지명타자제도
③ 상업주의 영향에도 스포츠의 기본(실질적) 구조 유지

🏆 규칙 변화의 4가지 원칙

원칙	특징 및 사례
경기 진행의 속도감	미국의 메이저 프로스포츠 종목인 농구, 미식축구, 아이스하키, 프로야구에서 공수 교대 시간을 빠르게 하여 경기 진행 시간을 줄이고자 노력한다. 배구의 총 시간 제한 규칙이나 테니스의 타이브레이크 시스템(tie-breaker system) 등도 이런 목적에서 도입된 것이다.
다양한 경기득점체제	농구에서 3점 슛, 국내 여성 프로배구에서 백어택에 2점을 부여하는 것 등을 통해 뒤지고 있는 팀은 마지막까지 일말의 희망을 지닐 수 있으며, 앞선 팀도 긴장의 끈을 풀지 못하는 박진감 넘치는 상황이 유도된다.
경기 중 휴식시간	전통적으로 경기 중 작전타임(타임아웃)이 있는 농구, 배구, 야구 등의 종목뿐만 아니라 탁구에서도 이를 도입하고 있다. 이러한 규칙 변화는 미디어로 하여금 해당 스포츠 종목의 중계방송을 통해 보다 많은 수익을 창출할 수 있는 기회를 제공한다.
종목별 규칙 변화 차이 정도 존재	확고한 자기기반을 지닌 스포츠의 경우는 상업주의 요구로 인한 규칙 변화가 경기의 본질에 큰 영향을 미치지 않는다. 그러나 프로레슬링, 롤러 하키, 엑스 게임(X-Game) 등의 신생 스포츠는 규칙 변화의 영향을 매우 심하게 받게 된다.

(2) 스포츠 구조 (규칙)의 변화

(3) 선수·코치의 경기성향 변화	① 관중은 운동 기능이나 복잡한 전략보다 화려한 플레이에 더 열광함 축구 경기에서 1번의 슛을 골로 연결시킨 공격수가 10번 이상 방어에 성공한 수비수보다 더 많은 스포트라이트를 받는다. ② 관중은 선수의 부상이나 경기 중 사고의 위험성을 전혀 고려하지 않고 위험하고 과감한 플레이가 펼쳐지는 경기를 선호하기 때문에 선수는 기본 기술보다 스타일을 중요시 여기고 이는 곧 스포츠 본질의 변화를 가져옴

일반 관중에게 즐거움을 줄 필요

필요성이 낮음 → 필요성이 높음

심미적인 지향성	⟶	영웅적인 지향성

강조점:		강조점:
• 운동의 미와 즐거움	⟶	• 운동의 위험과 흥미
• 기술적인 능력과 완숙도	⟶	• 극적인 표현의 형태와 완성도
• 한계를 파악하려는 의지	⟶	• 한계를 뛰어넘으려는 의지
• 지속적인 참여를 위한 헌신	⟶	• 팀과 스폰서의 승리와 성공에 헌신

코클리(Coakley, 2009)는 심미적 가치에서 영웅적 가치로의 이동이라고 언급하였는데, 스포츠에 대한 기술적 지식이 부족한 관중의 오락욕구가 낮을 때 선수는 동작, 재능, 노력, 표현력, 우월성이 강조되는 심미적 가치에 중점을 두지만, 오락욕구가 높을 때는 위험성, 과감성, 인내력, 용기 등에 비중을 두는 영웅적 가치에 중점을 두게 된다.

(4) 스포츠 조직의 변화	① 스포츠경기의 '쇼(Show)'화 : 대중매체, 팀 구단주, 후원자 지원으로 개최 치어리더, 연예인의 시구, 초대가수의 공연 등과 같이 관중이 경기 외적으로 흥미를 느낄 수 있는 이벤트를 배치한다. ② 대외협력 부서나 마케팅 부서와 같은 경기 외적 위원회가 출현하게 되었고 이들의 역할 강화 ③ 각종 스포츠 조직의 운영원칙 변화 경기대회를 기획하고 운영하는 스포츠 조직은 경기력 향상, 신기술 개발과 같은 경기의 내면적 성격보다 개폐회식 등의 의전행사, 식전·후 행사, 경품 규모, 대회 수입, 관중 수, 미디어의 반응과 같은 경기 외적 요소에 더 신경을 쓰고 있다. 따라서 스포츠 조직은 관중에게 흥미를 제공하고 이를 통한 경제적 이익이 증대되는 일에만 관심을 둔다. ④ 기존 스포츠와 신생 스포츠 간에 경기 본질을 변화시키는 차이가 있음

(5) 올림픽 경기의 변화	① 올림픽 경기규모의 거대화 ② 기업체는 올림픽 경기를 기업 선전 매장으로 간주 **피터 유베로스(Peter Ueberoth)와 TOP 프로그램** 1970년대 이후 올림픽은 점차 대형화되었고, 개최국은 대회 운영비의 증가로 어려움을 겪었다. 가령 1980년 캘거리 동계올림픽 때에는 소요된 운영비의 회수가 불가능해 결국 조직위원회의 파산이라는 사태로 이어졌다. 이에 국제올림픽위원회(IOC)는 스폰서십의 형태로 민간 자본을 도입하였고 올림픽 상업화의 원년이라고 일컬어지는 LA 올림픽이 개최되었다. 피터 유베로스가 위원장을 맡은 이 대회는 고액의 방송권료, 공식 스폰서와 공식 로고 및 올림픽 마크 등 스포츠의 기본상품과 파생상품의 체계적 판매로 엄청난 흑자를 달성했다. 이후 이를 지속적으로 유지하기 위해 탄생한 것이 TOP(The Olympic Program)이라는 패키지 스폰서 시스템이다(김화섭, 2001). TOP 프로그램에 참여하는 기업은 스폰서료를 지불하는 대신 올림픽 후원자로 선정되어 자사의 광고와 제품광고에 올림픽 로고와 휘장을 독점적으로 사용할 수 있다.
(6) 기업의 법인 스포츠 발전	

03 현대사회와 프로스포츠

<table>
<tr>
<td rowspan="2">1. 프로스포츠
출현과 발전</td>
<td>(1) 프로스포츠 출현</td>
<td>① 고대 로마시대 직업경기 개최
② 프로페셔널리즘은 18세기 산업혁명 이후 등장한 명칭으로 경기 상금 획득 목적으로 출전함

조직화된 프로스포츠가 탄생한 것은 18세기 영국의 산업혁명 이후 자본주의 경제체제가 전 세계적으로 확산되면서부터이다. 산업혁명으로 신흥 부르주아 계급은 자금을 바탕으로 스포츠의 프로화에 앞장섰다. 18~19세기 초에는 경마 보트경기 등의 사행성 스포츠가 크게 인기를 끌었으며, 20세기에 들어서는 프로복싱과 프로레슬링 등이 전 세계적인 인기 스포츠로 발전하게 되었다. 또한 지역적으로는 영국을 중심으로 프로축구가 발전하기 시작하였으며, 미국에서는 프로야구, 미식축구, 프로농구 등이 프로화의 길을 걷기 시작하였다. 일본은 1936년 아시아에서 처음으로 프로야구를 출범하는 등 스포츠 프로화는 전 세계로 확장되어 갔다.</td>
</tr>
<tr>
<td colspan="2">(2) 1982년 한국 프로야구 출범</td>
</tr>
</table>

<table>
<tr><td rowspan="2">2. 프로스포츠의
기능</td><td>(1) 순기능</td><td>① 여가 선용, 스포츠 참여의 확산, 사회적 긴장 해소 등 생활의 활력소 역할을 수행

1982년 출범한 한국 프로야구는 출범 34년 만에 국내 프로스포츠 사상 최초로 800만 관중 시대를 열며 국민들의 여가 선용에 크게 기여하고 있다.

② 아마추어 선수의 진로를 개척하고 사기를 진작하여 아마추어스포츠 활성화

자유계약선수 자격(FA)을 취득한 선수는 막대한 부를 올릴 수 있는 기회를 얻는다.

③ 지역을 대표하는 프로팀의 존재(지역연고지)로 인하여 해당 지역주민의 공동체의식 유발과 지역경제 활성화 및 지역사회 발전 기회 제공
④ 사회통합: 지역적 연대, 대중 동료의식, 소속감, 애향심 함양
⑤ 경기에 대한 대중의 이해 증진과 대중의 직접 스포츠 참여 유도로 스포츠 대중화 기여</td></tr>
<tr><td>(2) 역기능</td><td>① 스포츠의 내면적 만족보다 외양적인 이익을 중시하여 아마추어리즘을 퇴색시키며 물질만능주의와 승리지상주의를 만연시킴(아마추어리즘과 프로페셔널리즘의 이원화와 두 조직 간 갈등 유발)
② 특정 종목 편중과 비인기 종목에 대한 대중의 무관심으로 종목 간 불균형이 초래되고, 동일 종목에서 아마추어스포츠의 토대 붕괴(침체)
③ 경마, 경정, 경륜과 같은 일부 종목의 경우 합법적인 도박의 기회를 제공하여 국민의 사행심 및 승부 조작과 같은 불법적인 행동 조장</td></tr>
</table>

	프로스포츠 상업화의 다양한 제도와 그 이중성
	프로스포츠는 구단의 이익을 극대화하기 위하여 다양한 제도를 도입하였다. 이러한 제도는 구단 운영의 효율성을 높여 자본가의 이익 증대에 기여하였으나, 역으로 선수들의 권익을 훼손하는 제도로 지목되며 사회적 논란을 야기한다.

3. 프로스포츠 제도 2020년 B 7번 / 2024년 A 7번	(1) 보류(유보) 조항 (reserve clause)	프로스포츠 선수의 계약서에 팀 측에는 자동적으로 계약을 갱신하는 권리가 유보되고 선수는 계약 해제나 선수 교환이 되지 않는 한 이적하지 못하는 제도가 있다. 제도의 주된 이유는 선수들이 자유롭게 계약을 요구할 경우 유명 선수들의 계약금이 천정부지로 솟아 구단 경영을 압박할 것이라는 우려 때문이었다. 그러나 이 제도는 임금을 통제했을 뿐 아니라 선수들을 구단에 종속시키는 결과를 가져왔다. 한국 프로야구의 경우 고졸신인은 9년, 대졸신인은 8년 동안 보류조항으로 팀에 묶인다.
	(2) 신인선수 드래프트(draft)	프로스포츠에서 신인선수를 선발하는 방식으로 리그 내에서 팀 간 전력평준화를 위해 도입되었으나 이 제도는 선수들의 팀 선택권을 박탈한다. 그 이유는 한 해에 프로 계약을 원하는 모든 신인선수를 모아놓고 미리 정해진 순서(전년도 성적의 역순)대로 돌아가면서 선수를 선발하기 때문이다. 드래프트를 통해 선발된 신인선수들은 아무리 기량이 뛰어나더라도 리그에서 정한 최저연봉만을 받아야 한다. 이로 인해 자본을 앞세운 특정 팀이 우수한 신인선수를 싹쓸이하는 경우가 종종 발생하기도 한다.
	(3) 트레이드(trade)	특정 구단들끼리 합의하에 선수를 교환하는 것을 말한다. 선수를 교환하는 방식으로는 현금 트레이드와 선수 간 트레이드가 있다. 현금 트레이드는 현금을 주고 특정 선수를 사 오는 것이며 선수 간 트레이드는 선수끼리 맞바꾸는 방식이다. 구단들은 주로 당장 혹은 미래의 팀 전력보강을 위해 트레이드를 단행한다. 또한 트레이드는 구단의 재정 상황을 개선하기 위해 고액연봉 선수를 처분하거나 팀 내 불화를 일으킨 선수를 처리하는 방법으로도 활용한다. 이처럼 트레이드는 선수가 시장의 상품과 같이 취급되는 대표적인 예라 할 수 있다.

<table>
<tr><td rowspan="2">3. <u>프로스포츠</u>
<u>제도</u>
2020년 B 7번 /
2024년 A 7번</td><td>(4) 샐러리 캡
(salary cap)</td><td>샐러리 캡은 각 팀이 선수들에게 지불할 수 있는 연봉 총액의 상한선이다. 원래 샐러리 캡의 도입 취지는 부자 구단이 선수를 독점하지 못하게 하여 리그 수준의 평준화를 위한 것이었으나 구단의 심각한 재정난을 타개하기 위한 전략으로 활용되기도 한다. 특히, FA제도 도입으로 인해 재정이 열악한 구단은 치솟는 선수들의 몸값을 감당할 수 없게 된다. 반면, 선수들은 샐러리 캡이라는 제도로 인해 자신의 능력과 시장가치에 반하는 연봉계약을 강요받게 될 가능성이 높아진다. 특히, 높은 연봉의 스타선수는 그렇지 못한 선수들의 연봉을 제한하는 요인으로 작용할 수 있다.

성차별 논란과 샐러리 캡

샐러리 캡 인상과는 별도로 여자부는 남자부와 달리 선수 1명의 연봉이 전체 샐러리 캡의 25%를 초과할 수 없도록 하는 규정을 신설했다. 그러자 한국 여자배구의 최고스타 김연경은 남녀부의 현실적인 금액 차를 지적하며, 여자부는 선수 1명의 연봉이 샐러리 캡 25%를 넘을 수 없다는 점에 대한 불만을 드러냈다. 정치권과 정부에서도 이를 남녀차별적인 규정으로 인식하며 관심을 보였다.</td></tr>
<tr><td>(5) 최저연봉제와
연봉조정신청
(salary arbitration)</td><td>최저연봉제도는 프로야구선수들이 생계 고민 없이 운동에 전념할 수 있도록 구단이 지불해야 하는 연봉의 최하한선이다. 최소한의 선수 권익을 보호하기 위해 도입된 최저연봉제는 신인선수와 연봉 협상력이 떨어지는 선수들에게 종종 불이익으로 작용한다. 구단은 FA자격을 취득하지 못한 선수들, 특히 신인선수들에게 최소연봉만을 지급하며 구단 운영비를 줄이고자 하기 때문이다.</td></tr>
</table>

<table>
<tr><td rowspan="3">3. <u>프로스포츠 제도</u>
2020년 B 7번 /
2024년 A 7번</td><td>(6) 선수 대리인 제도
(에이전트, agent)</td><td>스포츠 분야에서 에이전트의 의미는 좁게는 스포츠 선수를 대신해서 연봉 협상이나 광고 계약, 다른 구단으로의 이적 등에 관한 업무를 처리해 주는 법정 대리인을 가리키며, 넓게는 선수들의 권익을 향상시키고 권리를 대행해 주는 역할을 하는 사람을 말한다. 우리나라의 경우 2001년부터 축구에서 에이전트 제도가 제일 먼저 도입되어 선수들의 이적에 관여하기 시작하였다. 이로 인해 구단의 일방적인 연봉 제시안에 대리인을 내세워 보다 좋은 계약 조건을 이끌어 낼 수 있게 됐다. 반면 연봉 차이에 따른 선수 간 빈익빈 부익부 현상은 불가피하다. 연봉이 낮은 선수의 경우 연봉의 일정 금액을 지급하면서까지 대리인을 선임하기가 쉽지 않다. 이 때문에 연봉 격차는 더 커지고 저연봉 선수들은 박탈감을 느낄 수도 있다.</td></tr>
<tr><td>(7) 자유계약제도
(free agent, FA)</td><td>구단이 소속선수와 재계약을 맺지 않으면 그 선수는 다른 구단으로 이적할 수 없어 사실상 선수생활을 그만두어야 한다. 일방적으로 선수에게 불리한 이 제도를 개선시키기 위해 일정 기간 프로선수로 재직한 사람에게 자신의 뜻대로 구단과 협상할 권리를 주도록 한 것이 자유계약 선수제도이다. 자유계약 선수가 되기 위해 재직해야 할 연한은 10년으로 한국에서는 1999년에 도입했다. FA제도가 도입된 이후 프로야구 선수들의 몸값은 폭등하기 시작했으며, FA자격을 취득한 선수들의 몸값은 천정부지로 치솟고 있다.</td></tr>
<tr><td>(8) 웨이버 조항
(waiver rule)</td><td>웨이버 공시는 특정 팀이 포기한 선수와의 교섭권을 다른 팀이 갖기 위해서는 영입을 원하는 팀들 간 드래프트를 거쳐야 하는 제도이다. 이 제도는 프로스포츠 구단에서 선수에 대한 권리를 포기하는 것을 의미한다. 즉 구단이 소속선수와의 계약을 일방적으로 해제하고, 일정기간 동안 다른 구단에 해당 선수를 양도받을 의향이 있는지 공개적으로 묻는 것이다. 이때 해당 선수를 원하는 팀이 나타나면 원소속 구단은 무조건 선수를 보내야 하며, 다른 구단들이 양도를 원하지 않으면 그 선수는 자유계약 신분이 된다. 많은 프로구단들이 기량이 떨어지거나 심각한 부상을 당한 선수를 방출하는 수단으로 웨이버 제도를 이용하고 있다.</td></tr>
</table>

☑ 보스만 판결

1990년 벨기에 주필러 리그의 축구 선수인 장 마르크 보스만(Jean-Marc Bosman)이 자신의 소속팀인 RFC 리에쥬(RFC Liege)에서 프랑스의 됭케르크(Dunkerque)로 이직을 하고자 했다. 그러나 구단은 계약이 끝난 보스만에게 추가 이적료를 요구하면서 이적을 불허했다. 이에 보스만은 자신의 사건을 토대로 FIFA의 선수들에게 불리한 이적 규정 17조에 대해 룩셈부르크에 위치한 유럽사법재판소에 소송을 내었고, 공방 끝에 1995년 12월 15일 승소하였다. 유럽사법재판소는 이 규정이 유럽 연합 회원국의 근로자들의 직업 선택의 자유를 보장한 로마 조약 39조에 위배된다고 발표했다. 이로써 보스만을 비롯한 유럽 연합 회원국 국적을 가진 축구 선수들은 계약 만료 이후 그들이 유럽 연합 회원국의 축구 클럽에서 다른 유럽 연합 회원국의 축구 클럽으로 이적할 때 자유로운 이적에 관한 권리를 얻게 된 것이다. 이전에는 프랑스와 스페인을 제외한 유럽의 프로축구 클럽들이 계약이 만료되었음에도 선수가 다른 클럽에 합류하는 것을 금지할 수 있었다. 이와 함께 선수는 현 소속 구단과의 계약이 6개월 이하로 남아있을 경우에도 다른 클럽과 사전 계약할 수 있게 되었다. 보스만룰은 미국 메이저 리그(MLB)에서 보류 조항의 삭제와 자유계약선수(FA)제도의 출현을 이끈 커트 플러드(Curt Flood) 법안과 비교될 수 있다.

04 우리나라 프로스포츠와 경제

1. 초기 프로스포츠의 탄생	우리나라 프로스포츠 초창기 공식 종목 : 복싱과 레슬링 복싱은 1912년 우리나라에 처음 소개된 이후 1935년 프로복싱 조직인 조선권투연맹이 창설되면서 프로화되었다. 프로레슬링은 한국전쟁 이후 아마추어 레슬링, 당수도, 합기도, 복싱 등 무술 및 스포츠 출신 선수들에 의하여 자생적으로 출범하였다.
2. 프로스포츠의 본격화	(1) 1980년대 프로스포츠 본격적 활성 (2) 1980년 전두환 정권은 '국민들의 건전한 여가 선용'이라는 명분으로 1982년 프로야구, 1983년 프로축구와 프로씨름 출범 전두환은 국민의 탈정치화라는 목표 아래 '3S(스포츠, 스크린, 섹스) 정책'을 활용하였으며, 역대 어느 정권보다 치밀하게 스포츠를 이용했던 대통령이었다. (3) 볼링(1996년), 농구(1997년), 배구(2005년) 프로화
3. 우리나라 프로스포츠의 특징	(1) 1980년대 이전 프로복싱과 프로레슬링이 민족주의적 지지를 바탕으로 활성화 (2) 1980년대 이후 출범한 프로스포츠의 경우 산업의 영역으로 발전 🏆 국가별 프로구단 운영 목적 | 유럽, 미국, 일본	이윤 창출의 산업이자 상품으로 간주
우리나라	정치적 고려에 의한 프로스포츠 출범으로 이윤 추구보다 구단소유 기업의 이미지 창출을 우선함	

03 스포츠와 교육 및 육성

01 스포츠 교육과 육성의 이해

1. 스포츠 육성의 개념

스포츠는 교육을 통해 전수되는 동시에 교육의 수단이다. 교육은 하나의 문화집단이 공유하는 가치와 규범을 전수하는 것인데, 스포츠 교육은 스포츠 규칙에 내재된 가치와 규범을 익히는 것으로, 근대 학교와 사회에서 교육의 수단으로 활용되었다. 스포츠 육성은 교육을 통해 전수되는 동시에 교육의 수단인 스포츠의 사회적 역량(효과)을 설명하기 위해 발전된 개념으로 '스포츠에 참여하고 스포츠를 경력(career)으로 추구할 기회를 제공'하는 데 관련되는 모든 과정·정책·관행 등을 일컫는다(Bramham et al, 2007).

2. 스포츠 육성의 목적

(1) 스포츠 그 자체의 발전 (development of Sport)	① 스포츠 사회 행위의 양적·질적 성장 ② 스포츠 활동 참여의 증가 ③ 국내 및 국제 스포츠대회 성과 스포츠 육성은 스포츠 참여에서 비롯된 자연스러운 동기를 지지하고 장려하는 활동을 포함한다. 그러므로 국내·국제 수준에서 두각을 나타내는 등의 스포츠 성취도 스포츠 육성의 목적이라 할 수 있다.
(2) 스포츠를 통한 사회의 발전 (development through Sport)	① 개인 건강 증진 및 여가 선용의 기회를 제공하여 사회가 부담해야 하는 의료비 절감 ② 스포츠 활동은 사회적으로 바람직한 가치와 규범 함양의 사회화 기능 수행 ③ 사회자본 구축 및 다양한 지역과 사회집단 간 갈등을 봉합하는 공동체 환경 조성에 기여

3. 스포츠 육성의 모델 2022년 A 2번

(1) 피라미드 모델	① 스포츠 참여의 기반이 확대되면 꼭대기에서 세계 수준의 선수가 배출된다고 가정(Hylton & Bramham., 2008) ② 생활체육의 중요성을 강조할 때 근거로 활용 ③ 국민생활체육협의회 조직통합에 활용된 이론적 근거
(2) 낙수효과 모델	① 엘리트스포츠의 발전으로 세계적 수준의 선수가 배출되면 대중 스포츠 참여도 확대된다는 가정(Frick & Wicker, 2016) ② 엘리트스포츠에 대한 집중투자를 우선하자는 주장의 근거로 주로 활용
(3) 선순환 모델	① 그릭스(Grix, 2016) : 스포츠 선진국의 스포츠 육성 시스템은 공공복리 증진을 위한 정부 주도의 재정 투자가 기반 ② 생활스포츠와 엘리트스포츠에 대한 투자 근거 ③ 피라미드 모델(생활체육 우선론)과 낙수효과(엘리트체육 우선론) 통합 **국제 스포츠경기 우수 성적 보유 국가의 공통점(Grix, 2016)** • **정부주도(올림픽 지향) 스포츠정책** : 한국의 연금제도, 병역면제, 체육특기자제도 • 스포츠와 전업선수들을 위한 정부의 예산 지원 • 재능선별을 위한 시스템 • 코칭의 직업화 • 선수들의 수행 향상을 위한 스포츠과학과 의학의 통합화

4. 스포츠 육성의 주체 : 스포츠 육성 거버넌스(governance)

(1) 정부 : 위계적 관계	① 스포츠를 관장하는 정부 부처인 '문화체육관광부'는 '대한체육회'에 정부예산을 지원함 ② 정부 조직은 관료제적으로 운영되며 관료제는 책임과 의무가 수직적으로 부과되는 '위계(hierarchy)적' 관계를 근간으로 함(Sam, 2016) ③ 구소련이나 중국 등 주로 권위주의 체제를 가진 국가들은 관료적 방식으로 스포츠를 육성해 왔음 관료제가 제공하는 보편적인 서비스는 다양한 연령과 선호를 가진 스포츠 참여자의 요구를 충족시키기 어려울 뿐만 아니라, 스포츠 참여의 결과와 효과는 관료제가 요구하는 규격화된 양적 방식으로 보고하기도 어렵다. 반면 엘리트스포츠에서 활용되기에 적합한 통치기제로 알려져 있다(탁민혁, 2018).

<table>
<tr>
<td rowspan="2">

(2) 시장 : 경쟁 관계

</td>
<td>

① 한국의 태권도 도장을 비롯한 대부분의 운동교습업

> 대부분의 국가는 정도의 차이가 있을 뿐, 부분적으로 경쟁 기제를 스포츠 거버넌스에 활용한다. 준시장적 기제로 지역의 공공 스포츠 시설 운영권을 입찰에 붙여 위탁운영 한다든지, 경기단체의 성과에 따라 지원금을 차등지원하는 등의 정책을 제시한다.

② 시장을 통한 스포츠의 공급은 신자유주의에 대한 비판과 맞물려 부정적으로 인식됨

> 생활스포츠의 보급에 시장적 기제가 활용된다면 인기 스포츠는 수익을 낳기 쉬우므로 더욱 활성화되는 반면, 수익성을 담보할 수 없는 비인기종목은 고사될 수도 있다. 하지만 시장에서의 적절한 경쟁은 공급되는 스포츠 서비스의 수준을 향상시키기도 한다(Deleon, 2005).

</td>
</tr>
</table>

<table>
<tr>
<td rowspan="2">

(3) 시민사회 : 호혜적, 자발적, 네트워크 관계

</td>
<td>

① 시민사회는 주로 서구에서 스포츠가 보급·육성되는 기반
② 자치적으로 조직되고 운영되는 스포츠클럽

> 클럽은 주로 회원들의 회비와 지역 상인들로부터 받는 후원금으로 재정을 충당하며, 코치·심판 및 경기운영에 관련되는 인원은 무급의 자원봉사자들로 구성된다. 클럽 운영은 회원과 지역사회의 원로 등을 포함하는 위원회에 의해 민주적인 방식으로 운영되고 그 가입과 활동에 있어 직업, 종교, 인종 등 어떤 사유로든 차별을 두지 않는다. 클럽은 교류 가능한 범위 내에서 리그를 구성해 교류하고, 지방·전국단위의 스포츠경기단체를 구성한다.

③ 정부와 같은 관료조직의 간섭으로부터 자유로우며 이윤 추구를 통해 경쟁하지 않음
④ 자발적 참여와 수평적 네트워크를 기반으로 함
⑤ 스포츠 보급은 스포츠에 참여하는 주민들이 그 과정을 자발적으로 수행한다는 점에서 '민주적 정당성'이 높다는 장점을 지님

> 신속성과 결과의 확실성을 담보하기 어렵다(탁민혁, 2018). 그러므로 시민사회 중심의 스포츠 육성은 지역단위의 생활스포츠 육성에 적합한 반면, 많은 재원이 투여되고 여러 관련 주체들을 통합관리(coordinate)해야 하는 엘리트스포츠 육성에 취약하다.

</td>
</tr>
</table>

5. 한국 스포츠 육성 시스템의 현재와 전망

<table>
<tr>
<td rowspan="4">(1) 학교 관료제에 의존하는
위계적 시스템</td>
<td>① 한국의 스포츠 육성 시스템은 학교 관료제를 근간으로 함
② 한국의 스포츠 육성은 정부 영역이 주로 독점함</td>
</tr>
<tr>
<td>선수로 등록하고 대회에 출전할 수 있는 자격은 반드시 학교를 통해 부여된다. 또한 체육특기자제도는 체육특기자로 등록된 학생들이 성적과 무관하게 상급학교에 진학할 수 있도록 보장하고 있고, 이러한 특혜는 대학입학까지 이어진다.</td>
</tr>
<tr>
<td>③ 스포츠 육성 과정에 관여하는 학교 관료제의 구성원</td>
</tr>
<tr>
<td>첫째, 관료제 피라미드의 정점에 '교육부장관'이 있다면, 각 시도교육청의 '교육감'은 실질적으로 해당 관할구역 내에서 교육에 관한 공적 사무의 총괄권을 갖는다. 학교 관료제를 통한 스포츠 육성에 대해서도 마찬가지다. 각 교육청 내에는 학교 운동부의 운영을 관리하는 '장학사'가 있으며, 각 학교에는 '학교장', '교감' 등의 관리자와 '체육교사' 및 '운동부지도자'가 감독교사 및 코치가 있으며 운동부 운영과 교습과 관련한 실무를 담당한다(Han, Kim & Tak, 2018).</td>
</tr>
</table>

<table>
<tr><td rowspan="2">(2) 한국의 스포츠 육성을
규정하는 두 가지 제도</td><td>① 체육특기자
제도</td><td>스포츠를 경력으로 추구할 학생을 조기에 선별하여 별도의 인원으로 특별관리하여 상급학교에 진학시키는 제도

주요 특징
• 체육특기자는 학업성적과 무관하게 (대학을 포함한) 상급학교에 진학할 수 있다. 상급학교 진학에 더 큰 영향을 미치는 것은 운동에서의 성과다.
• 체육특기자는 대한체육회가 주관하는 공식경기의 출전에 있어 배타적 권리를 갖는다.

1963년 5월 24일 문교부가 각 시도에 시달한 '1964년도 중고등학교 입시원칙'에 따르면 '예능·체육·기타 특기가 있는 자는 서울특별시장, 부산시장, 도지사가 정하는 기준에 따라 학교장이 그 방침으로 모집정원의 3%의 범위 내에서 선발할 수 있다(경향신문, 1963. 05. 24.)'는 체육특기자 선발에 관한 내용을 명시하고 있다. 그런데도 1972년도 도입론이 한국 근현대 체육사의 정론처럼 굳어진 것은 10월 유신(1972년), 체육고등학교 설립(1971년), 운동선수 병역면제제도의 도입(1973년)과 같은 국가주의 스포츠정책이 추진되었기 때문이다. 이러한 체육사적 방점들이 동시대의 법령 하나를 특기자제도의 시발점으로 여기도록 이끌었다.</td></tr>
<tr><td>② 소년·전국
체전</td><td>소년·전국체전은 대한체육회에 가맹한 종목을 종합적으로 겨루는 전국단위 스포츠대회

소년체전은 초등학교·중학교 학생을 대상으로 하며, 전국체전은 고등학교 이상의 선수를 대상으로 한다. 소년·전국체전은 실력을 겨룰 기회를 제공한다는 점에서 스포츠 육성에 기여한다고도 볼 수 있지만, 그것이 가진 '시도 간 경쟁체제'와 '메달 순위'는 여러 가지 방식으로 아동과 청소년에 대한 스포츠 육성 취지를 왜곡한다(Han, Kim & Tak, 2018). 소년·전국체전을 의식한 시도 간 과열된 경쟁 탓에 체육특기자에 대한 관리가 참여나 동기부여보다는 성적을 위주로 이루어지기 때문이다.</td></tr>
</table>

(2) 한국의 스포츠 육성을 규정하는 두 가지 제도	체육특기자제도를 통해 스포츠를 보급·육성하는 경로를 학교운동부에 소속된 체육특기자에게만 한정해 두고, '소년·전국체전'을 통해 시도별 선수단 간의 정기적인 경쟁의 장을 마련함으로써 한국의 스포츠 육성 시스템은 '학교중심', '체육특기자 위주'의 '경쟁과 성과주의' 방식으로 발전해 왔다(Han, Kim & Tak, 2018).
(3) 스포츠 육성의 관료적 장치	① 시도교육감은 소년·전국체전에서의 순위를 높이기 위해 다양한 포상제도와 상여금을 지급 소년·전국체전의 성과를 근거로 교사에게 인센티브를 부여함으로써 시도 교육청은 교사를 자발적·적극적으로 선수 발굴과 관리를 수행하는 행위자로 활용해 왔다(Han, Kim & Tak, 2018). ② 스포츠 육성의 성과와 교육기회의 제공 간 갈등 운동성과에 따라 상급학교(특히 대학) 진학의 성패가 갈리는 체육특기생에게 운동은 학업보다 우선하는 과제로 인식된다. 교육청으로부터 가해지는 운동성과에 대한 압박이 존재하고, 그 성과에 따라 체육특기자의 상급학교 진학이 결정되는 환경에서 교사나 운동부 지도자는 자칫 선수들을 체벌하거나 혹사시키는 등의 반교육적 행위를 활용하게 된다(Han, Kim & Tak, 2018). 그것이 조직의 목표와 체육특기자의 수요를 모두 충족하는 방식으로 정당화되기 때문이다. 극단적인 경우 이러한 제도적 틈새 속에서 가혹행위, (성)폭력, 진학 비리 등의 범죄가 발생하기도 한다(Han, Kim & Tak, 2018).

02 스포츠의 교육적 기능 2005년 15번 · 16번

1. 사회 이론을 통한 스포츠 교육의 이해

구조기능주의 이론에서 스포츠와 교육은 모두 사회체계를 구성하여 사회적 존속을 위해 기능한다고 주장하며 구성원들의 적응과 목표달성, 통합, 그리고 잠재적 유지기능을 수행한다. 기능주의에서 교육은 한 사회가 긍정적으로 기능하는 데 필요한 신체적, 인지적, 도덕적 도구를 개인이 획득하게 해주는 과정으로 간주한다(Ritzer, 2015). 갈등 이론에서는 한정된 승리 또는 성취를 차지하기 위해 다양한 문제점이 발생하여 그 현상에 관해 관심을 둔다. 학교 제도 내에서 학생선수는 학생으로 해야 할 역할과 운동선수의 역할을 동시에 강요받는 상황에서 다양한 문제점이 나타난다. 예를 들어 성적을 위한 지나친 훈련은 부상 등을 야기한다는 점에서 학생선수의 신체소외를 나타낸다. 구조기능론이나 갈등론과 같은 거시적 관점은 개인으로 대체할 수 없는 사회적 구조를 설정하고 그 구조 속에 위치한 개인을 바라보기 때문에 인간의 주체적 능동성을 과소평가하는 경향이 있다. 그러나 미시적 관점의 상징적 상호작용론에 따르면 스포츠에 참여하는 학생들은 목적과 상황에 따라 서로 다르게 주관적으로 생각하여 의미를 부여할 수 있다. 교사에게 잘 보이기 위한 목적으로 수동적으로 참가할 수 있는 반면, 스포츠 자체가 좋아서 스포츠를 통해 친구들과의 관계를 형성하고 자신의 존재를 찾을 수 있다는 목적으로 참여할 수 있으며, 스포츠 참가 과정에서도 경험하는 모든 상황을 주관적으로 다양하게 인식하고 해석할 수 있는 것이다.

2. 스포츠의 교육적 순기능

(1) 전인교육	① 학업 활동 격려	스포츠 참가로 인한 교육기대와 학업성취의 상승 과정에 특별히 관심을 두는 이유는 학교 교육에서 학업(academic work)이 가장 중요한 부분을 차지하고 있으며 교사, 학부모, 학생 모두 학업에 대한 관심이 가장 높기 때문이다.
		학생선수 차원에서 제도적으로 학생선수들이 일정 수준의 성적을 이수 및 유지하지 못할 경우, 운동에 참여하지 못하도록 내규화하고 있다. 또한 일정 수준의 학업성취도와 함께 전국 규모 대회에서 성적을 거두면, 상급학교에 특기자 전형으로 진학을 할 수 있는 혜택이 주어진다. 우리나라에서는 학생선수들의 수업 결손과 낮은 학력에 대한 많은 문제점이 제기되고 있으며 이러한 문제점을 해결하기 위한 방안으로 최저학력제도, 주말리그제도, e-school 등 다양한 제도를 실시하고 있다.

(1) 전인교육	② 사회화 촉진	사회화는 특정 개인이 조직의 목표·역할·가치·태도를 학습함으로써 자신이 속해 있는 조직 내의 사회적 기대를 타인과의 상호작용을 통하여 분담하게 되는 사회학습 과정이다. 사회화의 과정은 일생을 통해 지속되나 초기 사회화의 주관자인 가족과 학교는 소위 '사회화 제도(socialization institution)'로 인식되는데, 이는 사회적으로 바람직한 가치·태도·행동을 학습하도록 자녀와 학생에게 적극 개입하기 때문이다.
		승리만 강조하는 코치와 페어플레이를 강조하는 코치에게 각기 다른 지도를 받은 학생들의 스포츠사회화 결과는 매우 다르게 나타날 수 있다.
	③ 정서 순화	현대의 사회적 상황과 인간관계는 사물에 대한 가치관의 혼란을 야기하여 청소년으로 하여금 정체성 상실의 위기에 빠지게 한다. 청소년의 자아 확립 과정에서 나타나는 정체성 위기는 청소년 비행 및 범죄 발생의 직접적 원인이 된다. 청소년이 일상생활 속에서 경험하는 스포츠 활동은 전체 사회의 축소판으로서, 이들이 놀이 및 경기 활동 경험을 통하여 획득한 공정성은 일반 사회의 합법성과 준법성을 수용하는 바탕이 된다.
(2) 사회통합	① 학교 내 통합	스포츠는 학교에 공동 목표를 제공하여 학교를 학생의 일부분으로 또는 학생을 학교의 일부분으로 만든다. 따라서 교내의 모든 사람들에게 '우리'의 학교라는 공동체의식을 형성시킨다.
		운동회는 학교라는 조직 내에서 경쟁을 통해 집단 공동체성을 향상시키고 학교 내 통합을 촉진시킨다.

(2) 사회통합	② 학교와 지역사회 통합	스포츠 프로그램은 학교에 대한 지역사회의 관심을 환기시키며 지역 주민들에게 위락을 제공한다. 즉, 학교는 스포츠를 매개로 하여 지역사회 생활의 일부가 되기도 하며 일부 지역에 존재하는 학교와 주민 사이의 이해 부족이 해소되기도 한다.
		학교 운동부가 전국대회 규모에서 우수한 성적을 거두게 되면, 지역사회의 관심을 받게 되며 학교와 지역사회의 연계를 강화하는 역할을 한다.
(3) 사회선도	① 사회 진출기회를 통한 여권 신장	근래에 다소 호전되어 가는 경향은 있으나 전통적으로 여성의 스포츠 참여 기회는 제한되어 왔다. 물론 이러한 문제는 학교교육에 국한되지 않으며 전체 사회의 가치 의식 구조에 기인한다. 스포츠는 여학생에게 있어서 의식의 개선과 함께 자신의 권리를 신장시킬 수 있도록 사회 전반에 대한 관심과 기회를 증대시킨다.
	② 장애인 적응력 배양	장애인의 스포츠 활동은 국민으로서 보장된 기본 권리이며 원만한 사회 생활을 영위하도록 촉진하는 기능을 담당한다. 스포츠를 통해 장애인은 소외의식을 해소하고 신체 기능의 퇴화를 방지하며 경우에 따라서는 신체 기능을 회복시키기도 한다. 더욱이 장애인 스포츠는 이들에 대한 사회적 관심을 유발하여 정상인과 동등한 위상에서 생활할 수 있는 사회적 풍토를 조성한다.
	③ 평생체육 조장	사회화 과정 중 스포츠사회화는 누구나 일정하게 체험할 수 없는 선택적 경험이다. 기계화와 개인화의 과정 속에서 삶의 균형을 상실한 현대인은 여가 활동을 통해 삶의 만족과 자아실현을 추구하게 된다. 이 중 특히 신체적 여가 활동인 다양한 스포츠 활동은 인간의 삶의 질과 기회 및 조건을 향상시켜 줄 수 있는 훌륭한 수단이 된다. 그리하여 학교 졸업 후 재학 당시에 관심을 기울였던 스포츠로 재사회화된다. 즉, 재학 당시의 직접적·간접적 스포츠 참가는 성인시기의 지속적 여가 활동 참가로 이어진다.

3. 스포츠의 교육적 역기능 : 한국 스포츠 육성 시스템의 문제

(1) 교육 목표 결핍	① 승리제일주의	학원스포츠에서 지적되고 있는 문제점 가운데 가장 심각한 측면은 승리에 대한 과도한 압력이다. 이는 학원스포츠의 역기능을 발생시키는 가장 근본적인 요인으로서 참가보다는 승리, 즐거움보다는 노동의 형태로 스포츠의 가치를 변질시키며 과도한 훈련이나 경쟁을 유발시켜 선수의 정신과 육체에 치명적 상해를 입히기도 한다.
		스포츠 육성 현장에서 나타나는 승리지상주의는 운동경기에서의 승리 그 자체를 내재적으로 추구하지 않는다. 그보다는 그것이 동반하는 체육특기자의 진학, 시도 간의 경쟁에서의 우위, 감독교사의 승진, 운동부 지도자의 경력관리와 같은 외재적 요인에 의해 조장되는 경향이 있다. 이렇게 청소년의 스포츠 참여 동기가 주로 외재적 요인들에 의해 좌우될 때 스포츠 육성은 그 본질적 가치라 할 수 있는 즐거움을 추구하는 활동에서 의무적 활동으로 변질되고, 심지어는 강제적 혹은 자발적인 신체학대로까지 이어질 수 있다. 부상에도 불구하고 경기에 출전한다거나, 금지약물을 복용한다거나 무리하게 체중을 감량하는 사례가 승리지상주의에 따른 스포츠 육성의 부작용이라고 할 수 있다.
	② 일반학생 참가기회 제한 (일반학생이 공식적 경쟁 스포츠에 참여할 기회 제한)	학원스포츠의 가장 큰 장점은 정규 교과로부터 벗어나 학생 모두에게 자신의 신체적 재능과 기능을 발달시키고 발현해 볼 수 있는 기회를 제공하는 데 있다. 그러나 최근의 학원스포츠는 이와 같은 프로그램을 소수의 신체 및 기능 우수자에게 집중시킴으로써 엘리트의식을 조장하고 있다.
		학교 체육 시설 사용에 관한 우선적 권한도 주로 학생선수들에게 주어지고 있기 때문에 학생선수가 아닌 대다수의 일반학생들은 스포츠 참여에 제한을 받는 실정이다.

(1) 교육 목표 결핍	② 일반학생 참가기회 제한 (일반학생이 공식적 경쟁 스포츠에 참여할 기회 제한)	한국의 스포츠 육성 시스템을 규정하는 특기자제도는 체육특기생에게 배타적인 선수 등록의 기회를 제공하는 동시에, 체육특기생이 아닌 아동과 청소년이 경기단체에 선수로 등록하여 진지하게 경쟁 스포츠에 참여할 권리를 앗아간다. 초등학교 고학년부터 운동선수가 되는 직업경로가 '체육특기자'라는 이름으로 별도 구분되기 때문에 운동에 관심이 있는 많은 아동과 청소년들이 체육특기자가 되는 문턱에서 운동을 포기한다(탁민혁, 2018).

체육특기생의 학업 참여 기회 제한 2024년 B 2번

한국의 스포츠 육성 시스템은 체육특기자제도를 통해 체육특기생을 별도의 인원으로 선발·관리한다. 그 때문에 체육특기생은 일반학생과 동떨어진 학교생활을 경험해 왔다. 2000년대 초반 장희진 선수사태 이후 시민사회와 국회로부터 학생선수의 학업권 보장 요구가 거세지면서 주말에만 경기를 치르도록 하는 '주말리그제', 일정한 학업성적을 받아야만 경기에 출전할 수 있도록 하는 '최저학력제' 등이 점차 확대 적용되고 있다. 또한 최근에는 교육청의 관리·감독이 강화되면서 체육특기생의 학업참여도가 증가하고 있는 상황이다.

③ 성차별의 간접교육

역사적으로 학교교육에서 여성의 스포츠 참여 기회는 극히 제한되어 왔다. 우리나라의 교육법이나 미국의 Title IX(남녀교육균등법안)은 남·여학생의 스포츠 참여를 공식적으로는 동등하게 보장하도록 장려하고 있으나 여전히 여학생의 스포츠 참여율은 남학생에 비해 대단히 저조한 실정이다. 이와 같은 현상은 학교사회에만 국한되지 않으며 사회 전체의 성역할 기대에서 기인한다. 즉, 남학생은 스포츠 참여를 선호하고 여학생은 응원단이나 치어리더로서의 역할을 기대하는 것과 같이 남성과 여성에 대한 상이한 사회적 기대 때문이다. 이러한 성에 따른 상이한 역할 기대는 결국 남성은 지배적이고 공격적이며 여성은 남성의 수동적 조력자라는 역사적 성차별 의식을 반영하는 것이다.

체육수업 시간에 여학생들이 신체활동에 참여하지 않고 주변에서 휴식을 취하거나 담소를 나누는 등의 장면은 교사뿐만 아니라 여학생들 스스로 사회의 잘못된 고정관념을 정당화시키고 있는 모습이라고 할 수 있다.

(2) 부정행위 조장	**① 스포츠의 상업화**	학원스포츠의 상업화 현상은 일부 고등학교와 대부분의 대학에서 흔히 발생되고 있는 문제로서 승리에 대한 경제적·상징적 보상이 크며 승률이 높은 팀에서 흔히 나타난다. 상업화 현상은 단적으로 선수가 학교로부터 숙식비나 학비와 같은 보수를 제공받고 학교에 재정적 이익과 명성을 가져다주는 형태로 나타난다. 다시 말해 프로선수는 적정수준의 급료를 받으며 구단의 재산을 증식시켜 주는 데 비하여 학교 운동선수는 금전이 아닌 일상생활에서의 서비스를 최소한으로 제공받으며 학교의 재원과 명예를 높여준다. 스포츠 육성 환경에서 나타나는 부정행위 또한 스포츠 참여의 외재적 동기와 관계가 높다. 명분상 학교 운동부 운영의 궁극적 목표는 승패를 떠나 공정한 경쟁을 통해 참여자의 사회화에 필수적인 긍정적 가치를 함양시키는 데 있다. 그러나 현실적으로는 진학의 성공 여부가 걸린 승패가 보다 중요하게 여겨지기 때문에 학교 운동부 참여는 본래 의도와 달리 선수들의 부정행위를 조장하는 역기능을 수행할 때도 있다. 예를 들면, 순수 아마추어인 학생선수에게 경제적 보상을 지급하는 것이나 장학금 형태의 학비 보조, 숙식비의 감면, 상급학교 진학 시 선수와 가족에 대한 각종 금품의 제공 등의 비리가 저질러지는 것을 들 수 있다. 또 다른 예로 학생 신분임에도 불구하고 출석·시험·숙제 등 학업에 대한 태만이 묵인되기도 하며 부정선수의 경기 출전, 금지 약물의 복용, 학생선수의 의도적인 유급 등 일탈 행위를 저지르는 것도 학원스포츠의 심각한 문제로 대두되고 있다.
	② 위선과 착취	많은 학교 경영자와 코치는 학교와 팀의 성공을 위해 선수를 육성한다는 명분하에 여러 형태의 위선을 자행한다. 이러한 위선의 형태와 정도를 정확히 판단하기는 어려우나 존재해 있는 것은 명백한 사실이다. 학교의 위선 사례 중 가장 일반적인 형태는 성적 위조이다. 즉, 일부 학교의 경우이기는 하나 출결 및 본래의 시험 성적과 무관하게 일정 수준의 성적이 선수에게 부여되며 대학의 경우 졸업 논문은 대필 혹은 형식적으로 통과된다.

(2) 부정행위 조장	③ 일탈 조장	입학 당시부터 비합법적으로 진학한 운동선수는 학교의 기대와 자신의 성공을 위해 최선을 다하게 된다. 일부 학교의 코치는 자신의 성공을 위해 선수의 운동 성취를 지원·강요한다. 이는 선수가 경기장 내외에서 승리를 위한 각종 일탈 행위를 일으키는 원인이 된다. 결국 선수는 스포츠를 통해 경쟁에서 살아남기 위한 경쟁의식과 부도덕한 가치관을 내재화하게 된다.
(3) 편협된 인간 육성	① 독재적 코치	독재적 코치는 선수가 팀에 충성하도록 강요하고 엄격한 통제구조로 인해 그 결과 승률이 매우 높아지기도 한다. 그러나 이 때문에 선수는 독립된 성인으로 성숙하기 위한 기회가 제한되거나 박탈되며, 의타심과 미성숙이 영속화된다.
	② 비인간적 훈련	많은 코치는 자신의 성공을 위해 선수를 잔인하고 무자비하게 강훈련시킨다. 이러한 과정에서 선수는 학교의 목적 달성을 위한 도구로 전락되고, 본래의 인간성을 점차 상실한다. 코치가 선수를 억압하거나 무시할 때, 굴욕과 고통 속에서 훈련이 지속될 때 역시 선수는 비인간화된다. **학대, (성)폭력 등의 반교육적 행위** 학교 운동부 지도자나 감독교사에 의한 (성)폭력과 학대 행위는 주기적으로 언론의 도마 위에 오른다. 이는 분명 지도자나 교사 개인의 윤리적·도덕적 문제를 포함하지만, 그 근저에는 폐쇄적인 체육특기자 육성 환경과 상급학교 진학의 방식이 구조적 원인으로 존재한다. 운동 성과가 진학의 결정 요인이 되는 환경에서 체육특기자는 감독교사나 지도자의 권위를 거스르기 어렵고, 운동 성과를 도출하기 위해서라면 적극적으로 그 권위에 동조하기도 한다. 그 결과 학생들은 과도한 훈련, 지속적인 체벌, 공포 분위기를 경험하게 되고 때로는 부상 중임에도 강요에 의해 경기에 출전하게 되는 경우도 있다.

4. 학교체육 참여 기회의 평등 – 교육 평등(Coleman, 1968)

(1) 허용적 평등 단계	교육 기회에 대한 허용적 평등은 법이나 제도상으로 누구에게나 교육의 기회가 허용되어야 한다는 관점으로, 프랑스혁명 이후 '모든 인간은 평등하다'는 주장이 보편화되었으며 이후 교육에 대한 접근 기회 제한을 철폐하기 위해 우선 법적으로 누구나 교육받을 수 있다는 점을 허용하기 시작하였다. 미국 의회의 1972년 교육법 개정 Title IX 법안을 기점으로 여성의 스포츠 참여는 본격화되었다. 2012년 런던 올림픽을 기점으로 올림픽에서 여성이 참가할 수 없는 스포츠 종목이 더 이상 존재하지 않는다는 점을 볼 때 스포츠에서 성차별적 요인이 크게 감쇠되었다. 1954년 '브라운대 교육위원회 재판'에서 기존 미국 교육에서 인종차별을 정당화하던 논리를 폐기한 것은 허용적 평등에 대한 중요한 사건이었다. 이러한 변화를 통해 성별과 인종에 따른 스포츠 참여 기회는 법적, 제도적으로 보장되었다. 허용적 평등관은 스포츠 참여에 대한 접근 기회를 막고 있었던 관행, 법, 제도 등 구조적 문제를 해결하고자 하였다.
(2) 보장적 평등 단계	보장적 평등은 학교 취학, 진학을 가로막는 사회적, 경제적, 지리적 장애를 제거해 주어 자유로운 취학, 진학이 가능하도록 해야 진정한 교육 평등이 실현될 수 있다고 주장한다. 2000년 이후 대부분의 학교에서 실내 체육관을 건축하여 실내 스포츠 프로그램을 운영할 수 있는 환경이 조성되었다. 법적으로 한국의 학교운동장(체육장) 설치 기준에서는 협소한 운동장이 학생들의 스포츠 참여에 대한 가능성을 제한한다는 측면에서 규정에 따라 학교 운동장을 확보하는 것이 매우 중요한 사항이다.

(3) 과정의 　　평등 단계	과정의 평등은 학교가 동일한 질적 수준을 유지하여 동질적인 교육 프로그램을 학생들에게 제공해야 한다는 관점이다. 중학교 무시험 전형은 1969년부터 시작되었으며 1974년부터는 고등학교 단계의 평준화 정책이 도입되었다. 즉, 진학을 희망하는 학생들은 누구나 시험을 치르지 않고 거주지 인근의 학교에 배정을 통해 학교에 다닐 수 있게 된 것이다. 이는 학교 간 여건, 시설, 교사진, 교육과정 등에서의 차이를 최소화해 어떤 학교에 가더라도 균질적으로 교육을 받을 수 있도록 하겠다는 취지를 갖고 있다. 우리나라 교육과정은 국가수준의 교육과정을 기반으로 하여 단위학교에서 학교의 특색에 맞게 교육과정을 재구성하는 방식으로 편성된 후 교사수준의 교육과정을 통해 수업이라는 방식으로 학생에게 전달된다. 2015 개정 교육과정에서 체육 교과는 초, 중, 고등학교에서 필수 과목으로 편성되었으며 2012학년도부터 시행된 중학교 교육과정 내 학교스포츠 클럽 수업으로 전국의 모든 중학생이 본인이 원하는 종목의 수업을 받을 수 있도록 하는 조치가 취해졌다.
(4) 결과의 　　평등 단계	결과의 평등은 교육받은 결과가 동일해야 한다는 생각에서 출발한다. 출발 단계에서부터 열악한 수준에 있는 학생들에게 상대적으로 더 지원해야만 결과적으로 나타날 차이를 줄일 수 있다는 시각이다. 이 때문에 보상주의적 평등관이라고 부르기도 한다. 학교 현장에서 PAPS 4, 5등급을 받은 학생들을 3등급 이내로 향상시키기 위하여 건강체력교실을 개설하는 것은 체육 및 스포츠 상황에서 결과의 평등을 위한 노력이라고 볼 수 있다.

5. 한국의 스포츠 육성 시스템 개선의 시도와 한계

2000년대 중반부터 한국의 스포츠 육성 시스템에 대한 비판으로 등장하게 된 '공부하는 학생선수, 운동하는 일반학생' 캠페인은, 교육부와 시도 교육청이 주요 정책으로 채택하였고 이를 현실화하기 위한 관리 지침도 마련했다. 체육특기자의 수업 결손을 온라인으로 보강하도록 하는 'e-school' 프로그램과 특정 성적 이상을 받아야만 경기에 출전할 수 있도록 하는 '최저학력제'가 그 예다.

	초등학생 4학년부터 대학생 체육특기자에게까지 적용됨
(1) 최저학력제	학기말고사 성적이 소속 학교의 동학년 과목별 평균성적의 50%(초), 40%(중), 30%(고) 이하면 최저학력을 충족하지 못한 것으로 판별되어 대회에 나갈 수 없다. 대학의 경우 직전 두 학기의 평점이 2.0 미만일 경우 대회출전이 금지된다(신승호, 2017). 최저학력에 도달하지 못한 특기자는 해당 과목에 대한 기초학력 보장 프로그램 및 e-school 프로그램을 통해 과목별 12시간(초·중학교), 20시간(고등학교)을 이수해야 대회 참가자격이 주어진다.
(2) 최저학력제의 맹점	최저학력제는 체육특기자의 학력을 높이겠다는 명시적이고 선한 목적으로 도입되었다. 그러나 그 과정에서 지식이나 학력 자원이 한국 사회에서 갖는 의미(공부를 못하는 것을 창피하게 여기도록 하는)에 가중치를 부여하고 의존하는 한편, 운동참여와 성취 그 자체를 평가 절하하도록 조장하였다. 또는 운동참여와 성취의 가치를 한국사회가 중시하는 지식이나 학력 자원의 가치에 부속시킨다고도 표현할 수 있다. 이렇게 비의도적으로 가치를 배분하는 과정에서 최저학력제는 의도치 않게 스포츠 참여의 권리를 학습성취 수준에 따라 제한하려는 반인권적 과오를 범하게 된다.

참고 🔑 **공부하는 학생선수 만들기의 논리적 근거**

루만(Luhmann)의 사회체계 이론	사회체계란 사회가 가지는 선제와 부문 및 부문 간의 상호의손 관계를 의미한다. 전 학교 엘리트스포츠는 교육체계 내에서 작동하는 하나의 하위 사회체계이다. 루만은 사회체계 이론에서 기능적 분화를 강조했는데 이러한 관점에서 교육체계는 스포츠 체계의 환경으로 작용하게 되며 스포츠 체계는 공부하는 학생선수를 만들 필요에 맞게 성찰적으로 받아들이며 변화 및 발전해 간다. 공부하는 학생선수상은 살아남기 힘들다는 고정관념에 반론을 제시한 것이다. 학생선수 개인의 차원을 넘어 바람직한 학교 엘리트스포츠 정착을 위해 공부하는 학생선수상을 지향해야 함은 자명한 것이다.
파슨스(Parsons)의 AGIL 기능 모형	파슨스에 따르면 사회체계는 반드시 충족시켜야 하는 네 가지 기본 기능이 있는데 그것은 ① 적응(Adaption), ② 목표달성(Goal attainment), ③ 통합(Intergration), 그리고 ④ 잠재적 체계유지(Latent maintenance)이다. 소집단이든 대집단이든 어떤 사회체계이든 이 네 가지 필수 기능을 반드시 충족시켜야 한다. 학생선수에게도 이러한 능력을 키우기 위해서 기초적인 수준의 학습능력이 반드시 필요하다.
주문화 · 반문화	사회에서 학생들에게 있어서 주문화(main culture)는 공부하는 문화이다. 그러나 학생선수들은 주문화에서 벗어난 반문화에 해당하는 생활을 하고 있다. 학생선수들이 주문화에 적응하거나 직업이나 사회생활을 원만하게 하기 위해서는 주문화에 순응할 수 있는 기본 소양 지식 및 기술이 요구된다.

04 스포츠와 종교

01 스포츠와 의사종교 2010년 23번

1. 의식	특정 상황에서 초자연적인 힘을 간청하거나 통제하기 위해 표준화시킨 행위	
	시합 전후 파이팅, 아이스하키 선수들이 골키퍼 몸을 스틱으로 치는 행위 등	
2. 금기	시합 승리와 개인 성취 향상을 위하여 특정 행동을 금기시키는 규범	
	시합 전 미역국 섭취 경계, 경기 전 면도 행위 경계	
3. 주물	마술적 힘이 들어 있는 물체 숭배	
	안정환 반지, 우승했을 때 속옷과 유니폼, 유니폼 행운의 번호 등	
4. 마법	상대 선수를 해하거나 불운을 주기 위해 사용하는 초자연적 힘	
	마법사 동원	

스포츠와 대중매체(미디어)

01 매체(미디어)의 이해

1. 매체(미디어)의 역할

(1) 경제적 이익 창출	자본주의 체제하에서 미디어의 주된 목표는 이익을 창출하는 것	
	미디어의 이익 창출은 주로 미디어 콘텐츠에 대한 광고 판매를 통해 이루어진다. 자본가들은 자신의 기업이나 제품에 대한 정보·이미지를 소비자에게 전달하기 위한 방법으로 광고를 선택하게 된다. 따라서 광고주들은 시청률, 청취율, 구독률, 방문자 수 등이 높은 콘텐츠를 선호하게 된다.	
(2) 공공서비스 제공	① 공공의 복지를 위하여 서비스 제공 ② 미디어 콘텐츠는 일상 안팎에서 일어나는 사건·사고에 대한 정보, 새로운 지식과 경험에 대한 정보를 제공함 ③ 미디어는 여가 시간 활용을 위해 스포츠, 엔터테인먼트 프로그램 등을 제공함	
(3) 이데올로기 전파	미디어 콘텐츠 제작자들은 미디어 콘텐츠에 담을 이미지와 메시지를 선택하고 개발함	
	콘텐츠 제작 과정에서 제작자의 흥미를 지지할 뿐만 아니라 관객들을 끌어모을 수 있는 이데올로기를 잘 표현하는 이미지를 우선 선택한다. 이러한 결과 오늘날 미디어 콘텐츠는 소비, 개인주의, 경쟁, 계급 불평등 등이 사회에서 자연스러운 것이라는 지배 이데올로기를 전파한다.	

2. 머튼(Merton)과 라이트(Wright)가 분류·제시한 내용을 중심으로 스포츠미디어의 네 가지 기능

2026년 B 5번

(1) 정보제공 기능	사회에서 발생하는 다양한 이슈에 대한 정보를 수집하여 분배하는 활동, 즉 뉴스의 기능
	국내외 스포츠경기 일정이나 경기 장면, 그리고 선수의 일상을 전달함으로 대중의 관심과 욕구를 즉각적으로 충족시키는 현재적 순기능과 스포츠선수나 지도자, 기관의 각종 부정부패 및 비리 등의 보도를 통한 사회적 반응이 형성되어 부적절한 행위가 재발하는 것을 방지하는 잠재적 순기능이 작용한다. 선수나 팀, 기관에 대한 불신이 조장되는 현재적 역기능이 발생할 수 있으며 대중으로 하여금 실망이나 팬의 이탈을 촉진하는 등의 잠재적 역기능까지 내포한다.

<table>
<tr>
<td rowspan="2">(2) 사회(상관)
조정
기능</td>
<td>① 미디어의 사회조정은 환경 변화에 대한 성공적 적응을 위해 개인 또는 집단의 주관적 가치가 포함된 사설, 논평, 해설 등을 중심으로 그 기능이 발휘됨</td>
</tr>
<tr>
<td>대중의 가치관과 신념, 태도 형성에 영향을 미치지만 불공정 보도의 역기능도 발생한다.</td>
</tr>
</table>

② 사실 보도를 넘어 환경에 대한 해석을 제시함으로써 사람들의 이해를 돕고 사회에 쉽게 적응할 수 있도록 돕는 기능(Lasswell)

③ 경기의 결과분석이나 평가를 통해 개선점 제공

> 스포츠계의 특정 사안에 관한 문제를 지적하고 사회 통합적 활동을 수행함으로써 현재적 순기능이 작용한다. 이를 통해 스포츠 발전과 가치 및 범위의 확대, 사회화 과정의 잠재적 순기능이 발생된다. 그러나 스포츠 관련 이슈의 특정 측면만을 강조·배제하고 특정 집단의 이익과 사회적 합의를 의도적으로 만들어내는 현재적 역기능이 발생할 가능성도 존재한다. 이로써 사회 내 갈등 심화되어가는 잠재적 역기능도 나타난다.

(3) 사회화 기능

① 가족, 학교, 동료 등과 함께 이루어지며 사회가 통일한 규범을 바탕으로 결속되는 사회통합의 토대 마련

> 획일적인 규범을 반복적으로 제공함으로써 문화적 다양성 상실을 초래하거나 창의성 함양을 저해하는 역기능

② 불법적 도박의 예방과 제재, 스포츠 관련 법 등을 습득할 수 있는 현재적 순기능

> 공정한 경쟁에 따른 보상과 처벌, 페어플레이 정신, 적자생존의 원칙, 국가정체성 확립 등의 다양한 가치와 덕목을 내면화하게 되나 불평등한 지배질서가 유지되는 수단으로도 작용된다. 나아가 맹목적 국가주의와 같은 이데올로기가 강화 및 재생산되는 잠재적 역기능이 발생되기도 한다.

(4) 오락 기능

① 대중의 기분 전환과 휴식 제공

② 일탈과 범죄, 불법 스포츠 도박, 탈정치화 등의 사회적 문제로 인한 현재적 역기능도 발생시킴

> 부정적 문화 형성과 불법에 대한 인식 부재, 사회적 문제 회피는 잠재적 역기능이 작용한 결과로 볼 수 있다.

02 대중매체 이론

1. 대중전달 이론 2012년 34번 / 2013년 34번 / 2021년 B 5번

<table>
<tr><td rowspan="5">(1) 개인차 이론</td><td colspan="3">대중매체가 관람자의 개인적 특성에 호소하는 메시지를 제공하여 개인의 욕구 충족</td></tr>
<tr><td>구분</td><td>Katz, Gurevith & Hass(1973)</td><td>Birrell & Loy(1979)</td></tr>
<tr><td>인지적 욕구</td><td>정보, 지식, 이해 강화</td><td>스포츠에 대한 지식, 경기결과, 선수와 팀에 대한 정보 습득</td></tr>
<tr><td>정의적 욕구</td><td>심리적, 감성적 경험 제공</td><td>스포츠를 통한 흥미와 즐거움, 슬픔 등 경험</td></tr>
<tr><td>통합적 욕구</td><td>진실, 신뢰, 확신, 지위, 가족 및 친구 간의 접촉 제공</td><td>사회적 경험 공유, 우호적 관계도모, 공동체 의식 형성</td></tr>
</table>

구분	Katz, Gurevith & Hass(1973)	Birrell & Loy(1979)
도피적 욕구	개인의 규범적인 사회 역할로부터 도피, 긴장 완화	일상생활의 불안, 초조, 욕구불만, 조절 등의 감정을 해소 및 정화

(2) 이용과 충족 이론 (Elihu Katz, Jay Blumler, Michael Gurevitch)

① 사람들은 자신의 특정한 욕구를 충족시키기 위해 미디어를 선택하고 사용
② 미디어는 가용성이 높은 제품이며, 미디어 이용자는 그 제품의 소비자로 가정

> 스포츠 팬들은 경기를 시청하여 감정적 만족감을 얻고, 최신 뉴스를 통해 정보적 욕구를 충족시키며, 소셜 미디어를 통해 다른 팬들과 상호작용을 하며 사회적 욕구를 충족시킨다. 유튜브의 알고리즘은 사용자가 선호하는 콘텐츠를 지속적으로 추천함으로써 자신의 욕구를 충족시킬 수 있도록 돕는다.

③ 이용과 충족 이론과 개인차 이론 비교

	이용과 충족 이론	개인차 이론
공통점	미디어의 효과가 수용자에 따라 다르게 나타남	
차이점	사람들이 자신의 특정한 욕구를 충족시키기 위해 능동적으로 미디어를 선택하고 사용한다고 주장	수용자의 심리적, 사회적 특성(예 성격, 가치관, 경험 등)이 미디어 메시지의 해석과 반응에 영향을 미친다고 주장

⑶ 사회범주 이론 (De Fleur, 1970)	① 대중매체에 대하여 상이하게 반응하는 하위집단 가정 ② 연령·성·사회계층·교육 수준·결혼 여부에 따른 차이로 인하여 스포츠 소비 변화
⑷ 사회관계 이론 (De Fleur)	① 사회관계는 대중매체의 메시지에 대한 개인 반응 수정 담당 ② 중요타자의 가치와 행동에 의한 영향으로 개인의 대중매체 소비 변화 **성인이 스포츠 수용자 역할로 사회화되어 가는 과정에서 중요하게 관여되는 7가지 요인(McPherson, 1976)** • 스포츠를 소비하는 중요타자의 수 • 중요타자의 스포츠 소비 정도 • 스포츠를 소비하는 중요타자와의 상호작용 정도 • 스포츠에 참여하는 가족 구성원으로부터 받은 스포츠소비에 대한 승인 정도 • 부모가 즐기는 여가활동의 위계서열 중 스포츠의 중요도 • 청소년기의 일차적 스포츠 참가 정도 • 청소년기의 사회 환경에서 스포츠 참가의 기회
⑸ 네트워크 사회 이론(Manuel Castells)	① 디지털 네트워크를 통해 구성되고 운영되는 현대 사회에서는 개인과 조직이 디지털 네트워크를 통해 상호 연결되며, 이러한 네트워크가 사회적, 경제적, 정치적 활동의 중심이 됨 ② 미디어는 정보 전달뿐만 아니라, 사람들 간의 상호작용을 촉진하고, 사회적 네트워크를 강화하며, 이를 통해 개인과 사회 전반에 긍정적인 영향을 미침 스포츠 중계방송은 가족과 친구들이 함께 경기를 시청하면서 상호작용할 수 있는 기회를 제공하는데, 이는 단순한 정보 제공을 넘어, 사람들 간의 관계를 강화하는 중요한 사회적 활동이 된다. 페이스북과 인스타그램은 사람들이 스포츠 관련 게시물을 공유하고, 댓글을 통해 의견을 나누며, 실시간으로 경기 상황을 논의하는 플랫폼을 제공한다. 이는 사람들 간의 사회적 상호작용을 촉진하고, 새로운 사회적 관계를 형성하는 데 기여한다. 또한, 스포츠 팬들은 소셜 미디어를 통해 선수들과 직접 소통하거나, 다른 팬들과의 관계를 강화할 수 있다. 트위터에서 선수의 최신 소식을 팔로우하거나, 인스타그램 라이브를 통해 경기 후 인터뷰를 시청하면서 팬들은 더 깊은 사회적 유대감을 형성할 수 있다. 이러한 상호작용은 팬 경험을 더욱 풍부하게 만들고, 사회적 연결을 강화하는 데 중요한 역할을 한다.

		네트워크 사회 이론	사회관계 이론
(5) 네트워크 사회 이론(Manuel Castells)	③ 네트워크 사회 이론과 사회관계 이론 비교		
	공통점	미디어가 사람들 간의 관계와 상호작용을 촉진하는 역할을 함	
	차이점	미디어와 개인 간의 상호작용이 더 넓은 디지털 네트워크와 글로벌 구조 속에서 어떻게 작용하는지에 중점을 둠	미디어와 개인 간의 직접적인 상호작용을 강조함

(6) 문화규범 이론 (De Fleur)

① 대중매체는 사상과 선택적 가치 제시
② 대중매체의 스포츠 취급 양태에 따라서 스포츠 변화

> De Fleur(1970)는 미디어가 사회규범을 선택적으로 제시하고 강조함으로써 수용자는 이 규범에 따라 개인의 생각이나 행동을 취한다고 하였다. 이는 개인의 생각이나 행동에 대한 직접적인 변화보다 사회나 집단의 특정 규범을 선택적으로 강조하거나 배제함으로써 수용자의 인식과 행위에 간접적으로 영향을 미치는 것으로 설명한다.

(7) 문화연구 이론

① 미디어는 사회의 문화적 규범과 가치를 전달하고 강화하는 역할을 하여 사람들의 행동과 태도를 형성하는 데 중요한 역할을 함
② 미디어는 사회 내에서 무엇이 정상적이고 바람직한 행동인지를 정의하고, 이를 통해 사회적 통합을 촉진함
③ 문화연구 이론의 세 가지 주요 관점

표상 (representation)	미디어는 현실을 있는 그대로 반영하는 것이 아니라, 특정한 방식으로 재현한다. 그 과정에서 특정 집단이나 가치관이 우선시되거나 배제될 수 있으며, 이는 사회적 불평등을 심화시키기도 한다.
이데올로기 (ideology)	미디어는 특정 이데올로기를 담고 있으며, 이를 통해 사회의 지배적인 가치관을 정당화하고 유지하는 데 기여한다.
헤게모니 (hegemony)	미디어는 지배적인 집단의 이데올로기를 자연스럽고 보편적인 것으로 받아들이도록 유도하여, 사회적 합의를 형성하고 유지하는 데 기여한다. 이러한 과정을 통해 지배적인 집단은 자신의 권력을 정당화하고 사회적 통제를 강화할 수 있다.

④ 미디어를 바라보는 다른 두 시선(문화연구 vs 비판이론)

(7) 문화연구 이론	소비자 역할	문화연구	• 능동적이고 창의적인 주체 • 미디어 콘텐츠를 해석하고 재구성하며 동일한 미디어 콘텐츠를 다양한 사회적, 문화적 맥락에서 다르게 해석할 수 있는 능력을 소유함
		비판이론	• 수동적이고 억압된 주체
	미디어 기능	문화연구	• 미디어는 문화 생산의 중요한 요소로서 다양한 사회적, 문화적 의미와 정체성 형성
		비판이론	• 자본주의 사회에서 지배 이데올로기를 전파하고 대중을 통제하는 도구 • Adorno와 Horkheimer는 미디어가 문화 산업의 일환으로서 대중을 수동적 소비자로 만들고, 지배 이데올로기를 전파한다고 주장함. 미디어는 표준화된 상품을 통해 대중을 문화적으로 억압하고, 비판적 사고를 저해함
	권력과의 관계	문화연구	• 권력관계를 반영하고 재생산하는 동시에, 저항과 대인적 해석의 공간도 제공
		비판이론	• 지배계급의 권력을 유지하고 강화하는 데 기여

2. 맥루한(McLuhan)의 매체 이론

(1) 이론의 가정	매체의 열량덕 구분 조건	
	• 매체 자체가 지니고 있는 정의성(정밀성)의 상태 • 매체를 수용하는 감각 참여와 몰입성	
(2) 매체 유형	① 핫 매체	㉠ 문자시대 적합 ㉡ 메시지 자체의 높은 정의성(고밀도 정밀성) : 메시지 자체의 논리성, 사전계획, 직접적 전달 ㉢ 수용자의 낮은 감각 참여와 낮은 감각 몰입성으로 매체 수용 ㉣ 일시적 전달보다 장시간 개별적 수용에 적절 신문, 잡지, 라디오, 화보
	② 쿨 매체	㉠ 전·후문자시대(전자시대) 적합 ㉡ 메시지 자체의 낮은 정의성(저밀도 정밀성) : 즉흥적·비논리적·일시적 전달 ㉢ 수용자의 높은 감각 참여와 높은 감각 몰입성으로 매체 수용 ㉣ 복잡한 정보의 제한적 제공 TV, 비디오, 영화, 만화

03 스포츠 매체와 매체 스포츠 2003년 7번 / 2010년 24번 / 2012년 24번 / 2016 B 1번 / 2021년 B 5번 / 2025년 A 10번

🏆 맥루한(McLuhan)의 매체 이론 적용

스포츠 매체	• 스포츠에 담긴 의식 내용(지식·정서·가치)을 매체를 통해 불특정 다수에게 신속히 전달 • 직접 스포츠경기 현장에 참여하지 못한 스포츠 팬을 위해 대중매체로 현장 내용 전달		
매체 스포츠 ㅡ 로이와 비렐 (Loy & Birrell)	• 매체를 통해 전달되는 스포츠의 지식과 경기 활동 • 스포츠는 그 자체가 메시지 요소를 지닌 활동으로 규정		
	매체 스포츠 구분 조건	정의성(정밀성)	• 스포츠 경기자의 행동반경 확산 정도 • 경기장의 지역 확산 정도
		스포츠 수용 방법	• 감각 참여와 감각 몰입성

1. 스포츠 매체	**(1) 핫 스포츠 매체**	① 높은 정의성, 수용자의 낮은 감각 몰입과 낮은 감각 참여성 ② 매체 수용자에게 특정 위락 제공보다 스포츠에 관한 지식이나 정보 전달 신문, 라디오, 잡지, 필름
	(2) 쿨 스포츠 매체	① 낮은 정의성, 수용자의 높은 감각 몰입과 높은 감각 참여성 ② TV는 오락 제공과 현장성을 지녀 순간적 장면을 그대로 팬에게 제공 ③ 매체 자체 이익과 편의를 위해 게임규칙을 변경시키는 문제 야기
2. 매체 스포츠	**(1) 핫 매체 스포츠**	① 높은 정의성(경기자의 낮은 행동 확산과 경기장의 낮은 확산), 스포츠 관람인의 낮은 감각 몰입과 낮은 감각 참여 ② 부담 없이 스포츠 메시지 수용 ③ 정적, 개인, 기록 스포츠, 수비와 공격 측이 명확히 구분되는 단체 스포츠 야구, 테니스, 수영, 사격, 레슬링 등
	(2) 쿨 매체 스포츠	① 낮은 정의성(경기자의 높은 행동 확산과 경기장의 높은 확산), 관람 스포츠팬은 높은 감각 몰입과 높은 감각 참여 ② 경기 진행 속도가 빠르고 경기 진행 형태가 복잡한 스포츠 메시지 ③ 동적·박진감 있는 경기, 득점경기, 경기 속도감과 변화 큰 복합적 게임 미식축구, 배구, 경마, 농구 등

특성	핫 스포츠	쿨 스포츠
스포츠의 정의성	높음	낮음
경기자 행동 경로의 확산 정도	낮음	높음
경기장의 지역 경기 확산 정도	낮음	높음
스포츠 관람인의 감각 참여성	낮음	높음
스포츠 관람인의 감각 몰입성	낮음	높음
경기 진행 속도	낮음	높음
경기 진행 형태	단선형	복선형
스포츠 유형	정적스포츠, 개인스포츠, 기록스포츠, 공격과 수비가 구분된 스포츠	동적스포츠, 팀 스포츠, 득점스포츠, 공격과 수비가 구분되지 않는 스포츠
스포츠 종목	검도, 골프, 권투, 레슬링, 배드민턴, 볼링, 빙상, 사격, 수중발레, 수영, 사이클, 스키, 스케이트, 태권도, 승마, 씨름, 야구, 양궁, 역도, 요트, 유도, 육상, 윈드서핑, 조정, 테니스, 체조, 카누, 펜싱	경마, 농구, 럭비, 배구, 자동차경주, 미식축구, 아이스하키, 하키, 축구, 핸드볼

04 매체(미디어) 스포츠의 탄생

1. 미디어 스포츠의 개념	미디어 스포츠는 미디어를 통해 스포츠 팬에게 간접적으로 전달되는 스포츠에 관한 지식이나 정보 그리고 경기 장면 등의 모든 메시지에 관련된 것을 의미하며, 미디어와 스포츠의 결합으로 생겨난 개념이다.
2. 스포츠와 미디어의 만남	스포츠와 미디어의 만남은 1733년 5월 5일 미국의 『보스턴 가제트(Boston Gazette)』에 스포츠 이야기가 처음으로 실리면서 시작되었다. 미디어가 태동하던 시기부터 미디어와 스포츠는 깊은 관계를 맺었다. 대규모 관객을 동원하는 기업적 스포츠와 개인의 여가를 위한 스포츠가 본격적으로 발전하기 시작했던 1870년대부터 TV가 본격적으로 보급되기 시작했던 1950년대까지 미디어와 스포츠는 좋은 관계를 유지했다.
3. TV의 등장과 스포츠	TV를 통해 스포츠가 방송된 것은 1936년 베를린 올림픽이었다. 이후 1939년 미국 메이저리그 야구와 미식축구 경기가 중계되었고, 영국에서도 BBC가 윔블던 테니스 남자단식 경기를 25분간 방송하였다. 1951년에는 미국 미식축구 경기가 최초로 생중계되었으며, 1964년 동경 올림픽에서는 위성을 통해 미국 전역으로 중계되었다.
4. 스포츠 메가 이벤트 (sports mega-event)의 미디어 이벤트화	1964년 동경 올림픽이 인공위성을 타고 전 세계에 중계된 이후, 세계 각국이 올림픽·월드컵 유치를 경쟁했던 것만큼이나 이들 경기의 중계권 확보를 위한 경쟁이 치열해졌다. 이는 올림픽과 월드컵과 같은 스포츠 메가 이벤트가 미디어 산업에 있어 매우 매력적인 콘텐츠로 자리 잡았기 때문이다. 그 이유는 올림픽과 월드컵은 4년에 한 번밖에 열리지 않기 때문에 희소가치가 매우 클 뿐만 아니라, 시청자 또한 자국 내 시청자에 한정되는 것이 아니라 전 세계 시민이 시청자가 되기 때문이다.

5. 한국 미디어 스포츠의 발전 과정

우리나라에서 TV방송국(KBS)이 처음 개국한 1961년 이후 스포츠와 미디어는 상호협조에 대한 필요성을 인식하게 되었는데, 그 이유는 군사정권이 스포츠를 국위선양을 위한 선전 수단으로 활용하고자 하면서 엘리트스포츠 위주의 수단적 가치가 강조되었기 때문이었다.

스포츠 중계방송의 독점과 '보편적 접근권(Universal Access)'
2024년 A 7번

보편적 접근권이란 국민들의 관심이 높은 스포츠나 운동경기, 문화 행사 등에 대해 시청자들이 무료 혹은 저렴한 비용으로 즐길 수 있는 권리를 말한다. 국내에서 '보편적 접근권'에 대한 논의는 스포츠 중계권 획득의 지상파 TV 독점체제를 2005년 IB스포츠가 무너뜨리면서 본격화되었다. IB스포츠는 2012년까지 아시아축구연맹(AFC)이 주관하는 모든 경기에 대한 국내 중계권까지 독점하였다. 이에 정부는 국민적 관심도가 큰 행사에 대한 보편적 접근권을 보장하고 중계권 확보에 따른 과도한 경쟁을 방지하기 위해 2007년 1월 '보편적 접근권'을 법제화(방송법 제76조)하였다. 그러나 정부의 보편적 접근권에 대한 법제화에도 불구하고 SBS는 2010년 밴쿠버 동계올림픽을 지상파를 통해 독점중계하였고, MBC와 KBS는 방송통신위원회에 중재를 요청했지만 아무런 소득 없이 SBS의 독점중계방송을 지켜봐야만 했다.

05 스포츠와 대중매체의 관계 : 스포츠와 대중매체의 상호작용

1. 스포츠가 대중매체(미디어)에 미치는 영향

(1) 미디어 콘텐츠 제공

> 스포츠는 영화, 비디오, 만화 같은 미디어에도 영향을 미친다. 스포츠 영화의 시초는 1895년 뉴욕에서 상영된 4분짜리 복싱 경기로 알려져 있다. 그러나 1936년 베를린 올림픽 영화가 명작으로 인정되면서 실제 경기 장면이 아니라 스포츠를 소재로 한 다큐멘터리 영화가 일반화되기 시작하였다.

(2) 미디어 보급 확대

> 1968년 멕시코 올림픽 중계방송은 흑백 TV가 컬러 TV로 바뀌는 데 일조하였다. 그러나 1980년 모스크바 올림픽에 대한 미국의 올림픽 보이콧은 미국, 서독, 그리고 기타 34개국 전자산업체의 비디오 레코더와 기타 전자제품을 오랫동안 창고에 산더미처럼 쌓이도록 만들었다.

(3) 미디어 테크놀로지 발전

> 월드컵과 같은 스포츠 중계방송을 위해 첨단 장비의 개발이 이루어졌다. 1990년 이탈리아 월드컵 때는 3차원 그래프 기술이 탄생하였고, 1994년 미국 월드컵 때는 충격 완충장치 카메라가 개발되었다. 1998년 프랑스 월드컵 때는 슈퍼 라이브 슬로우 모션(super live slow motion) 장치가 개발되어 활용되었다. 또한, 1998년 프랑스 월드컵 경기의 중계권을 따낸 미국의 ABC와 ESPN이 시청자가 다양한 각도에서 선수의 동작을 포착할 수 있게 해주는 3차원 애니메이션 기법을 선보였다.

2. 대중매체(미디어)가 스포츠에 미치는 영향

(1) 스포츠의 상품화

> 스포츠 상업화로 관람스포츠가 발달함에 따라 스포츠는 미디어의 영향력을 크게 받고 있다. 특히 미디어에 대한 경제적 의존이 증대됨에 따라 그들의 요구를 수용하기 위해 스포츠의 형태와 내용이 변화하고 있다.

(2) 중계방송을 위한 경기규칙의 변경

> 중계방송을 위한 경기규칙 변경은 방송의 시간적 제약성을 극복함과 동시에 볼거리를 보다 많이 제공함으로서 시청자의 흥미를 증대시키기 위한 목적으로 이루어진다. 중계방송의 편의를 위한 규칙 변경의 예로는 테니스의 타이브레이크시스템, 탁구의 촉진룰, 농구의 쿼터제, 3점 슛, 야구의 지명대타제 등이 있다.

(3) 경기 일정의 조정

> 1988년 서울 올림픽의 경우, IOC와 서울올림픽위원회는 주관 방송사인 NBC의 요청에 따라 주요 종목 결승전 경기가 미국 현지의 황금시간대에 방영될 수 있도록 시간대를 조절하였다. 그 결과 육상경기 결승전의 70%가 한국 시간의 정오 무렵에 치러지게 되었다. 국내 프로야구도 TV 방송사와 프로야구 위원회가 중계계약을 할 때, 저녁경기 중계의 경우 경기 시간을 30분 앞당기는 것을 계약 조건으로 포함시킨다. 이는 경기중계가 9시 뉴스에 영향을 주지 않게 하겠다는 방송국의 의도에 의한 것이다.

(4) 스포츠 기술의 전문화 및 일반화에 기여

> 미디어는 전 세계 최고의 선수들이 경기하는 모습을 방영하고 이를 축적한다. 선수들은 이처럼 미디어를 통해 자신의 기술을 간접적으로 평가할 수 있게 되었고, 나아가 더욱 발전된 기술이 어떤 것인지 인지할 수 있게 되었다.

(5) 새로운 스포츠 종목 창출

> 미국의 방송국인 ESPN은 1990년대 후반 미국 젊은이들 사이에서 유행하던 인라인 스케이트, 스케이트보드, 묘기 자전거(BMX) 등의 운동을 익스트림 스포츠(extreme sports)와 결합하여 규칙을 제정하고 각종 경기를 개최하였다. 이에 따라 이들 스포츠는 현재 익스트림 스포츠로 대중에게 이해되고 있으며, 제도화 과정을 통해 향후 새로운 스포츠 종목으로 인정받을 가능성도 높아지게 되었다.

2. 대중매체(미디어)가 스포츠에 미치는 영향

구분	내용
경기규칙과 일정 및 시간 변경	광고수익 극대화, 스폰서 확보, 시청률 확보, 인기종목과 경기일정 및 시간 중복
기구와 용품, 유니폼 변화	시청자 관점에서 방송 및 중계 환경 고려, 팬의 즐거움 확보를 위한 경기력 향상 목적
경기장 환경 변화	취재와 중계에 적합한 환경으로 조성
새로운 종목 등장	프로그램 제작을 통한 규칙 제정과 경기 개최로 새로운 스포츠 종목의 등장과 세계화
경기기술의 전문화 및 일반화 기여	경기 영상 축적과 분석을 통해 선수 개인의 평가와 기술 전문화, 생활스포츠 동호인의 기술 습득에 대한 낮은 진입장벽과 일반화
선수의 콘텐츠화	광고모델과 방송 출연을 통한 상업화, 상징성에 의한 이미지화 전략, 특정 종목에 대한 대중의 관심 집중
은퇴 후 진로 확보	방송국 해설위원, 유튜브 진출, 진로 모색과 생계유지 수단 확보

<table>
<tr><td rowspan="2">3. 스포츠와
대중매체의
공생관계</td><td>(1) 관람 스포츠를 통한 스포츠 재정 창출
(2) TV에 의한 스포츠의 변화</td></tr>
<tr><td>• 황금시간대 인기 경기 편성
• 경기 횟수와 리그전 조정
• 주말 결승 경기 편성
• 예상되는 경기결과를 제시하여 시청자의 도박심리 유발
• 중계료와 관람료 확보를 위한 경기 규칙 제정 : 3점 슛 제도, 휴식 · 작전 타임 수 증가</td></tr>
</table>

06 매체(미디어) 스포츠의 이데올로기 전파와 매체 스포츠의 효과

1. 매체(미디어) 스포츠의 이데올로기 전파

미디어는 스포츠의 다양한 면을 선택적으로 각색하여 시청자에게 보여준다. 즉, 미디어는 시청자 및 독자와 스폰서의 흥미에 알맞은 방식으로 이미지와 메시지를 편집하여 전달한다. 이는 미디어가 소비자를 오도하는 경우 소비자의 인식을 왜곡하기 때문에 심각한 문제가 될 수 있다.

(1) 자본주의 이데올로기	자본주의는 물질적 생산력의 증대뿐만 아니라 노동력의 재생산을 위하여 안정적인 메커니즘이 필요하다. 그리고 노동력의 재생산을 위해서는 대중을 훈련시켜야만 한다. 노동력이 일상에서 재생산되는 방식은 광고를 통한 소비 주체 형성이 있다. 할리우드 영화는 다양한 볼거리와 스타를 통해 '욕망하는 기계'인 소비 주체를 만들어 낸다. 이처럼 대중문화의 각 영역은 자본주의를 유지하는 데 기여하는 주체의 형성에 이바지하게 된다. 스포츠 역시 그러한 역할과 기능을 담당하게 된다.
(2) 성차별 이데올로기	현재 미국 미디어 스포츠는 남성스포츠가 80%를 차지하고 있는데, 이는 여성이 신체 활동에서 소극적이라는 전통적인 성차별 이데올로기를 재생산하는 경향이 있다(Coakley, 2009). 또한, 미디어는 여성 선수에 대해 보도할 때 실력보다 외모를 더 부각시킨다.
(3) 성공 이데올로기	미디어 스포츠는 승자와 패자, 최종 스코어만을 강조하고 있다. 이와 같이 결과만을 중시하고 승리자에게만 초점을 두어 보도하는 관행은 성공 이데올로기를 강조하는 것이다.

(4) 영웅 이데올로기	미디어 스포츠는 다양한 이데올로기를 스포츠 영웅을 통해 재현한다. • 미디어는 스포츠기 기본적으로 남성성을 추구하기 때문에 스포츠 영웅을 통해서도 남성이 우수하다는 전통적 가치를 강화시킨다. • 미디어가 선수를 평가할 때 운동능력뿐만 아니라 경제적 보상도 중요한 기준으로 삼는다. 스포츠 영웅이 누리는 금전적 보상과 인기는 신분상승을 향한 강한 동기로 작용한다. • 미디어는 스포츠 영웅을 통해 개인의 성공을 국가의 성공과 발전으로 상징화함으로서 민족의식, 동포애, 애국심, 민족 정체성을 고취시킨다. • 미디어는 최고 스타의 연봉이나 사생활에만 관심을 집중함으로서 '최고가 제일'이라는 엘리트주의를 부추긴다. 이는 권력이나 부가 소수에게 집중되는 자본주의 사회현실을 정당화하며 다수가 소수의 엘리트를 위해 존재한다는 것을 상식으로 만든다.
(5) 소비주의 이데올로기	상업적 속성에 근거하여 소비생활을 조장할 뿐만 아니라 자본주의 사회에서 소비가 미덕이라는 식의 소비주의 주제를 강조한다.
(6) 국가주의 이데올로기	민족주의나 국민적 일체감과 같은 주제를 강조함으로써 시청자를 국수주의에 빠지게 한다.
(7) 개인주의 이데올로기	선수의 개인적 노력을 강조함으로서 사회적 모순을 개인의 노력에 의해 극복할 수 있다는 잘못된 메시지를 전달하는 개인주의 이데올로기를 조장한다.

2. 매체 스포츠의 효과

(1) 제한/선별 효과	① 미디어의 효과가 직접적이고 획일적이지 않고 선별적이거나 제한적이라는 입장 ② Klapper • 수용자의 기존 태도와 의견, 행동의 특성을 보강한다. • 미디어가 태도의 전환을 발생시키는 경우가 드물다. • 미디어는 기존의 태도를 강화하거나 약화한다. • 미디어는 의견이 정립되지 않은 논제에 대한 수용자의 태도와 의견을 형성하는 과정에 효과적이다.

(1) 제한/선별 효과	③ Hovland, Janis & Kelley(1953)는 미디어의 제한/선별 효과의 요인 중 중요한 부분이 수용자의 관심으로 구성된 선유경향이라고 지적함 미디어에 의한 수용자의 선유경향은 특정 메시지에 대한 선택적 노출, 선택적 주목, 선택적 파지가 이루어진다. ④ 선택적 노출 • 특정 선수나 팀 이외의 중계 및 보도를 회피하거나 관심을 두지 않는 경우를 들 수 있다. • 선택적 주목은 특정 선수나 팀 이외의 뉴스에 노출하더라고 그 뉴스에 주목하지 않는 경우이다. • 선호하는 선수나 팀과 관련된 중계 및 보도를 오래 기억하는 선택적 파지를 통해 자신의 신념이나 태도를 강화할 수 있다.
(2) 의제설정 효과	① McCombs & Shaw(1972)에 의해 체계적 정립 미디어가 반복적이고 지속적인 보도 등으로 수용자에게 특정한 의제의 중요성을 부각하는 기능을 지닌다. ② 반복보도를 수행함으로써 사회적 관심과 요구를 부각하여 대중이 중요하게 인식하도록 만드는 효과 ③ 의제설정 효과는 정부나 미디어를 통해 의제를 설정함으로써 소수의 이익을 강화하려는 목적으로 활용되기도 함
(3) 문화규범/배양 효과	① 2가지 이론의 유사점과 차이점 미디어가 개인의 인식과 행위, 태도에 간접적인 영향을 미치나 미디어의 간접적이고 누적적인 결과를 통해 강한 효과가 나타난다는 유사점을 지닌다. 반면, 문화규범 효과는 사회규범에 초점을 두며, 배양효과는 사회에 대한 개인 인식에 미치는 부분을 다룬다. ② De Fleur의 문화규범 효과는 문화 효과 이론에 근거하여 설명됨 미디어는 사회 내 계층이나 집단, 그리고 사회적 이슈에 대한 부정적 이미지를 강화함으로써 고정관념을 확산한다. ③ Gerbner(1971) 배양 효과 이론 배양 효과란 미디어가 수용자의 행동을 규정하는 의무, 금기, 합리성과 같은 일종의 문법을 계발해 사회적 현실에 대한 어떤 관념을 형성하는 것으로, 이러한 맥락에서 미디어의 편파해설에 따라 특정 선수 또는 팀에 대해 시청하는 수용자와 시청하지 않는 수용자 간 인식의 차이가 나타난다.

	① Tuchman 미디어 편집국의 참여관찰 연구
	뉴스 생산지인 뉴스조직이 사건을 선택·가공·편집하여 뉴스소식의 압력과 강제, 기자들의 이데올로기에 따라 수용자에게 하나의 틀을 제공하고 있다는 사실을 밝혀냈다.
(4) 뉴스프레임 효과	② Pan & Kosicki 프레임 형성의 기제
	뉴스프레임은 미디어가 보도하는 이슈의 특정 측면을 선별하여 강조하거나 배제함으로써 수용자를 대상으로 의도적인 해석과 평가를 유도하기 위해 뉴스의 여러 측면을 연결하는 틀 짓기(framing)이다.

구분	메시지	이론적 해석	수용자 반응
제한/선별 효과	전략상 일본이 한국보다 한 수 위다.	개인에 따라 차별적 반응이 나타난다.	누가 이기든 관심 없다. 일본이 강하지만 한국을 응원한다.
의제설정 효과	이번 대회의 최고 매치는 한일전이다.	미디어가 주요 이슈로 부각시킨다.	한일전은 꼭 시청해야 한다.
문화규범 효과	역사적으로 한일관계는 필연적이다.	미디어의 의해 사회적 규범이 형성된다.	우리의 숙제는 한일전뿐만 아니다.
배양 효과	한일전은 전쟁이나 마찬가지다.	미디어의 실제를 동일시하게 생각한다.	한일전은 무조건 이겨야 한다.
뉴스프레임 효과	승리, 영웅, 반일	미디어는 현실을 강화하거나 재구성한다.	역사를 잊은 민족에게 미래는 없다.

07 스포츠 저널리즘과 윤리

1. 저널리즘의 정의	'저널리즘'은 최근의 사건을 인쇄된 형태, 특히 신문에 취재 보도하는 것이었으나 20세기에 라디오와 텔레비전이 등장하면서 그 의미가 확대되어, 최근에는 시사 문제를 다루는 모든 인쇄물과 전자 통신장비를 이용한 커뮤니케이션까지 포함한다.
2. 저널리스트와 윤리	미디어는 사회의 지배적 가치를 만들어 내고 독자에게 가치와 행동의 기준을 제공한다. 따라서 올바른 가치관과 윤리의식에 기초하여 보도의 공정성과 정확성을 유지해야 한다. **옐로 저널리즘(yellow journalism)** 옐로 저널리즘이란 대중의 원시적 본능을 자극하고 호기심에 호소하여 흥미 본위의 보도를 하는 센세이셔널리즘(sensationalism) 경향의 저널리즘을 의미한다. 즉, 신문이 자본주의 시장경쟁의 논리가 심화됨에 따라 상품화됨으로써 대중을 영합하게 된 현상이나, 취재·보도하는 내용이 점차 인간의 불건전한 감정을 자극하는 범죄나 괴기 사건, 성적추문 등의 선정적인 사건으로 채워지고 이를 과도한 비중으로 다루는 현상을 일컫는다.

MEMO

권은성 ZOOM 전공체육

스포츠사회학

03

사회과정과 스포츠

스포츠사회화

01 스포츠사회화와 사회화 이론

1. 스포츠사회화

(1) 의미 · 개념	① 사회집단의 구성원으로서 참여하고 자신의 역할을 수행하게 되는 과정(Sage, 1974) ② 집단 구성원이 공통으로 지니는 가치관 · 신념 · 태도 등을 집단 내 다른 구성원과의 상호작용을 통해 습득하는 과정(Kenyon & McPherson, 1974) ③ 특정 사회가 지니는 문화를 체득하여 자신의 정체성을 발현시키는 과정 ④ 스포츠사회화 과정은 집단 정체성을 통해 자신의 정체성을 형성하는 과정으로, 집단 정체성을 통해 성역할 정체성 및 발달적 정체성의 구체화 **정체성(identity)** • 타인과 구분되는 자기의식으로 '나다움'에 대한 심리상태 • 에릭슨(Erikson, 1968): '이름으로 표출되는 정체성', '성역할 정체성', '발달적 정체성', '집단 정체성' 등으로 구분
(2) 특징	① 일생의 전 과정에서 가치 · 태도 · 규범이 전달되어 인성 발달 ② 인성 형성을 위한 경험 과정과 학습 강조

(3) 이론적 관점	**① 구조기능주의적 관점의 사회화** 개인에게 영향을 주는 사회화의 주관자인 중요타자에 의해 사회화 과정을 경험하며, 중요타자는 절대적인 영향력을 가지고 개인은 수동적인 존재로 인식한다. **② 갈등론적 관점의 사회화** 내면화 과정에 미치는 영향을 주로 경제적 측면에 의해 형성된 불평등한 계층 구조에 집중한다. **③ 상호작용론적 관점의 사회화** 개인은 능동적인 주체로 중요타자에 의한 영향력을 적극적으로 해석하고 이를 실천한다. 문화를 학습해야 하는 개인은 주변 인물의 행동을 모방함으로 사회적 존재로 성장한다. **④ 스포츠사회학 연구에서 이론적 패러다임(관점)의 변화** 성원은 집단의 규범을 무조건적으로 받아들이지 않고 나름의 전략을 통해 규범을 적극적으로 이해하며 개인의 정체성을 형성할 수 있다. 규범을 받아들이는 데 있어서 해당 규범을 수용하기도 하지만 때로는 규범에 대해 저항하면서 변화된 집단의 정체성을 형성하는 데 영향을 미치기도 한다. 이와 같이 사회화 과정에서 개인과 집단의 양방향적 관계는 사회적 상호작용 모형(social interaction-model, Coakley, 2009)으로 설명된다.

2. 스포츠사회화 이론 2009년 24번 / 2013년 18번

<table>
<tr><td rowspan="3">(1) 사회학습 이론
(social learning theory)
2004년 10번 /
2012년 13번 /
2025년 A 10번</td><td colspan="2">사회학습 이론은 개인이 어떻게 사회적 행동을 습득하고 수행하는가를 밝히려는 이론으로 가장 많은 지지를 받고 있다. 스포츠 역할을 이해하는 데 적용되는 사회학습 이론의 접근 방법은 강화(reinforcement), 코칭(coaching), 관찰학습(observational learning)이 있다.</td></tr>
<tr><td>① 역할학습
(Leonard, 1980)</td><td>㉠ 코칭

사회화를 경험하는 사람이 사회화의 주관자에 의해 가르침을 받는 학습을 의미한다.

㉡ 강화

상·벌이 사회적 역할의 습득과 수행에 영향을 미친다. 즉, 행동이 벌에 의해 부정적으로 강화되면 행동은 억제되고 상에 의해 긍정적으로 강화되면 행동은 지속적으로 유발된다.

㉢ 관찰학습

개인이 과제를 학습하고 수행하는 행위는 다른 사람의 행동을 관찰한 결과와 유사하게 나타난다. 즉, 중요타자(역할모델, 준거집단)의 행동을 관찰하여 내면화시킨 후 적절한 시기에 행동으로 발현된다.</td></tr>
<tr><td>② 사회화 과정의 요소</td><td>🏆 사회화 과정의 3요소(Kenyon & McPherson)

요소	구체적 사례
개인적 특성	성별, 연령, 출생 서열, 사회·경제적 지위
중요타자 (역할모델·준거집단)	가족, 동료, 교사
사회화 상황	집단구조, 지위, 참여의 자발성, 사회화 관계의 본질성 |</td></tr>
</table>

<table>
<tr>
<td>

(2) 역할 이론
(role theory)

</td>
<td>

① 사회무대에서 배우로서의 개인

> 사회를 하나의 무대로 보고 개인을 무대 속의 배우에 비유한다. 사회 속에서 각 개인은 자기 자신이 처해 있는 정확한 상황을 스스로 배우게 되며 상호작용을 통해 자신의 역할을 완전하게 수행하려고 시도함으로써 사회화 과정이 진행된다(Sarbin & Allen, 1969).

② 사회화 주관자와 피사회화자 간 상호작용과 모방의 학습 과정

</td>
</tr>
<tr>
<td>

(3) 준거집단 이론
(reference group theory)
2023년 A 8번

</td>
<td>

> 인간은 스스로 어떤 집단이나 타인에게 적응하기 위해 이들의 행동·태도·감정 등을 자신의 행동·태도·감정 형성을 위한 중요한 판단 기준으로 삼는다. 판단 기준이 되는 집단으로는 규범집단, 비교집단, 청중집단 등이 있으며, 이들 집단이 구성원의 사회화에 영향을 미치는 정도(태도 형성 변화 정도)는 그 집단과 얼마큼 동일시되느냐에 달려 있다.

🏆 캠퍼(Kemper)의 준거집단 유형

규범집단	가족 등과 같이 규범을 설정하고 가치관을 형성시킴으로써 개인에게 행동의 지침을 제공하는 집단
비교집단	특정 역할 수행에 기술적 의미를 제공해 주는 역할모형
청중집단	또래집단 등과 같이 특정 개인들의 가치와 태도에 부합되게 행동하려는 집단

</td>
</tr>
</table>

02 스포츠사회화 개념 모형(순환적 모형)

1999년 5번 / 2007년 추가 15번 / 공청회 10번 · 12번 / 2009년 24번 / 2013년 18번

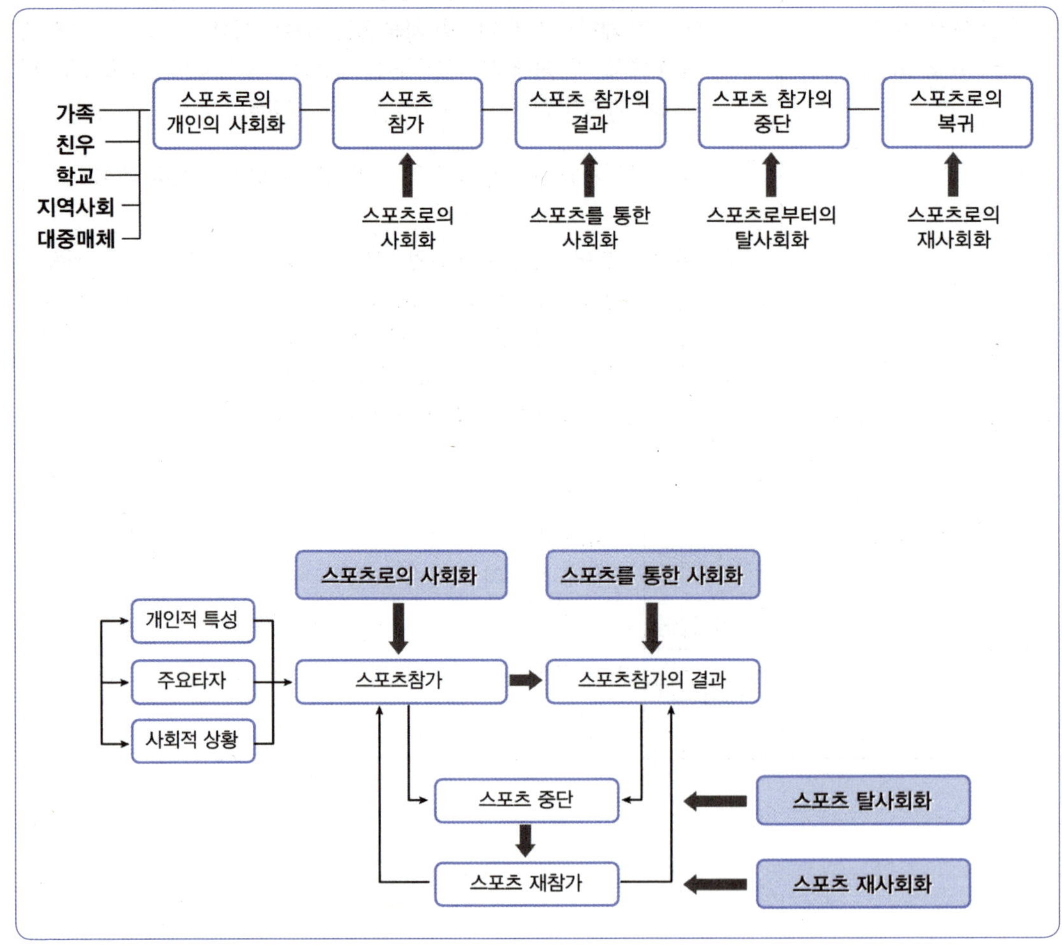

03 스포츠로의 사회화 : 참가 그 자체

스포츠로의 사회화는 스포츠 활동에 참가하는 그 자체를 의미하고 이는 개인의 특성, 주요타자, 주변 상황(사회화 상황)에 따라 다양한 양상을 보인다. 즉, 본격적인 참여가 일어나기 전 단계로 다양한 상호작용을 통해 스포츠에 대한 인식을 형성하고 스포츠에 참여하기 위한 동기를 습득하는 과정을 의미한다.

1. 스포츠 개입의 과정

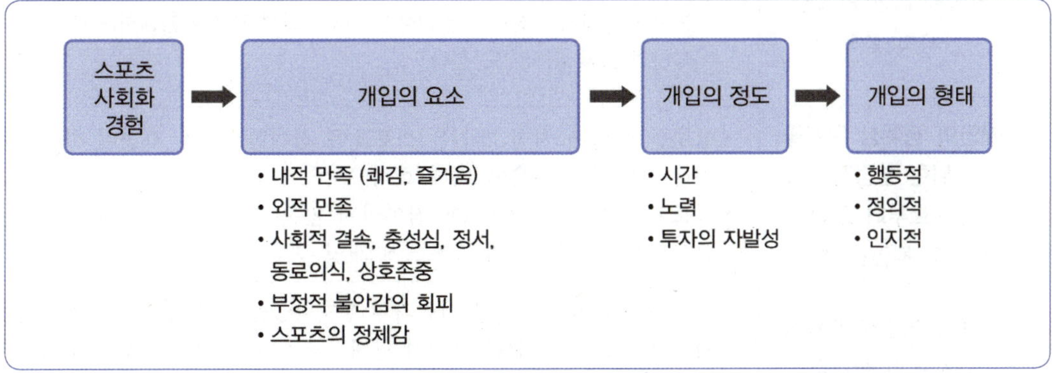

개입 요소	개입 요소에 의하여 스포츠에 대한 참여 형태(직 · 간접), 참여 수준(비조직적 · 조직적 참여), 경기성향(아마추어 · 프로) 결정
개입 정도	시간 · 노력 · 투자의 자발성
개입 형태	행동 · 정의 · 인지

🏆 개입의 요소 : 스나이더 & 스프라이처(Snyder & Spreitzer) 2009년 24번 / 2010년 25번

스포츠의 본질적 즐거움 (내적 만족)	• 스포츠 활동 자체를 즐기려는 마음가짐으로, 스포츠에 참여하는 개인은 스포츠 활동 참여를 통해 즐거움을 느낌
외적 만족	• 승리, 금전, 건강과 같은 외적 보상에 대한 기대 • 일반적으로 생활체육 참여자보다, 전문적으로 스포츠에 참여하는 엘리트 선수 혹은 프로선수에게서 발견할 수 있는 요소
다른 주체로부터의 인정을 통한 만족감 (사회 결속)	• 스포츠 참여를 통해 얻을 수 있는 사회적 인정은 개입을 촉진하는 요소 스포츠에서의 성공을 통해 개인은 사회적 지위를 얻을 수 있으며 때로는 스포츠에서의 성취가 일상생활에서 사회적 자본을 형성하는 데 긍정적인 영향을 미치기도 한다.
개인의 정체성 유지를 위한 부정적 요소로부터 회피 (부정적 불안감 회피)	• 특수한 상황에 처한 개인은 스포츠에 참여함으로써 자신이 마주하고 있는 다양한 어려움에 대해 회피 • 과도한 경우에는 스포츠에 참여하지 않는 행위로 인해 받을 수 있는 불이익을 피하기 위해 스포츠에 개입
스포츠 의존적 정체성 (스포츠의 정체감)	• 스포츠에 참여하는 다른 사람과의 상호작용을 통해 형성된 정체의식을 가진 개인은 이와 같은 사회적 관계를 지속하기 위해 스포츠에 지속적으로 참여

2. 스포츠로의 사회화 영향 요인

(1) 개인적 특성	성별	일반적으로 남성이 여성보다 스포츠 참여 정도가 높고, 활동적이거나 호전적인 스포츠 종목을 더 선호한다.
	연령	연령이 높을수록 안전한 종목을 선호한다.
	출생 서열	장남보다 차남이 격투기 종목과 같은 위험한 종목에 참여할 가능성이 높다.
	사회·경제적 지위	지위가 높을수록 골프와 같은 계급의식을 뚜렷하게 드러낼 수 있는 종목에 더 많이 참가하는 경향이 있다.
(2) 사회화 주관자 (중요타자· 준거집단)	① 개인(태도·가치관·행동)에게 가장 영향력이 높은 객체 ② 스포츠로의 사회화를 촉발시키는 역할을 담당한 주체 ③ 중요타자와 준거집단 가치관의 결정적 영향	
	가족	부모나 가족이 스포츠에 긍정적인 태도를 가질 경우 아동의 스포츠 참여는 이른 시기에 자연스럽게 이루어질 수 있게 된다. 어린 시절 가족은 개인의 역할모형의 모방 대상으로, 가족이 사회화의 주관자로서 이루어지는 스포츠사회화 과정은 계층 문화를 전승하는 과정이 된다. 예를 들어 전통적으로 상류층이 즐기는 고급 스포츠에 참여하는 가족에 속한 개인은 골프, 요트 등과 같은 고급 스포츠에 참여할 가능성이 높다.
	동료집단	개인이 가정에서 경험하지 못하는 평등한 관계, 독립심, 리더십 발현의 기회를 제공해 준다. 학교와 같은 사회구조를 통해 사회활동에 참여하면서 점차 가족에 대한 의존도는 낮아지고 문화를 공유하는 집단으로 또래집단의 영향력이 확대된다. 스포츠는 다른 또래와 비교했을 때 자신을 드러내는 수단으로 활용되며 공유하는 스포츠에 대한 경험은 개인의 스포츠 인식에 많은 영향을 미친다.
	지역사회	지역사회에서는 비영리 및 영리를 목적으로 한 스포츠 시설을 통해 지역주민의 스포츠사회화 주관자로 활동하고 있다. 시설의 접근성이 높을수록 스포츠 참여도는 향상되며 시설뿐만 아니라 양질의 지도자 프로그램을 제공하여 스포츠 참여를 촉진한다.

(2) 사회화 주관자 (중요타자· 준거집단)	학교	스포츠를 공식적으로 처음 접하는 장소가 학교였기 때문에 학교는 스포츠로의 사회화를 촉발시키는 가장 중요한 역할을 담당해 왔다. 교육적으로 행해지는 학교체육은 스포츠에 대한 정보와 경험을 축적할 수 있는 기회를 제공하며 스포츠에 대해 긍정적인 인식을 갖게 한다. 이때 형성된 스포츠에 대한 인식은 성인이 된 이후까지 지속된다.
	대중매체	신문, TV, 잡지, 영화, 인터넷 등의 대중매체는 다양한 연령과 계층의 사람들이 스포츠와 친숙해지는 기회를 제공한다. 이로 인해 직·간접적으로 스포츠를 소비하게 하여 스포츠에 참가하도록 유도한다. 전 생애에 걸쳐 스포츠로의 사회화 과정에 가장 큰 영향을 미치는 사회화 주관자로 현대사회에서 미디어 영향력이 확대되면서 스포츠로의 사회화 과정에서 영향력도 증가하였다.
(3) 사회적 상황		① 스포츠 시설, 용품 및 기구, 프로그램 등의 접근성과 편리성 스포츠에 참가하고 싶어도 주변에 참가할 수 있는 여건이 마련돼 있지 않을 경우 보통의 의지로는 스포츠 참가를 지속하기가 쉽지 않다. ② 사회의 정치·경제·문화 제도와 역사·종교·국민성 등 지역의 특성과 전통 종교적 자유가 보장되고 민주주의가 보편화된 나라의 여성들은 스포츠 참가에 외부로부터 어떠한 제약도 받지 않는다. 그러나 종교적으로 여성의 신체노출을 금기시하는 일부 중동국가의 경우 여성들의 스포츠 참가가 불가능하다. 심지어 스포츠경기의 관람조차 허용되지 않는 나라도 존재한다.

🏆 사회적 상황에 영향을 주는 스포츠 관련 법

국민체육진흥법 **(1962)**	• 국민체육을 진흥하여 국민의 체력을 증진하고, 체육활동으로 구민들이 연대감을 높임 • 공정한 스포츠 정신으로 체육인의 인권을 보호하고 국민의 행복과 자긍심을 높여 건강한 공동체 실현에 이바지
체육시설의 **설치 · 이용에** **관한 법률(1989)**	• 체육시설의 설치 · 이용 장려 • 체육시설업의 건전한 발전 도모 • 체육시설에 대한 안전 및 운영에 관련된 사항 명시
학교체육진흥법 **(2013)**	• 학생의 체육활동 강화 및 학교운동부 육성 • 학교스포츠클럽 및 학교운동부 운영 • 학교 체육시설 설치 및 체육프로그램의 운영 • 학교체육진흥원 및 학교체육진흥위원회의 운영
스포츠기본법 **(2021)**	• 국민의 스포츠권을 법으로 명시 • 스포츠에 관한 국민의 권리와 국가 및 지방자치단체의 책임을 정함 • 국가스포츠정책위원회의 운영
스포츠클럽법 **(2021)**	• 스포츠클럽의 지원과 진흥에 필요한 사항을 규정 • 지정스포츠클럽을 통한 우수선수 발굴 및 육성 지원 • 지정스포츠클럽에 대한 행 · 재정적 지원
체육인 복지법 **(2021)**	• 체육인 복지를 위한 제도적 기반 마련 • 체육유공자에 대한 지정 및 보상 • 체육인복지서비스지원시스템 구축 · 운영

04 스포츠를 통한 사회화(스포츠 활동 참가에 의한 결과·성과·역할학습)

스포츠를 통한 사회화는 스포츠 장면에서 학습된 기능·특성·가치·태도·지식·성향(인성·도덕적 성향) 등이 다른 사회 현상으로 전이·일반화되는 과정이다. 일반적으로 스포츠는 스포츠 세계에서 요구되는 가치 및 태도(예 규칙의 준수, 심판에 대한 복종, 반칙에 대한 제재 감수 등) 등을 참여자가 습득하도록 함으로써 스포츠 영역을 넘어 전체 사회가 요구하는 바를 습득할 수 있는 연결고리로서 작용한다.

1. 스포츠와 태도 형성

스포츠 태도는 스포츠의 경험, 즉 스포츠 참가를 통해 형성된 스포츠에 대한 마음가짐이다. 이는 스포츠 참가의 형태·정도·수준에 따라 차이를 보인다.

(I) 스포츠 역할 경험 1999년 5번 / 2007년 15번 / 2010년 23번 / 2012년 12번 / 2013년 18번 / 2021년 B 8번 / 2024년 B 5번

① 스포츠 역할(참여 형태, 참여 정도, 참여 수준에 따른 사회화)

스포츠에 참가하는 동기 영향 요인(Wohl & Pudelkiewicz)	
• 사회적·경제적 지위	• 다양한 사회화 주관자의 권위와 위광
• 참가 기회의 인지적 구조	

ⓐ 케년(Kenyon)의 스포츠 참가 형태

분류 기준	참가 형태
⊙ 참가 형태	행동적 참가(1차·2차), 인지적 참가, 정의적 참가(열광적 팬)
참가 내용 특성 (=참여 형태)	• 행동적 참가는 실제로 스포츠 현장에 참여하는 형태로 스포츠가 가지는 다양한 지위와 규범을 이행하게 되며 스포츠 현장의 주체로서의 역할을 수행한다. 생활체육 참여자, 운동선수, 심판 등이 이에 해당된다. • 인지적 참가는 스포츠 활동에 대한 정보를 습득하는 형태로 스포츠에 참가하는 형태로, 최근 뉴미디어를 통한 스포츠 관련된 정보 습득에 대한 접근성이 높아지면서 인지적으로 참여하는 비율이 증가되고 있다. • 정의적 참가는 감정적인 면을 이용하여 스포츠에 대한 성향 표출하면서 이루어지는 참가를 의미한다. 특정 선수나 팀을 좋아하는 팬들은 정의적 참가의 형태를 보인다.
참가자의 역할	참가자, 생산자, 소비자

ⓐ 참가 형태

참여 형태 유형				사례
행동적 참가	일차적 참가			선수, 경기자, 승자, 패자, 후보
	이차적 참가	생산자	직접	감독, 코치, 판정자, 심판, 의사, 트레이너
			간접	기업가(구단주, 프로모터, 용품생산자), 기술 요원(방송인 기자), 서비스 요원(경기장 관리원, 선전원, 경비원)
		소비자	직접	관중
			간접	매스컴·대화를 통하여 스포츠와 관계
인지적 참가				학교, 사회 기관, 미디어 등을 통해 스포츠에 관한 일정 정보(스포츠 역사, 규칙, 기술, 전술 등에 관한 지식이 포함)를 수용함으로써 이루어짐
정의적 참가				실제 스포츠 상황에 참가하지는 않지만, 간접적으로 특정 선수나 팀 또는 경기상황에 대해 감성적 성향을 표출하는 행동 열광적으로 응원하는 스포츠팬을 들 수 있다.

ⓑ 레너드(Leonard)의 스포츠 참가 형태

사회적 기준 참가 형태	직접 참가	간접 참가
일차적 참가	경기자	경기상황에서 선수 이외의 다른 역할 담당자
이차적 참가	간접 생산자	소비자

🏆 참가 정도

참가 빈도	특정 기간 동안 스포츠에 참여한 횟수(예 주 3회 운동)
참가 기간	스포츠에 참여한 총 시간 혹은 날짜(예 운동 시작한 지 2년 6개월)
참가 강도	스포츠 참여의 집중·몰입 정도(예 1일 4시간 운동)

🏆 케년과 슐츠(Kenyon & Schutz)의 참가 유형

일상적 참가		정규적 스포츠 활동, 삶과 조화로운 참가
주기적 참가		일정 간격을 유지하는 지속적인 참가
일탈적 참가	일차적	자신의 직업을 등한시하고 스포츠 참가에 모든 시간 소비
	이차적	도박, 탐닉
참가 중단		스포츠 참가에 대한 혐오, 과거 기회 제한, 관심 부족

ⓛ 참가 정도와 참가 유형

ⓒ 참가 수준

스포츠 자체의 활동 범위와 조직의 복잡성에 따른 구분

	조직적 참여	비조직적 참여
의미	운동부나 동호회와 같은 조직에 소속되어 주기적으로 스포츠 활동에 참가	조직이 필요하지 않거나 최소한의 조직을 통한 스포츠 참가
특징	구조적으로 안정되고 지속적이며 공정성보다 기능과 승리 강조	구성원의 참가 동기에 따라 성취, 자아실현, 자기만족 등 내적 보상 추구

② 써튼과 나르디(Thorton & Nardi)의 스포츠 역할 사회화(특정 역할로 사회화되기 위한 4단계)

공청회 10번 / 2023년 A 8번

예상 단계	• 확실한 지위나 역할은 부여되고 있지 않으니 고정된 기대를 갖는 단계 • 현실의 불완전한 개념 형성의 단계로 표면에 뚜렷이 나타나는 부분만 인식 어린이나 청소년은 프로선수의 역할 중 직업의 불안정성, 과로, 부상, 타의에 의한 은퇴, 선수생활의 단명 등에 대해서는 거의 인식하지 못한다. 다른 구성원들도 신참자에게 고정된 기대를 가지고 있지 않으며 신참자의 실수는 비교적 용인되기 쉽다.
공식적 단계	• 사회적 지위를 담당하여 능력과 행동의 공식적·형식적 기대 경험 • 중요타자와 역할 수행자 간 일치의 정도가 높아 스포츠 역할에 동조 공식적이고 형식적인 절차에 의해 평가를 받는 경험을 한다.
비공식적 단계	• 개인 간 상호작용을 통해 전이되는 역할의 태도나 인지적 특성이 포함되는 비공식적 기대가 존재 • 개인은 자신의 과거 경험과 미래의 목표에 적합한 역할에 대해 인식 시작 • 자기형편에 걸맞은 역할을 수행하기 시작 누군가가 지시하지 않아도 신입선수들은 운동 후 뒷정리를 담당하고, 선임선수들은 경기기록을 정리하는 등의 비공식적 역할분담이 일어나게 된다.
개인적 단계	• 역할에 관한 경험이나 역할에 대한 기대를 스스로 부과 • 자신의 역할 기대와 개념 수정 • 타인의 기대감에 영향력을 행사하며, 역할과 자신의 정체감을 일치시키려 노력

(2) 스포츠 가치

가치란 특정상황의 규범적 기대를 반영하고 있는 것으로서, 바람직한 것에 대한 사회적 평가 기준이다.

① 가치의 반영 및 전달 스포츠	현대사회에서 스포츠는 복잡하고 다원화되어 있는 사회의 가치를 전체 사회 구성원에게 효율적으로 전달하는 유형화된 제도로서 발달해 왔다(임번장, 2008).
② 스포츠와 가치의 사회화	오늘날 스포츠는 현대사회가 공유하고 있는 성공·경쟁 등의 이데올로기를 가장 잘 반영하고 있다. 따라서 스포츠를 통해 습득한 이데올로기는 개인이 사회에서 당연히 받아들여야 할 가치체계로 인식하게 만든다.

(3) 스포츠 태도

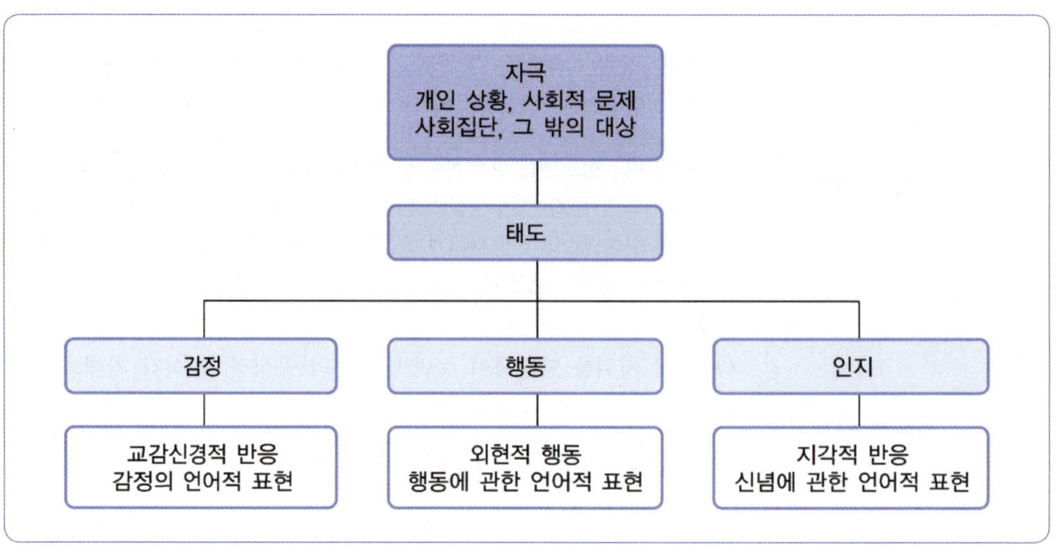

🏆 마쓰다(송전, 松田)의 스포츠를 통한 태도 형성 기제(스포츠를 통한 태도 형성의 메커니즘)

공청회 10번 / 2012년 13번

방어기제의 약화	일상생활의 긴장으로부터 해방되어 원만한 인간관계 시작
모방	부모, 교사, 코치, 동료 선수 등의 태도가 의식적·무의식적으로 모방
입장의 변화	스포츠 상황에서 자기중심 입장의 전환
조건 부합	다양한 경험의 반복에 의하여 고정화되거나, 강한 정서적 경험을 통하여 태도 형성 운동경기 시 실패한 경험이 많은 사람은 운동경기 수행에 대한 불안이나 긴장을 강하게 나타낼 수 있으며, 수영을 하다가 익사 위험을 경험한 사람은 수영에 대한 불안을 느끼게 될 것이다. 따라서 이를 극복하기 위해 노력하거나 포기하는 태도를 취하게 된다.
동조 행동	행동규범에 동조하여 집단적 태도 형성과 행동규범 습관화
역할 행동	집단 기대에 대한 부응 운동기능이 뛰어나지 못하여 팀의 활동에 소극적인 태도를 지녔던 사람이 운동기능이 향상된 뒤에는 팀의 활동에 적극적으로 나서고 지도적인 태도를 취하게 된다.

2. 스포츠사회화와 경기성향

<table>
<tr><td rowspan="2">(1) 웹(Webb)의
스포츠에 내재되어
있는 가치성향</td><td rowspan="2">① 공정</td><td>특징 및 의미</td><td>참가자
가치 태도</td></tr>
<tr><td>• 스포츠맨십과 공정이 최고의 가치
• 페어플레이 강조
• 성문화된 규칙과 불문율 관습까지 준수하기를 요구함</td><td>아마추어
리즘, 놀이
성향</td></tr>
<tr><td></td><td rowspan="2">② 기능 및 승리</td><td>특징 및 의미</td><td>참가자
가치 태도</td></tr>
<tr><td></td><td>• 경쟁 승리 또는 성공의 획득 중시
• 숙련된 개인의 능력이나 자질 강조
• 승리는 경쟁의 본질이자 궁극적 가치로 성공에 대한 판정 기준이 됨</td><td>프로페셔
널리즘,
전문성향</td></tr>
<tr><td rowspan="2">(2) 참가지향과
업적지향</td><td>① 참가지향</td><td colspan="2">• 스포츠는 본래의 가치 추구
• 순수한 참가 동기로 물질적·경제적 이익보다 참가 자체에 의미 부여
• 공정하게 경기하는 경쟁 과정을 통하여 스포츠 참가자의 자기실현과 자기만족 지향

쿠베르탱 : '경기에서 중요한 것은 승리가 아니라 참가와 최선을 다하는 것이다.'</td></tr>
<tr><td>② 업적지향</td><td colspan="2">• 현대의 스포츠탁월성은 업적 보상을 유인함
• 성취지향적 성향</td></tr>
<tr><td rowspan="2">(3) 아마추어리즘과
프로페셔널리즘</td><td>① 아마추어리즘</td><td colspan="2">• 스포츠 참가자가 개인의 즐거움 추구
• 내적이며 자기목적적인 자발적 동기로 참가
• 외적 보상을 기대하지 않는 행위 그 자체를 애호함</td></tr>
<tr><td>② 프로페셔널리즘</td><td colspan="2">• 경기 참가로 대중 관심과 이익 추구
• 재화 획득 노력
• 전문지향적 성향</td></tr>
</table>

3. 스포츠를 통한 사회화와 전이의 일반적 특성 2008년 11번 / 2009년 24번 / 2013년 2차 3번 / 2017년 A 10번 / 2023년 A 8번

스포츠 경험을 통해 습득한 태도와 가치가 민주시민으로서의 정신, 도덕심, 적응, 규율에 대한 복종, 인격수양 등으로 전이된다고 강조한다.

💡 스나이더(Snyder, 1970)의 사회화 경험에서의 결정적 변인 : '행동의 전이는 유사한 환경에서 발생된다.'

참여의 정도	빈도, 강도, 기간 운동선수는 일반인에 비해 참여 정도가 강하기 때문에 스포츠를 통한 사회화의 전이가 많이 발생한다.
참가의 자발성 유무	자발적인 경우 전이 증가 일반적으로 자발적인 스포츠 참가가 스포츠 활동을 통해 습득한 가치 및 행동양식을 일상생활로 전이하는 데 효과적이라고 평가되고 있다.
사회화 관계의 본질성	상호작용이 수단적 관계보다 표현적 관계일 때 증가 스포츠 조직 내 사회적 관계는 프로팀과 스포츠 동호인 집단 사이에서 많은 차이가 있다. 스포츠 조직 내의 사회적 관계가 금전적 보상과 같은 외적 보상체계를 우선시하느냐 자아실현 및 자기성취에 기초한 내적 보상체계를 우선시하느냐에 따라 스포츠사회화의 내용은 차이가 나타난다.
사회화의 위신과 위력	사회화에 영향력을 행사하는 사람의 능력 사회화에 있어서 위신과 영향력이 있는 사람은 그렇지 못한 사람보다 사회화에 더 큰 영향을 미친다. 같은 학급의 동료학생보다는 직접적으로 운동수행에 영향을 주는 코치나 지도자의 관심이 학생선수의 사회화에 더 큰 도움이 된다.
참가의 개인적 · 사회적 특성	자아인지, 사회적 특성(사회계층, 인종, 출신성분, 민족성) 개인의 성향 · 태도와 같은 심리 요인의 개인적 특성과 성 · 연령 · 인종 · 사회계층 · 주거지역 등의 사회적 특성은 스포츠로의 사회화뿐 아니라 스포츠를 통한 사회화에도 직접적인 영향을 미친다.

🏆 **코클리(Coakley) 스포츠의 긍정적 효과**

비옥화 효과	스포츠는 청소년들이 사회적으로 바람직한 발달을 위해 비료의 역할을 해준다. ◉ 신체자본으로 전환될 수 있는 운동기술 주입, 건강과 체력을 포함한 신체적 웰빙 증진, 자신감·자아존중감·긍정적인 신체상 증진, 그리고 규율, 팀워크, 책임감 같은 형태의 특성 양성을 도모한다.
세차효과	스포츠는 위험에 빠진 사람들을 개선시킨다. 자신의 주변이 마치 자동차 겉에 쌓인 먼지처럼 위험하고 지저분한 요소들로 에워싸져 있는데, 스포츠가 이들 요소를 개선해 준다는 것이다. ◉ 미국의 1980년대 새벽 농구 프로그램처럼, 거리에서 방황하는 청소년들을 조직적이고 안전한 스포츠 환경으로 이끌어 삶을 보다 안정적이고 긍정적으로 변화시킨다.
수호천사 효과	스포츠는 청소년에게 개인의 성공과 시민의식에 기반을 둔 발전을 위해 필요한 경험과 기회를 제공한다. ◉ 스포츠는 사회/문화자본을 얻는 데 필요한 신체자본 형성, 교육성취/포부의 고양, 사회적 연결망의 형성 촉진, 스포츠를 초월하는 포부 촉진 등을 안내하는 수호천사이다.

05 스포츠에서의 탈사회화

스포츠 활동에 지속적으로 참여하던 사람이라도 연령이나 부상 등의 이유로 스포츠 참여를 중지하게 된다. 참가 중지로 인해 더 이상 스포츠사회화가 이루어지지 않는 상태를 '스포츠에서의 탈사회화'라고 한다. 스포츠 탈사회화는 전 연령층에서 발생 가능하다.

1. 비조직적 스포츠에서의 탈사회화

🏆 **여가 제약의 구성요소(Crawford & Godbey)**

대인적 제약	• 사람 간의 이해관계나 상호작용의 결과 • 함께할 참여자의 부재
내재적 제약	• 개인의 심리와 태도 • 스트레스, 우울, 불안, 탈진, 자신의 능력에 대한 지각, 다양한 여가활동에 대한 이용성과 적절성에 대한 주관적 평가
구조적 제약	• 계절, 기후 등의 환경적·구조적 상황 • 재정, 시간, 기회, 서비스 문제 • 개인의 사회적 특권, 계층이나 사회경제적 지위와 높은 연관이 있어 중요한 원인으로 작용함

2. 조직적 스포츠에서의 탈사회화

🏆 운동선수의 은퇴

자발적 은퇴	운동선수의 교육수준, 현재와 미래의 재정적 상황, 새로운 직업에 대한 기회, 신체능력의 저하 등의 영향으로 발생 일반적으로 교육수준이 높을 때, 현재와 미래의 재정적 상황이 좋지 않을 때, 새로운 직업에 대한 기회가 많이 주어질 때, 본인 스스로 신체 능력이 현저히 저하되었다고 인식할 때, 은퇴를 결정할 가능성이 높아진다.
비자발적 은퇴	부상, 스포츠에서의 부진, 팀 내 입지 저하, 연령 증가 등의 영향으로 예기치 않은 상황에서 본의 아니게 발생

06 스포츠의 재사회화

운동선수들은 자발적이든지 비자발적이든지 간에, 은퇴 후 자신의 삶을 지속적으로 영위하기 위해 새로운 사회에 적응해야만 한다. 이때 스포츠로의 재사회화가 이루어진다. 스포츠로의 재사회화는 비록 운동선수는 아니지만 스포츠와 관련된 유사 역할, 즉 감독·코치·트레이너 등과 같은 역할을 담당함으로써 재사회화의 과정을 밟게 되는 것을 의미한다.

스포츠와 사회계층

01 스포츠 계층의 개념

계층이란 인간사회에서 나타나는 개인 및 집단 간의 구조화된 불평등을 의미한다. 계층은 주로 재산·소유 등 경제적 관점에서 이해되지만, 성·연령·인종·종교 취미 등 사회문화적 요소와 관련되기도 한다(Giddens, 2006). 사회계층은 한 사회 구성원이 타고난 생물학적 특성에 국한하지 않고 사회문화적 특성에 기반한 사회현상이다.

1. 마르크스의 계급 :
  '경제가 계급을 규정한다.'
  2010년 23번 / 2013년 24번

(1) 근대 초기의 자본주의 사회

과거에 중시했던 관습이나 종교에 따른 신분체계와는 다르게 토지, 공장, 기계, 원료 그리고 이들을 구매하는 데 필요한 자본이 중요해졌다.

부르주아(bourgeois) (유산계급, 자본가)	생산수단 소유
프롤레타리아(proletariat) (노동계급, 노동자)	노동력을 자본가에게 팔아 생계 유지

(2) 계급(class)

자본가 계급이 노동자 계급을 끊임없이 억압하고 착취하는 모순적 계층 구조이다. 계급론적 시각에서 경제적 요인을 바탕으로 한 사회계층의 형성을 설명하고자 하였다. 자본가와 노동자로 구분되는 두 계층을 이질적 집단으로 나누고, 경제적 자본의 유무에 따라 지배층과 피지배층으로 구분한다. 구조화된 경제적 불평등을 바탕으로 계층이 형성되고 특정 계층이 다른 계층을 억압하는 것이 가능하게 된다.

(3) 사회의 '토대'로서 경제의 중요성 강조

경제 영역에서 발생하는 문제가 정치·법률·사회·문화 전반에 걸쳐 다른 영역에 절대적인 영향을 미친다.

(4) 잉여에 대한 착취로 촉발된 두 집단 간의 갈등이 역사 발전의 원동력

> 인류의 역사는 지배계급과 피지배계급이 경제 영역에서 이익을 확대하기 위해 싸우고, 경제 영역의 문제로 촉발된 계급투쟁이 사회의 다른 영역으로 확산·전파되면서 기존 사회를 변화시키는 과정이다.

1. 마르크스의 계급 :
'경제가 계급을 규정한다.'
2010년 23번 / 2013년 24번

	기능주의 이론	갈등 이론
계층의 기능	• 보수주의적 불평등관으로 자연발생적 현상 • 사회통합과 체제유지 • 차별적 보상의 필요성 강조 • 사회적 상승 수단의 스포츠 참가	• 자본가의 이익을 위한 도구, 현상유지의 수단 (통제와 착취 수단) • 개인 간 소외 조장 • 사회현상 유지 • 불평등 배분구조 반영 • 특권계급 이익 유지를 위한 제도적 장치

(I) 사회적 희소가치의 영향 : 경제적 부, 권력, 명예, 심리적 만족감

> 경제적 요인 외에 다른 특성들도 사회계층에 영향을 미치는 것으로 분석하였다. 경제적 요인과 함께 사회문화적 영향의 복합성에 무게를 두고 사회 구성원의 상호작용 결과로 계층이 만들어지는 것으로 보았다. 경제적 요인과 사회문화적 요인이 동시에 작동하여 사회계층이 만들어지고 구조화되는 것이다.

2. 베버의 계층 :
'계층은 다층적이다.'
2008년 10번

(2) 소유한 재화뿐 아니라 지위·파벌에 따른 계층

지위	주거, 의복, 말투, 직업 등에 의해 형성되는 사회적 명예나 위신의 차이
파벌	종교·정당 등 공동의 배경·목적·이해관계를 가지고 함께 행동하는 집단

계급(class)	계층(stratification)
역사적으로 존재했던 부르주아와 프롤레타리아라는 실체를 지칭	분류적 · 조작적 구성물
계급 간 절대적 · 대립적 관계를 전제	일정한 수직적 차원에 따르는 연속적 상하의 구조
계급 성원 간 집합의식이 존재	계층 성원 간 집합의식이 없음
갈등론의 명목론적 사회모델을 구성	기능론의 실제적 사회모델을 구성
상반된 이해로 분열된 사회를 전제	유기적으로 통합된 사회를 전제

2. 베버의 계층 :
'계층은 다층적이다.'
2008년 10번

3. Wright

현대 자본주의 계층의 특성을 분석하였다.

> 화이트 컬러와 같은 전문직 종사자들은 경제적 요인이 없어 고용 통제가 어렵고 동시에 노동자의 지위 모순적 계층으로 분류된다. 계층은 지배층, 피지배층, 그 중간인 모순적 계층이 존재한다.

4. Parkin

(1) Weber와 유사한 입장

> 생산수단은 사회계층을 구성하는 여러 요소 중 하나로 경제적 요인은 사회적 닫힘(social closure)의 일환으로 배타적 성격을 갖는 것에 주목했다. 사회적 닫힘과 같은 배타적 접근권의 설정이 계층적 지위를 결정하는 데 지대한 영향을 미친다.

(2) 통제력을 가진 집단 사회적 닫힘과 같은 차별적 접근권을 주도하는 집단이 계층에서 더 유리한 지위를 획득할 수 있음을 설명함

(1) 문화에 초점

문화적 양식에 따라 결정된다. 집단별로 상이한 취향에 주목하였다. 사회계층이 결정되는 주된 기준이 문화이며 계급과 지위의 재생산 방식을 구별 짓기로 명명하였다. 구별 짓기는 사회계층에 있어 구조와 행위를 매개하는 아비투스(habitus)의 영향으로 극복할 수 없는 계층적 취향이 발현되고 모방할 수 없는 계층적 지위로 규정된다. 사회계층은 개인에 의해 내면화된 일상적 실천으로 완성되는 것으로 단기간에 학습할 수 없는 체득된 내재화와 실천을 통해 드러남을 강조했다. 귀족 문화는 귀족들만이 배타적으로 공유하는 문화양식이 장기간 체득, 내재화되어 실천되는 것이다.

(2) 경제적 · 문화적 · 사회적 · 상징적 자본

부르디외는 마르크스가 강조했던 경제자본 이외에 베버가 말한 위신 · 지위 · 파벌 등을 활용하는 사회자본과 문화자본을 추가하였다. 경제적 자본뿐 아니라 문화적 · 사회적 자본을 합하여 개인이 보유한 자본의 총량이 실제 이용 가능한 권력의 총체라고 보았다. 즉, 어느 한 가지 자본이 아니라 이 세 가지 자본의 총량에 따라 사회계급이 나누어진다.

5. 부르디외의 계급
2014년 B 2번 / 2020년 A 2번

경제자본		화폐나 소유권의 제도화된 형태로 즉각 전환 가능한 자본
문화자본	체화된 문화자본	어학, 스포츠 등 오랫동안 지속되는 정신과 신체의 성향 형태로 존재
	객관화된 문화자본	그림, 책, 사전, 악기, 기계 등과 같은 문화상품의 형태로 존재
	제도화된 문화자본	자격증, 졸업장 등 교육적 성취의 형태로 객관화된 문화자본
사회자본		혈연, 학연 등 지속적인 네트워크 혹은 상호 면식이나 인정이 제도화된 관계
상징자본		경제 · 문화 · 사회자본을 정당한 것으로 변형시키는 자본. 신용, 명예, 평판, 위신, 인정, 유명세 등으로 경제자본, 문화자본, 사회자본이 합쳐져 형성됨

5. 부르디외의 계급
2014년 B 2번 / 2020년 A 2번

(3) 각기 다른 형태의 '자본'은 상호 전환 가능함

> 대기업에 다니는 중견 간부에게 골프를 잘하는 능력(체화된 문화자본)은 축구를 잘하는 능력보다 기업 내 핵심 인사와 접촉(사회자본)할 기능성을 높여주고, 이는 승진과 같은 성취 기회(경제자본)에 보다 근접하도록 돕는다.

(4) 자본 유형의 재생산

> 스포츠와 같은 사회문화적 요소가 계층 재생산에 기여한다. 세대 간 자본의 상속이나 증여는 불로소득이기 때문에 세율도 높을 뿐 아니라 사회적 저항도 크다. 그러나 영어나 스포츠 등의 문화 소양은 (돈이 있어야 배울 수 있다는 점에서) 일반적으로 사람들이 자본이라고 생각하지 않기 때문에 사회적 저항이 낮다. 하지만 경제자본의 지출을 통해 국제화된 행동양식을 갖추고, 고급스포츠를 체득한 개인은 향후 문화자본을 이용하여 경제적 이익을 얻을 가능성이 높아진다. 이처럼 상류계급은 은폐가 용이한 문화자본의 형태로 자본을 전환·상속하면서 계급 위치를 재생산한다.

02 부르디외의 계급에 따른 스포츠 참여 2023년 B 7번

부르디외의 저작 『구별 짓기(Distinction)』에서는 자신이 속한 계급에 따라 자신의 자리에 대한 감각이 발달하는데, 그 감각이 각기 다른 문화적 취향을 나타낸다고 주장한다. 계급적 감각이란 사회적으로 획득된 성향의 육화된 체계로서 '아비투스(habitus)'라고 불린다. 같은 계급에 속한 사람들은 아비투스를 공유하므로 취향 역시 공유한다. 즉, 계급별 스포츠의 취향은 계급을 구별 짓는 일종의 전략이다.

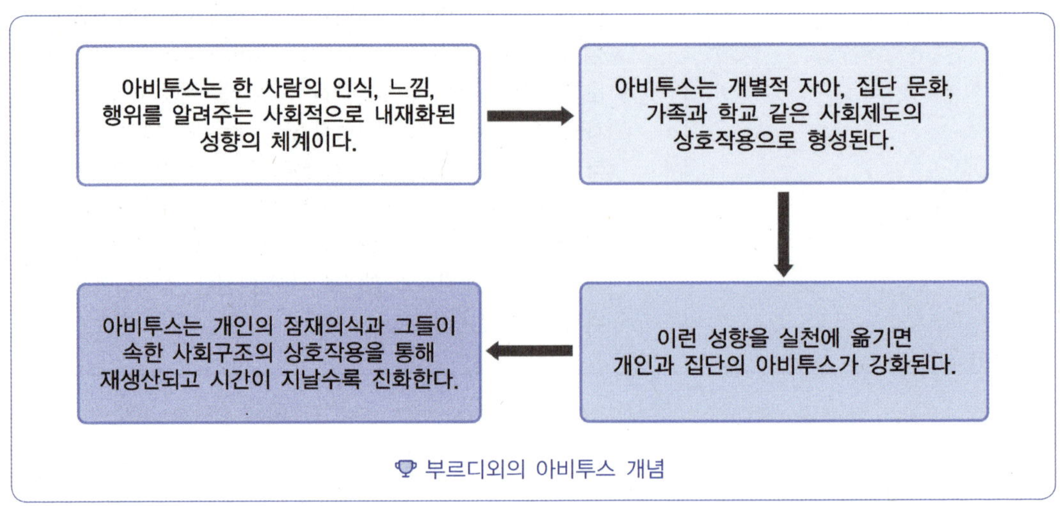

🏆 부르디외의 아비투스 개념

☑ 장(field)

어떤 (문화)자본도 그 행위자가 속한 사회, 장의 역사적·사회적 맥락을 떠나서 정의되거나 이해될 수 없다. 현대사회는 다수의 분화된 장들로 이루어져 있다. 과학장, 예술장, 정치장, 경제장, 학문장 등이 있고, 이 장들은 각각의 통용되는 자본이 유형화되어 있다. 가령 경제장보다 학문장에서는 문화적 자본이나 지식, 자격증 등이 더욱 가치 있는 것이 된다. 모든 집단이 그러하듯 그곳에는 투쟁하는 개인들이 존재한다. 이들은 그들이 속한 장 안에서 자신들의 위치를 공고히 하거나 개선하기 위해 상징투쟁을 벌이고 있는 것이다. 여기서 핵심은 개인의 행위가 전적으로 자신의 의지에 따른 것이 아니라 장의 내부 논리에 따라 이루어진다는 점이다. 한 사람의 행위는 그 사람이 속해 있는 사회적 장을 대변한다는 의미다. 이는 부르디외 장 개념의 핵심으로 장이 아비투스와 자본과 긴밀하게 연결되어 있음을 보여준다. 쉽게 말해, 사회 내에서 일정한 공간(집단)이 존재하고, 그 장에는 다양한 자본 중 지배적인 가치로 인식되고 통용되는 자본이 유형화되어 있으며, 이는 결국 그 장의 아비투스를 결정하는 요소로 작용하게 된다. 그리고 아비투스를 체화한 사람은 그곳에 머물며 새로 들어온 사람들에게 아비투스를 체화하도록 강제하고 이것이 순환하며 시간이 흘러 그 장의 아비투스를 견고하게 만드는 것이다.

(1) 골프, 테니스, 요트, 승마, 스키, 펜싱 선호
(2) 가문의 전통, 스포츠의 조기 습득, 엄격한 사교 기술
(3) 품위(복장과 태도)처럼 은폐된 입장권이 요구됨

1. 상류계급의 스포츠

상류계층의 스포츠 취향

- 비교적 오랜 숙달 시간 요구(교육과 투자를 통한 체화)

> 유럽의 상류사회 테니스 참가는 사적인 클럽의 회원으로서 엄격한 복장(흰 셔츠, 흰 반바지, 흰 원피스, 테니스 슈즈)을 착용하고 그와 관련된 모든 요소를 엄격히 준수해야 한다.

- 페어플레이, 스포츠맨십과 같은 의식적 측면 강조

> 승패에 목숨을 거는 통속적인 사람들을 혐오한다. 또한 페어플레이와 같은 의식적 측면은 통제된 인간관계의 양상(큰 소리를 내거나, 거친 동작을 할 수 없다.)을 드러냄으로써 자연스럽게 고급 취향의 분위기를 만들어 낸다.

- 사적 클럽과 같은 전용 장소에서 본인이 선택한 시간에 혼자서 혹은 선택된 파트너와 함께 참여함

> 사적 클럽에서 세련된 매너와 함께 이루어지는 스포츠 활동은 사교적인 교류이자 사회적 자본을 축적할 기회이다. 이들 상류계급의 스포츠 교환은 고도로 통제된 인간관계의 양상을 보여준다.

- 체력소모나 신체접촉이 적고, 인간과의 경쟁보다 자연과의 경쟁 선호

> 위험이 높지 않고, 체력소모가 심하지 않은 자연과 경쟁을 할 때 비로소 귀족적인 기품에 상응하는 스타일 · 동작 · (지나치게 숨을 헐떡거리지 않는) 안정된 템포 · 우아함을 나타낼 수 있다.

2. 중간계급의 스포츠	(1) 다이어트, 체조, 조깅, 걷기 선호 (2) 타인과 경쟁이나 경주가 아니라, 시간과 장소에 구애받지 않으며 홀로 고독하게 할 수 있는 조깅·체조 등 선호 (3) 여성의 경우, 몸매를 유지하기 위해 스포츠에 매일 시간을 할애하고 다양한 운동기구를 구입

중간계급의 스포츠 취향

• 건강 증진

> 건강 증진을 위한 노력은 금욕주의적 절제와 엄격한 다이어트로 나타난다. 중간계급 성원들은 외모에 특히 신경을 쓰며, 체조처럼 전형적이며 금욕적 스포츠에 전념한다. 중간계급의 사람들은 개인의 노력에 만족하고, 현재의 희생을 통해 약속되는 장래의 만족을 기대한다.

• 타인의 시선 의식

> 사회적 규범을 맞추려는 윤리적 성향이 있는 까닭에 타인의 눈에 비칠 자신의 모습에 신경을 쓴다. 타인의 시선에 대한 의식은 외모에 대한 관심으로 나타난다.

3. 민중계급의 스포츠	(1) 축구, 레슬링, 복싱, 보디빌딩 선호 (2) 노동계급의 육체적 우수성 부각

민중계급의 스포츠 취향

① 신체적 우월감 표출

> 노동계급에서 신체적 탁월성은 중요한 생산수단을 의미한다. 보디빌딩·격투기·경주와 같이 신체를 많이 쓰면서 신체적 접촉이 많고, 힘과 스피드를 많이 사용하며, 신체의 우수성을 전시할 수 있는 스포츠를 선호한다. 또한 복싱이나 이종격투기처럼 고통에 대해 인내하고, 폭력적 성향을 띠며, 신체의 극한 경험이나 고통까지 요구하는 스포츠에 대한 취향을 나타낸다.

② 연대감 중시

> 연대는 노동계급이 지배계급에 저항하는 수단이다. 때문에 노동계급은 단체운동의 집단적 규율, 희생정신, 경쟁에 대한 열광과 같이 집단의 연대를 강화할 수 있는 스포츠를 선호한다.

톨스타인 베블렌(Thorstein Veblen)의 과시적 소비와 모방 효과 2020년 A 2번

- 유한계급(여가계급)은 명성의 수단이자 체면을 유지하는 방법으로 '과시적 여가'와 '과시적 소비'를 이용하는데, 이를 통해 부와 지위를 전시한다. 이들은 스포츠 자체의 즐거움이 아니라, 그 스포츠를 즐기는 자신이 시간적·경제적 여유가 충분한 사람이라는 점을 알리는 데서 즐거움을 찾는다.
- 중산층의 모방적 소비 행태를 과시적 소비라 착각하는 경우가 있다. 유행하는 값비싼 등산복을 모두 따라 소비하는 행태는 모방 효과(bandwagon effect)에 가깝다. 예를 들어 동네 뒷산을 오르는데도 너도나도 고가의 등산복을 차려입는다. 중산층은 유행에 뒤지지 않기 위해, 함께 교류하는 사람들의 행태를 답습하기 위해, 경제적으로 뒤처져 있다는 모습을 보이지 않기 위해 등 다양한 이유로 다른 사람들이 소비하는 상품을 좇아서 소비한다.

---

03 스포츠 계층 형성 과정과 계층 특성

1. 터민(Tumin)의 스포츠 계층 형성 과정 2004년 11번 / 2009년 26번

	사회적 지위에 따라 특정한 역할이 주어짐으로써 타 지위와 구별되는 과정
(1) 지위의 분화	프로스포츠 팀에는 우수한 선수를 영입하기 위한 스카우트 체계가 마련되어 있고, 선수들이 체계적으로 훈련하여 경기에서 최상의 결과를 내기 위한 구조적 장치가 설정되어 있다. 구단주·감독·코치·선수의 책임과 권리는 명확하게 구분되어 있으며, 동일한 과업 집단 내에서도 기능적 전문성에 따라 역할의 분화가 이루어진다. 야구에서 투수의 직책은 동일한 직책 내에서 그 역할에 따라 선발투수, 불펜투수, 구원투수 등으로 구분된다.

(2) 지위의 서열화	역할 분화에 의한 지위의 상호 비교
	🏆 **서열 형성의 기준**

개인적 특성	축구에서 우수한 미드필더 자원이 되기 위해서는 체력, 체격, 순발력, 지구력 등의 신체적인 능력뿐만 아니라 경기의 흐름을 읽고 경기를 조율할 수 있는 통찰력을 지니고 있어야 한다.
숙련된 기능이나 능력	특정 스포츠 영역에서 요구되는 운동 기술에 대한 숙련된 특출한 기량 발휘
영향력의 결과 (역할의 사회적 기능)	개인적 기능이나 능력이 다른 선수들에 비해 조금 뒤떨어지는 선수라 하더라도 훈련 중 노력하는 자세, 리더십, 팀에 대한 충성심 등 경기 외적 능력이 뛰어나 주장을 맡게 된다면, 이 선수는 팀의 승리에 미치는 영향을 바탕으로 평가를 받게 된다.

서열화의 목적

- 적재적소 배치
- 노동력의 합리적 배치와 효과적 훈련 관리

(3) 평가

가치 유용성 정도에 따라 상이한 위치에 지위를 적절하게 배열

🏆 **평가적 판단 요소**

위신	• 명예, 공경받는 행위 • 주장보다는 코치나 감독에게, 코치나 감독보다는 구단주에게 더 높은 경의를 표함
호감	• 특정 역할(야구 투수)이나 역할 모방(MVP, 스포츠 영웅)에 대한 이상을 선택 "나는 커서 ~처럼 유명한 투수가 되겠다."
인기	• 선수·감독이 대중의 주목을 받거나 명성을 얻고 있는 정도 • MVP와 올스타전 선발로 선정된다는 것은 기자단 투표와 팬들의 인기투표에 의한 것

(4) 보수 부여

- 사회체계가 사회적 분화가 되고 서열화되어 사회적으로 평가가 부여되면, 평가된 지위에 대하여 차별적 보상이 결정
- 보수 형태: 물질적(금전적) 보상, 사회적 명예, 권력, 심리적 만족감

2. 터민(Tumin)의 스포츠 계층 특성 2004년 11번 / 2012년 25번 / 2014년 B 서술 2번

스포츠 계층 특성	설명
사회성	스포츠 계층은 태생적이지 않다. 특정 시대의 스포츠 계층은 그 시대의 사회 문화적 여건에 의해 사회적으로 구성된다.
역사성	스포츠 계층은 현재에 국한된 현상이 아니라 역사 발전 과정을 거치며, 변천해 온 것이다. 즉 시대적 부침에 의해 형성된다.
보편성	사회계층은 모든 곳에 편재되어 있다. 스포츠 계층 또한 어느 곳에서나 존재하는데, 현대 스포츠에서 계층화는 종목 간, 종목 내에서 쉽게 발견된다.
다양성	오늘날 전 세계적으로 카스트제도, 신분제도, 계급제도 등 다양한 계층 구조에 의해 계층의 성격이 주어진다. 스포츠 계층 역시 카스트제도, 신분제도, 계급제도 등 다양한 계층의 성격이 존재한다.
영향성	사회의 이면을 보면, 계층에 따라 생활기회, 생활양식이 다른 양상으로 전개된다. 그래서 계층은 스포츠 참여의 성향에 영향을 미친다.

(1) 사회성	① 일반사회와의 관련성 ② 계층은 생물학적으로 야기된 불평등의 의미가 아닌 사회적인 현상 여자 프로농구팀의 감독으로 선임된 남성은 성별·나이와 같은 생물학적 특성이 아니라 경력·능력·리더십을 이유로 팀의 감독 직책을 얻게 된다. 골프는 경제력이 없으면 참여하기 어려운 스포츠이지만 경제력이라는 하나의 잣대로만 참여 여부가 결정되는 것은 아니다. 경제력과 여타의 사회자본도 복합적으로 고려되어야 한다. 골프에서 파생된 스포츠문화 역시 골프라는 스포츠를 즐기는 사람들의 스포츠 계층을 정의하는 요소가 된다. 즉 다양한 사회문화적 요소의 복합적 고려 없이 스포츠 계층을 논하는 것은 불가하다. ③ 팀에서 요구하는 사회적 특성(경력, 훈련, 기능, 개성, 인격) 소유 유무로 승진 등의 계층 이동 스타선수가 은퇴 후 팀의 코치나 감독을 맡게 되는 것은 선수의 뛰어난 운동기술과 육체적인 경쟁에서 우월했기 때문만은 아니다. 스타선수가 되기 위해 그동안 그가 기울인 노력, 훈련방법, 스타선수로서의 노하우, 자기관리, 인격 등의 다양한 사회문화적 특성이 운동기술이나 육체적 경쟁과 어울려 코치나 감독 등 지도자의 직책을 맡게 한다. ④ 스포츠 내의 규범이나 관행에 의하여 보수 배분방법 결정

① 사회 계층화는 역사적 현상

> 고래성이란, 현대사회의 계층 현상이 단지 오늘날에 국한된 현상이 아니라 역사 발전 과정을 거쳐 변천해 온 것임을 뜻한다. 스포츠 계층은 한 사회의 역사와 맥락을 함께 한다. 스포츠의 경우 소수만이 특권적 지위를 누리며 참여하는 행태가 반복되기 때문이다. 대중스포츠 역시 오랜 기간 대중의 사랑을 받아오며 성장했다는 점에서 역사성을 내재하고 있으며, 시대의 변화에 따라 인기스포츠의 맥락이 변하기도 하고 새로운 스포츠 계층이 등장하기도 한다. 이와 같이 스포츠 계층은 스포츠의 역사나 시대 흐름에 따라 변하고 새롭게 구성된다.

② 모든 사람이 똑같은 규칙으로 공정하게 경쟁한다는 '자유'와 '평등'의 가치 아래 시작한 근대 스포츠이지만, 과거와 오늘날 스포츠의 계층화는 지속됨

(2) 고래성

> - 고대 그리스 올림피아드 제례경기는 자유인 남성(시민)으로 출전이 엄격히 제한되어 노예계급이나 여성은 출전할 수 없었다.
> - 근대 스포츠가 탄생한 영국에서는 스포츠를 독점하던 젠틀맨 귀족들이 스포츠를 직업으로 삼는 프로페셔널리즘이 등장하자, 아마추어리즘을 내세워 그들과 함께 경기하는 것을 거부하였다. 또한 1896년 제1회 근대 올림픽이 시작되었을 때 단 1명의 여성선수도 출전할 수 없었다.
> - 미국에서는 '짐 크로우' 법(1862년 제정, 공공장소에서 흑인과 백인의 분리와 차별을 규정한 법)의 제정 이후 단 한 명의 흑인선수도 메이저리그에서 뛰지 못했다. 1950년대가 되어서야 비로소 재키 로빈슨이란 최초의 흑인선수가 등장하였다.

③ 일반사회 불평등의 역사와 동일 맥락에서 참여와 관람의 불평등이 존재함

엘리트스포츠(상류계층)	폴로, 사냥, 테니스, 골프
대중스포츠(하류계층)	레슬링, 경주, 권투

④ 특정 시대의 사회문화적 배경에 스포츠 계층이 영향을 받음

> 고대 그리스시대와 로마시대 및 오늘날의 프로스포츠 선수들에게는 높은 지위와 사회적 위광이 부여되는 반면 고대 그리스시대와 로마시대 후기와 19세기 초반 운동선수들은 비교적 낮은 지위를 지니고 있었다. 우리나라의 경우에도 전통적인 유교사상에 입각하여 1970년대까지는 운동선수의 지위가 사회적으로 낮은 위치에 있었다. 그러나 국내에도 프로스포츠가 정착되고 선수들의 해외 진출이 잦아지면서 운동선수들의 지위는 지속적으로 높아지고 있다.

현대 스포츠 불평등 특징

- 특정사회에 따라 선수지위에 대한 인식 변화
- 사회계급과 밀접한 참여 기회와 상이한 계층이나 민족 간 스포츠경기 교류 금지
- 상류계급에 의해 시작된 스포츠가 대중화되면 해당 스포츠에 대하여 상류계층은 불참

① 스포츠 계층은 스포츠가 있는 사회 어디서든 존재함

> 오늘날 스포츠스타의 등장과 이들이 대중으로부터 받는 주목과 사랑은 상당한 보상으로 여겨지는데 이러한 양상은 모든 사회에서 유사한 방식으로 나타나는 스포츠 현상이다. 스포츠스타는 대중의 관심과 사랑으로 그 사회의 부와 명예를 갖게 되며 경우에 따라 계층 이동의 기회를 갖기도 한다.

② 계층이란 어느 사회에나 존재하는 보편적 사회현상으로, 세계 모든 곳에서 스포츠의 계층 불평등이 존재

> - 검도·유도 등의 무도는 엄정한 수련 기간을 필요로 한다. 따라서 중세 장인의 도제 시스템과 같이 도장 체계 내에서 수준의 향상에 따라 승단·급을 통해 마스터에 접근해 간다.
> - 복싱 경기는 중량급일수록 보다 화끈한 경기가 벌어지기 때문에 상품성이 높아 많은 대전료를 받는다. 이는 현대 자본주의에서의 성과주의 보상체계를 그대로 답습한 사례이다.

(3) 보편성 (편재성)

③ 종목 간·종목 내 현대 스포츠 계층화

> - 인기 종목이라 할 수 있는 축구, 농구, 야구, 배구와 같은 스포츠는 프로리그 역시 먼저 도입되어 상대적으로 안정적인 선수 수급구조와 고용 환경을 갖추고 있다. 반면, 육상, 체조, 럭비, 하키와 같은 비인기 종목의 경우 그렇지 못하다.
> - 팀 스포츠의 경우, 특정 포지션이 다른 포지션보다 기능적으로 중시되기 때문에 인기도 높고 보수도 많다. 야구에서의 투수, 축구에서의 공격수, 미식축구에서는 쿼터백이 대표적인 예다.

① 사회마다 다양한 계층이 존재함

> 계층이란 지배집단이 특정한 역사적·사회적 조건에서 구축한 불평등 구조이다.
> 따라서 인류의 역사는 여러 가지 형태의 계층이 존재했었고, 오늘날에도 사회마다
> 조금씩 다른 형태의 계층구조를 가질 수밖에 없다.

② 다양한 성격의 계층이 존재함

> 인류 역사상 등장했던 사회계층의 유형은 카스트제, 신분제, 계급 등으로 구분할
> 수 있다. 스포츠에도 상·중·하류 계층 등 다양한 유형의 계층이 존재하며 선수,
> 코치, 감독, 후보, 주장 등 여러 계층 체계로 분화된다. 스포츠 계층은 복잡다단한
> 계층적 구조를 그대로 차용하여 다양한 사람들의 여러 지위를 대변하는 다양성을
> 내재하고 있다. 이는 스포츠 내 단계나 등급으로 표현될 수 있고 성취나 보상으로
> 나타나기도 한다.

③ 다양한 계층 구조

(4) 다양성

폐쇄적 계층구조	1900년대 초까지 극심했던 미국 스포츠계의 인종차별을 들 수 있다. 흑인은 복싱을 제외한 스포츠 대부분에 참가할 수 없었고, 복싱에서조차 백인을 이길 경우 웃음을 보이지 않아야 하는 등의 규율을 강요받았다.
합의된 계층구조	프로구단의 구단주와 단장, 프런트, 감독, 코치, 선수는 계약에 의해 상호 의무와 권리를 분담한다.
개방적 계층구조	현대사회에서 대부분의 스포츠는 노력 여하에 따라 사회적인 상승이동이 가능하다. 이에 따라 많은 선수들이 사회적 성취를 위해 스포츠에 진출하고 성과에 따라 지위를 부여받는다. **스포츠 참가에 대한 계층 이동의 개방성 부여** 스포츠는 개인의 훈련·능력 정도에 따라 성공 여부가 결정되고, 사회적 상승이동이 가능하다. 이러한 점에서 현대사회의 계급에 입각한 실력본위의 사회제도로 평가된다.

① 스포츠의 계층화 현상은 삶의 기회(life chance)와 삶의 양식(life style)의 결과를 가져옴

> 계층은 신분의 위계가 경제적 자원의 차이뿐 아니라 생애 기회와 양식에도 영향을 미쳐 개인의 삶 전반을 좌우할 수 있다(Tumin, 1967). 스포츠를 매개로 형성된 스포츠 계층이 일상생활에 영향을 미치는 것이다. 스포츠 참여로 만들어진 계층적 지위나 새로운 계층으로 수평적, 수직적 이동을 포함한다. 계층적 지위에 따른 스포츠 참여 종목, 유형, 형태의 차이를 비롯하여 선호하는 스포츠의 차이까지 우리 삶 전반에 영향을 미친다.

생애기회	특정 개인이 기대할 수 있는 수명이나 삶의 본질과 관련된 것으로 자발적 의지보다 사회적으로 규정되는 경향 영아사망률, 육체질환, 정신질환, 결혼, 이혼 등에 관한 비율과 빈도 생애기회의 변화란, 사회적 배경이 비슷한 사람끼리 교류하게 되어 삶의 본질이 변화하는 것이다.
생활양식	개인의 기호에 따른 차이 개인의 취미, 조직 융화, 사교, 여가 향유 가능한 문화재화, 직업 등 생활양식의 변화란 취미, 사교적 행위, 여가, 문화품목 소비 변화를 의미한다.

② 스포츠에서는 계층에 따라 스포츠 참여의 성향이 달라질 수 있음

> • 계층에 따른 스포츠 참여 빈도 · 유형 · 종목 차이는 건강, 여가선용, 자기관리라는 측면에서 완전히 판이한 생애 기회를 부여한다.
> • 생활양식 역시 궁극적으로는 사회적 배경이 비슷한 사람끼리 교류함으로써 형성되기 때문에 계층의 영향성으로부터 벗어나기 어렵다.

③ 생활양식의 영향으로 스포츠에서 역할 선호의 차이가 발생

④ 사회계층에 따른 여가 활동의 차이가 존재

> • 상류계층은 테니스, 골프, 수영 등 개인이 스포츠에 직접 참여하는 것을 선호한다.
> • 하류계층은 축구, 야구, 복싱, 씨름 등의 단체스포츠 · 투기스포츠 등을 관람하거나 참여하는 것을 선호한다.

3. 경제적·사회문화적 차이에 따른 스포츠 참여

관람스포츠는 비용이 저렴할 뿐 아니라 TV를 통한 시청도 가능하다. 반면, 장비 구매나 시설 이용에 많은 비용이 드는 스포츠도 있다. 사람들은 자신의 취미활동을 기호에 따라 자율적으로 선택한다고 생각한다. 그러나 어떤 스포츠에 참여하는지는 그들이 속한 사회계층의 경제적·사회문화적 조건에 따라 그 선택권이 제한된다(계층의 존재구속적 성격). 필요한 스포츠에 대한 직접 참여는 시간적·경제적 여유가 보장될 때 가능하다.

(1) 스포츠 참가 유형의 차이	상류층은 중하류층보다 직접 참여를 선호 관람스포츠의 경우 비용이 저렴할 뿐 아니라 TV를 통한 시청도 가능하다. 반면, 장비 구매나 시설 이용에 많은 비용이 필요한 직접 참여 스포츠는 시간적·경제적 여유가 보장될 때 참여 가능하다.
(2) 스포츠 관람 유형의 차이	중상류층은 1차적 관람, 하류층은 TV시청 비율이 높음
(3) 스포츠 참가 종목의 차이	중하류층은 축구와 야구 같은 단체종목에 상류층은 테니스·골프·탁구·수영과 같은 개인종목에 참가함 **상류층이 개인종목에 참여하는 이유** • **고비용**: 고가의 장비, 회원권 거래, 회원제 • **스포츠사회화**: 특정 종목 강조하는 환경에서 성장 • **직업적 특성**: 일과 불규칙

4. **구성주의 관점**: 스포츠의 사회 구성성

계층은 생래적·태생적·본질적 차이가 아니라 보다 광범위하고 다양한 문화적 맥락 안에서 사회적으로 구성된다(Tumin, 1967). 어떤 것이 더 우월한 것인가에 대한 가치가 개입되면서 계층화가 시작되는데, 이러한 가치가 바로 사회적으로 구성된다.

(1) 스포츠체계의 종목 계층화

골프와 축구 중 대다수의 사람들은 골프를 더 그럴듯한 것으로 인식하는데, 그것은 골프나 축구라는 운동 자체의 본질적 특성 차이에서 기인하는 것이 아니다. 그보다는 우리가 가치 판단을 내릴 때 골프라는 스포츠가 한국사회에서 획득하게 된 사회문화적 의미를 고려하기 때문이다.

(2) 스포츠체계의 선수 간 계층화

팀 스포츠에서는 포지션별 희소성, 승부에 미치는 영향 등에 따라 선수의 가치가 다르게 평가되는 경향이 있다. 하지만 본래 팀 스포츠는 팀 성원이 모두 참여할 때 성립될 수 있다는 점에서, 각자의 역할은 차이가 있을 뿐 우열을 의미하는 것은 아니다. 그럼에도 스포츠가 제도화되면서 구단·리그 운영의 효율에 따라 고급포지션이 생겨나고, 선수 수급구조와 팬들의 요구에 의해 선수 간 계층화는 더욱 강화된다. 이런 경우, 선수의 계층화는 사회적으로 구성된 것으로 볼 수 있다.

04 스포츠와 사회 이동

스포츠는 계층 이동의 계기가 되어 참가자로 하여금 부와 명성을 거머쥘 수 있는 기회를 제공하기도 한다. 반면, 그 기회를 소수에게만 부여해 많은 참가자들을 좌절시키고 계층을 재생산한다는 비판을 받기도 한다.

1. 기든스(A. Giddens) 사회 이동의 유형 2008년 10번 / 2010년 23번 / 2023년 B 7번

(1) 이동 방향	① 수직 이동	• 상승 이동(계층지위 상승) 스포츠 팀의 후보선수에서 주전선수로 되거나 선수에서 코치나 감독으로 승진하는 경우 • 하향 이동(계층지위 하강)
	② 수평 이동	• 계층지위 변화 없이 단순한 자리바꿈 A팀의 주전선수로 있다가 비슷한 수준의 B팀에 A팀과 동일한 수준의 대우를 받고 이동하는 경우
(2) 시간적 거리·기간	① 세대 간 이동	• 가족 내 한 세대로부터 다음 세대로 이어지는 과정에서 발생 • 부모의 교육, 직업, 수입, 성취와 자녀 비교 운동선수가 자신의 부모보다 수입이 더 많고 직업 위광이나 교육수준이 더 높은 경우
	② 세대 내 이동	• 한 개인의 생애를 통하여 발생하는 사회적·경제적 지위의 변화 • 경력 이동(career mobility) 20세에 프로팀에 처음 입단했을 때 후보이던 선수가 45세에 코치나 감독이 된 경우

(3) 이동 주체	① 개인 이동	• 개인 능력과 노력에 입각하여 사회적 상승 실현 • 실력 본위 사회 이동 스포츠는 실력을 위주로 하여 발생하는 사회 이동 체계로서 개인의 운동수행 능력이나 노력의 정도에 따라 사회적 상승 이동의 기회 확대
	② 집단 이동	• 가장의 사회적 이동은 가족의 이동과 동일 • 1980년대 프로스포츠 : 운동선수의 전반적 지위 인식 향상 비교적 낮은 위치의 사회 계층적 지위에 속해 있는 것으로 생각되던 운동선수가 프로스포츠의 출범으로 인해 부와 명성을 축적하고 지위가 높게 평가되는 것
(4) 인간관계	① 경선 이동	• 타인과 경쟁을 통해 이루어지는 계층 이동 2군에 소속된 프로선수가 열심히 기술을 연마해서 1군으로 올라간 경우
	② 후원 이동	• 타인의 도움으로 인해 이루어지는 계층 이동 은퇴한 선수가 현역시절의 명성 및 후광을 활용해 좋은 직장을 구한 경우

2. 사회 이동 기제로서 스포츠의 역할

<table>
<tr>
<td rowspan="6">(1) 스포츠 참가에 의한
사회계층의 상승 이동 관점</td>
<td>① 조직적인 스포츠 참가</td>
</tr>
<tr>
<td>프로스포츠와 같은 전문 직종에 입문할 수 있는 신체적 기량이 발달된다. 따라서 기량이 뛰어난 선수는 고교 졸업 후 곧장 프로선수가 되어 일찍이 재산을 축적할 수 있는 가능성이 높아진다.</td>
</tr>
<tr>
<td>② 최소한의 학력 확보, 장학금 혜택 기회 증대
③ 조직적인 스포츠 참가를 통한 다양한 후원의 기회</td>
</tr>
<tr>
<td>프로선수는 기업체로부터 광고 출연을 제의받을 수도 있고, 명성을 통해 취업 및 사업 기회를 얻을 수 있다.</td>
</tr>
<tr>
<td>④ 스포츠 참여를 통한 일반 가치 및 행동양식 학습</td>
</tr>
<tr>
<td>리더십, 대인관계, 팀워크, 극기심, 경쟁심과 같은 가치들을 함양시켜주기 때문에 선수들은 은퇴 후에도 다른 분야에서 주어진 임무를 성공적으로 수행할 수 있게 된다.</td>
</tr>
<tr>
<td rowspan="4">(2) 사회 이동의 기제로서
스포츠의 역할 부정 관점</td>
<td>① 불평등한 사회현실을 은폐하기 위해 스포츠를 이용하는 것이라고 비판</td>
</tr>
<tr>
<td>고액의 소득을 올리는 스타플레이어의 성공 스토리나, 특정 대회에서의 우승으로 단번에 스타가 된 사례는 누구나 노력하면 성공할 수 있다는 '성공 이데올로기'를 대중에게 확신시킨다. 그러나 실제 사회에서 스타플레이어는 일부에 불과하고, 다수는 많지 않은 연봉을 받는 평범한 선수들로 이루어져 있다. 뿐만 아니라, 운동선수로 성공할 확률은 다른 직업에서 성공할 확률보다 오히려 낮다.</td>
</tr>
<tr>
<td>② 현실 은폐 전략으로 파악</td>
</tr>
<tr>
<td>지배집단은 노력을 통해 성공한 사람들을 전시한다. 따라서 현실 속 개인은 실패의 원인을 구조적 모순에서 찾기보다 자신의 탓으로 돌리게 되고, 지배집단은 기존 질서를 그대로 유지할 수 있게 된다.</td>
</tr>
</table>

권은성 ZOOM 전공체육

스포츠사회학

사회조직과 스포츠

01 스포츠와 사회집단

스포츠 집단의 이해

1. 스포츠 집단의 개념

	학자	특징	사례
(1) 집단의 정의	임번장	• 신체활동을 매개로 형성된 팀의 결속의식 • 스포츠 경쟁상황에서 성공(승리)에 대한 집착 • 주도하는 지도자의 강력한 지도력	엘리트 스포츠
	심택광	• 스포츠 활동을 매개한 자발적 형성 • 성원 간의 직접적인 접촉에 의한 동류의식(we-feeling)을 수반하는 놀이집단	생활체육 동호인
	캐론 (Carron)	• 효율적인 운동능력 수행을 위한 성원의 지속적인 상호작용, 목적의식의 공유, 구성원 간의 상호의존 및 응집력 생성	보편적 스포츠

스포츠 집단의 특성(Landers & Crum)

- 과업수행을 위한 집합 행동
- 집단 성원으로서의 동류의식
- 집단 존재의 당위성에 대한 외부의 인정
- 집단 성원에게 영향을 미치는 규칙, 규범, 가치에의 동조
- 사회적으로 연계된 역할 및 지위 체계
- 집단을 유지하고 발전시키기 위한 노력(응집력)
- 집단 성원 간의 일치된 동질감

🏆 집단의 공식성(규모, 운영 방법, 집단 내 구조, 조직의 지속성 차이)

(2) 집단의 유형

공식 집단	• 높은 수준의 조직 구성을 지닌 집단으로 조직의 공식적인 목표 추구와 스포츠의 조직적 관리와 운영을 위하여 조직의 목표나 임무가 비교적 명확한 관료적 성격을 지님	

> 전문 스포츠 팀, 스포츠 관련 경기단체, 행정조직 등

• 수직적 상하관계에 근거하여 운영

> 학교 스포츠 팀의 경우 외적으로는 교육부 · 시도 교육청 · 협회 등의 결정에 따라야 하며, 내적으로는 감독 · 코치 · 주장 · 운동선수 등의 위계에 의해 운영된다.

한시적 공식집단	선수선발위원회
영속적 공식집단	각종 프로스포츠 팀

• 존속기간/위계질서를 기준으로 분류(Randall)

존속 기간	지속 집단	조직 내의 상설위원회, 참모 집단 등 일정한 존속시한이 명시되어 있지 않은 공식적 집단
	잠정 집단	특정한 과제의 처리를 위해 시한부로 만든 집단
위계 질서	명령 집단	대한체육회, 국민체육진흥공단 등 상관과 부하 사이의 상명하복의 관계가 공식적으로 설정되어 있는 집단
	과업 집단	스포츠혁신위원회와 같이 특정한 과업의 수행을 위해 다양한 관심과 전문성을 지닌 사람들이 모인 집단

비공식 집단

• 스포츠를 매개로 집단 구성원 간의 자발적 참여와 정서적 유대에 기초하여 형성된 자생적 스포츠 집단
• 개인적 욕구 충족을 위해 자발적으로 구성하는 집단
• 참가와 참가 중단이 비교적 자유로운 임의적 성격
• 자발적 · 자체적인 의사결정과 운영
• 수평적인 인간관계

> 각종 스포츠 동호인 집단의 경우 자유로운 참가가 이루어지고 참가의 중단도 자유로운 임의적인 성격의 집단이다.

	비공식 집단		• 지위, 소속, 장소를 기준으로 한 비공식 집단
		수평적 집단	기수 모임, 동기 모임 등 조직 내의 지위가 대체로 같은 사람들이 모여 구성하는 집단
		수직적 집단	직장 내 스포츠 동아리 등 같은 계통의 직업에 종사하지만 계급은 서로 다른 사람들이 모여서 구성하는 집단
		혼합적 집단	지역 테니스 클럽, 배드민턴 클럽 등 직업, 지위, 소속 등이 서로 다른 사람들로 구성된 집단

🏆 쿨리(Cooley, 1902)의 집단에 대한 결합의지와 친밀성 2026년 B 5번

⑵ 집단의 유형	1차 집단 (원초적 집단, primary group)	• 친밀하고 대면적인 공동생활과 협동 • 개인이 자신의 정체성과 자아를 형성하는 데 큰 영향을 미치는 집단 스포츠 집단은 성격에 따라 1차 집단이 되기도 하고 2차 집단이 되기도 한다. 그러나 대부분의 스포츠 집단은 스포츠 활동을 매개로 공동생활과 협동이 이루어지고 개인의 정체성 형성에도 강한 영향을 미치는 경우가 많기 때문에 1차 집단의 성격을 나타내는 것이 일반적이다. 생활체육 동호인 집단의 경우, 개인마다 집단에 대한 참여 목적은 건강·취미·만남 등으로 다양할 수 있지만, 스포츠 활동을 통해 구성원 간 자연스럽고 친밀한 대인관계가 형성될 수 있다는 공통점이 존재한다. 또한 동호인들은 운동만 하는 2차적 관계를 넘어 개인의 사생활에서 도움을 주고받기도 한다.
	2차 집단	• 관료조직 • 부분적·몰인격적 인간관계 소속된 사람들이 서로 부분적 측면에만 주목하여 관계를 맺으며, 그 관계가 수단적·형식적이다. 돈벌이를 위해 모인 직장에서도 등산이나 운동모임을 통해 친밀감을 형성하기도 한다. 이처럼 1차와 2차의 양면적 성격을 띠고 있는 집단들은 흔히 '1.5차 집단'이라고 한다.

🏆 구성원의 접촉 방식에 따른 1차와 2차 집단(Luthans)

1차 집단 (원초적 집단)	• 대면적 접촉과 친밀함을 기반으로 결합되어 전인격적 관계가 주가 됨 • 직접적 대면접촉, 친밀감, 집단의 소규모, 관계의 지속성 등이 1차 집단의 형성 조건 • 도덕, 관습 등 비공식적 통제가 이루어지는 생활체육 동호인, 학교스포츠클럽, 공공스포츠클럽
2차 집단	• 집단 구성원 간의 간접적 접촉과 특정한 목적 달성을 위한 수단적인 만남을 바탕으로 인위적으로 결합 • 학교 운동부, 스포츠 관련 협회, 기관, 연맹

🏆 생애주기에 따른 단계별 스포츠 집단

학교 체육학습 집단	교육과정의 일부인 체육수업을 통해 형성되는 집단으로 한 명의 교사와 다수의 학생으로 이루어진 단순한 구조
학교 및 직장의 아마추어 스포츠 팀(생활체육동호인 집단)	구성원의 인화, 조직의 단합 및 활성화, 대외홍보를 위해 만들어진 스포츠 집단
프로스포츠 팀	스포츠를 생업의 수단으로 여기는 구성원과 스포츠를 통해 이윤을 창출하고자 하는 구단주에 의해 이루어진 집단으로 조직의 목적 달성을 위해 높은 수준의 조직체계를 갖춤

🏆 집단 과제(집단 과정과 조화성)에 따른 스포츠 집단

동시성 팀 스포츠	줄다리기
연속성 팀 스포츠	체조, 볼링
복합적 팀 스포츠(연속성+동시성)	단체 구기 종목

(2) 집단의 유형

🏆 Marvin(1971) 스포츠 집단 형성 원인 6가지

공통의 목표 (common goals)	• 집단은 공통의 목표를 공유하는 사람들이 모일 때 형성 • 사람들은 특정한 목표를 달성하기 위해 서로 협력할 필요성을 느끼고 집단을 형성
상호 의존성 (interdependence)	• 집단 구성원들은 서로의 행동에 영향을 미치고, 이러한 상호 의존성은 집단 형성을 촉진 • 구성원이 자신의 역할을 다하고 다른 구성원들의 역할을 지원함으로써 집단이 기능
사회적 상호작용 (social interaction)	• 사람들이 상호작용하는 과정에서 자연스럽게 집단이 형성 • 빈번한 상호작용은 사람들 간의 유대감을 강화하고, 집단을 형성하고 유지하는 데 중요한 역할
규범과 가치 (norms and values)	• 공통의 규범과 가치를 공유하는 사람들 사이에서 집단이 형성될 가능성이 큼 • 이러한 규범과 가치는 집단의 행동을 지배하고, 구성원들이 집단의 일원으로서 일체감을 느끼게 함
동질성 (homogeneity)	• 유사한 배경, 관심사 또는 특성을 가진 사람들끼리 집단이 형성 • 집단 내의 의사소통을 원활하게 하고, 구성원들 간의 유대감을 높임
외부 압력 (external pressure)	• 외부의 압력이나 위협으로 인해 사람들이 집단을 형성 • 외부의 위협으로부터 자신을 보호하거나 집단의 목표를 달성하기 위해 사람들이 뭉치게 됨

🏆 Marvin(1971) 집단 형성 원인 중 참여의 이유

욕구 충족	• 자발적 스포츠 집단에 참여하는 가장 핵심적인 이유 • 건강욕구, 안전욕구, 애정적 욕구, 긍지욕구 등의 형태로 나타남
개인 간의 인력 또는 매력	• 개인 간의 인력을 형성하는 요인 • 장소적 근접성, 교호작용, 매력적인 외모, 참여자 간 유사성 등이 인력형성의 요인이 됨
집단의 활동	집단의 활동 자체가 그 집단의 매력을 결정하게 되는 주요 원인 테니스를 별로 즐기지 않는 사람도 테니스 동호인끼리의 여러 가지 사교적 활동이 마음에 들어 테니스 동호회에 가담
집단의 목표	동일 스포츠 종목의 스포츠 동호회라 하더라도 스트레스 해소의 목표가 될 수도, 경쟁과 승리를 목표로 할 수도 있음
집단구성원으로서의 자격	특정한 집단에 참여함으로써 귀속감을 느끼고 사회적으로 지지를 얻으려는 욕구
집단참여의 수단적 가치	집단의 목표가 아닌 집단 밖의 다른 목표

2. 스포츠 집단의 발달 이론 2007년 13번 / 2011년 21번 / 2015년 A 기입 3번 / 2021년 B 8번 / 2025년 B 7번

(I) 선형모형 — 터크만(Tuckman)

① 집단의 발달은 진보적 변화에 따라 직선적으로 이루어짐
② 집단 변화의 각 단계에서 문제가 제시되고 해결됨으로 지속적으로 집단이 발달됨

단계	특징
형성	조직의 취지가 정해지고 이에 공감하는 구성원이 결집하는 단계이다. 이 단계에서 공식적 · 비공식적으로 리더가 결정되고 감독 · 코치 등의 지도자가 등장하기도 한다. 구성원을 통제하는 집단의 규칙과 내규가 형성되면서 조직원 간의 역할 분담이 이루어지게 된다.
격동	구성원 간의 의견이 상충되기 시작하면서 긴장과 갈등이 발생하는 단계이다. 집단의 목표와 역할 분담에 대한 이견, 집단 효율성에 대한 의문 등이 표출될 수도 있다. 이 경우 구성원 간 대인관계의 변화가 일어나고 과제 자체에 대한 근본적인 의문이 제기되기도 한다. 그러나 긍정적으로 표현하면 집단 내의 다양한 의견이 제시되고 반영되는 단계이다.
규범화	집단의 새로운 사회관계를 확립하고 생산성을 극대화하기 위해 구성원들의 역할과 집단 규범이 정상화되기 시작하는 단계이다. 내부 갈등이 해결되며, 이해관계가 정리된다. 또한 집단의 응집력과 결속력이 강화되면서 선수 개인의 과제지향적 역할과 함께 사회적 · 정서적 역할도 결정된다.
수행	집단이 안정기에 접어든 상태를 말한다. 집단 내 대인관계가 안정되고 집단의 구조가 확실해진다. 효율성이 강조되면서 높은 수준의 과제 수행을 지향하는 단계이다.
해체	집단 구성원의 의무가 종식되고 성원 간의 의존관계가 감소하며, 과제가 성취되어 집단목표가 달성된다. 이에 따라 집단 구조가 붕괴되는 단계이다.

(2) 진자모형 －슈츠 (Schutz)	① 대인관계 변화에 따른 단계 구분 ② 집단 내 긴장·갈등·불만족 발생으로 응집력 변화 ③ 주요 요소 • 성원으로의 포섭 • 집단의 위계질서를 위한 통제 • 성원 간 정서적 유대 수준에서 관계성이 불규칙
(3) 주기모형	① 집단 발달에 있어 성원은 심리적으로 집단 해체 또는 휴식기 준비를 전제함 ② 성원 간 친밀감, 의존성, 친화력 등이 향상되지만 집단의 존재가치가 상실되면서 집단의 해체나 휴식이 주요 관심사로 대두됨 학교 대표 팀은 대략 20게임을 마쳤을 때, 성인 아마추어스포츠 팀과 프로스포츠 팀은 시즌이 종료됐을 때, 팀 해체나 휴식의 문제가 제기된다. 이후 다음 경기시즌이 재개되면서 또 다른 형태의 주기적 발달을 경험하게 된다.

단계	특징
입회	개인의 집단 가입 가능성 탐색
권력·통제	집단 내 관계 규정·공식화·평가
친밀감	대인 관계 심화와 공유의식 강화
차별화	응집력 향상과 개별화 강화(=분화)
종료·해체	추억·평가·회상

3. 스포츠 집단의 경쟁과 협동

(1) 경쟁과 협동 본질	① 협동적 사회상황	• 비영합 가설 조건 • 보상의 균등 분배 • 개인적 이익이 집단 구성원 이익에 기여 • 팀 보너스
	② 경쟁적 사회상황	• 영합 가설 • 상대적 기여에 기초하여 보상의 불균등 분배
(2) 경쟁과 협동의 행동적 결과	① 사회적 범주화	• 내·외집단 차별화, 집단 간 경쟁 진작, 행동 정형화
	② 평가편견	• 외집단에 대한 배타적 행동, 능력 수준 왜곡 경향
	③ 외집단에 대한 거부감	• 외집단과의 경쟁에서 내집단의 대인호감 증가
	④ 집단응집성	• 팀 성공은 응집성 강화, 팀 실패는 응집성 약화로 귀결
	⑤ 리더십 유형	• 민주적·강압적 리더십 발생

02 스포츠 집단 환경

1. 스포츠 집단의 과제

(1) 과제 특성 **(Hackman)**	① 기능 다양성	집단 구성원 각자가 집단 과제를 효율적으로 수행하기 위하여 동원하는 다양한 활동 재능, 기능 등이 요구되는 정도 **수영** | 개인 혼영 > 자유형 **미식축구** | 라인맨(패스 플레이＋러닝 플레이) > 공격 라인맨
	② 과제 정체성	집단 구성원 개인이 시종일관 총체적이고 일관된 과제 수행에 참여할 기회를 갖는 정도 **팀 스포츠 < 개인 스포츠** 육상 경기의 릴레이 < 단거리 경기
	③ 과제 중요성	집단 구성원 개인이 자신의 활동에 대하여 느끼는 중요성 정도 육상, 수영 계주경기는 낮은 기능 다양성과 과제 정체성, 높은 과제 중요성 지님
	④ 자율성	집단 구성원 각 개인이 규칙 및 규정의 통제 없이 독립적이고 자유롭게 활동할 수 있는 정도
	⑤ 피드백	과제 수행을 통하여 성원 개인에게 제공되는 과제 수행 효율성에 관한 직접적이고 실증적인 정보로 활동 그 자체에 대한 수행

(2) 과제 유형

① 캐론(Carron, 1979) : 선수와 과제 간 상호의존에 따른 스포츠 활동 유형

과제 유형	종목 사례
독립 스포츠	볼링, 양궁, 사격
공동작업적 의존 스포츠	조정
반동 · 전향적 의존 스포츠	야구의 투수 · 포수, 배구의 세터 · 스파이커 등
상호작용적 의존 스포츠	단체 구기경기

② 스타이너(Steiner, 1972) : 스포츠 집단 과제의 유형

과제	특징	사례
가산과제	개인의 경기 결과가 팀 성적으로 종합 산출	체조, 육상
보상과제	개인 경기 성적 평균으로 성적 산출	다이빙, 피겨스케이팅
개인해결 분리과제	과제 수행 과정에서 반드시 해결해야 할 문제 내포(성원의 의견 집약)	각자 타율
집단해결 분리과제	집단에서 제기된 문제를 집단에서 해결	선수선발위원회, 강화위원회
단일결합 과제	개인의 역할 조화가 불가능한 과제로 가장 부진한 성원의 성적으로 평가	등반
분할가능 결합과제	모든 성원의 총체적 노력으로 성공과 분할 가능	전형적 스포츠

2. 스포츠 집단의 규모

<table>
<tr><td rowspan="8">(1) 규모와
과제 유형</td><td colspan="2">① 스타이너(Steiner, 1972): 실제적 생산성 = 잠재적 생산성 – 집단 과정 손실
② 집단의 규모와 잠재적 효율성의 정체현상 발생</td></tr>
<tr><td colspan="2">🏆 스타이너(Steiner)의 집단과제가 스포츠 집단 규모에 미치는 영향</td></tr>
</table>

가산과제	집단 규모 증가 → 효율성 증가
보상과제	규모와 효율 비례 체조경기의 배심원 집단
개인해결분리과제	반드시 비례하지 않음 개인 타율 증가가 팀 승리로 연결되지 않음
집단해결분리과제	긍정적 선수 선발 시, 코치와 감독 수가 많을수록 효과적
단일결합과제	집단 규모 증가 → 효율성 감소
분리가능결합과제	역할 수행과 정적 상관

(2) 규모와 과제 수행	① 링겔만(Ringelman)	• 집단 규모가 증가하면 집단 효율성 감소 → 사회적 태만 현상 • 집단 규모 증대로 개인의 상대적 생산성 감소 (구성원 결집 약화, 개인 동기유발의 촉진 부진)
	② 프랭크와 앤더슨 (Frank & Anderson)	• 집단 최대 목표와 분리과제 수행: 집단 규모 증대 → 수행 효과 증대 야구 타율 • 최대 목표와 결합과제 수행: 부적상관 등반

3. 스포츠 집단의 활동 영역

(1) 기능	① 사기 진작과 성원의 만족감 충족 ② 통제권 행사로 애착과 소속감 부여 ③ 집단에 대한 심리적 접근 가속화 ④ 심리적 지위격상

(2) 알트만(Altman,1975) : 통제 수준에 따른 집단 활동 영역

활동 영역 유형	집단 통제 수준	집단 통제 기간	스포츠
일차적	• 강력한 통제 • 타 집단 접근 제한	장기, 영구적	프로팀 탈의실과 경기장
이차적	• 적정수준 통제 유지 • 관습적 소유	단기, 일시적	공유 연습장, 공유탈의실, 공유 경기장
공공	• 약한 통제 • 사용 시에만 통제권 행사	최소한의 기간	공공 경기장, 공립 대학체육관

03 스포츠 집단 및 조직의 구성요소

<table>
<tr><td rowspan="8">1. 구조</td><td>(1) 위치</td><td colspan="2">① 지배성이 큰 위치를 점유할수록 집단에 대한 영향력 신장
② 집단 내 특정 위치는 상호작용 정도와 구심성에 따라 범주화
③ 위치의 공간적 구심성이 높을수록 의존, 조정, 상호작용 정도 증가
④ 위치의 구심성은 팀의 주장이나 지도자 선정 예측의 준거</td></tr>
<tr><td rowspan="7">(2) 지위</td><td colspan="2">① 사회적 지위란 개인이 한 사회에서 차지하는 영역</td></tr>
<tr><td>귀속지위</td><td>성별, 인종, 종족 등과 같이 자신의 선택과 관계없는 지위로서 태어날 때부터 개인에게 부여된 지위</td></tr>
<tr><td>성취지위</td><td>성취지위는 태어날 때부터 부여된 지위가 아닌 개인이 선택하고 조절할 수 있는 지위로서 스포츠 집단에서 노력하여 부여받게 되는 개인의 지위는 모두 성취지위에 해당됨</td></tr>
<tr><td colspan="2">② 개인적 지위의 특성</td></tr>
<tr><td>특정지위 특성</td><td>개인이 집단에 기여하는 기능, 능력, 전문성</td></tr>
<tr><td>확산지위 특성</td><td>과업 수행 능력에 관한 기대·신념·지각 발달에 기여하는 특성</td></tr>
<tr><td colspan="2">③ 지위와 밀접한 상황 요소

공간적 위치, 상징(팀의 유니폼·휘장·우승기)

④ 사회적 가치를 수반하고 계급적 성향(지위 조직화 과정)을 내포</td></tr>
<tr><td rowspan="5">2. 역할</td><td rowspan="5">(1) 의미</td><td colspan="2">① 집단 내 상이한 위치를 차지한 구성원에게 요구되는 기대와 행동</td></tr>
<tr><td colspan="2">스포츠선수는 일반대중, 팀 동료, 팬, 코치, 대중매체로부터 역할기대를 받는다. 즉, 사회적 규범에 합당하도록 충실한 훈련, 최상의 컨디션 유지, 좋은 경기 내용 등을 요구받는다.</td></tr>
<tr><td colspan="2">② 개인 역할의 명료화는 집단 효율성 증가에 기여</td></tr>
<tr><td>역할 명료(role clarity)</td><td>책임 이해</td></tr>
<tr><td>역할 수용(role acceptance)</td><td>책임에 대한 만족감</td></tr>
<tr><td>역할 수행(role performance)</td><td>실행</td></tr>
</table>

③ 역할군(role set)

> 역할군이란 개인에게 부과되는 지위와 역할 수행이 중복되는 상태이다. 예를 들면 프로선수는 팀에서 선수이기도 하지만 가정에서는 아버지나 어머니, 남편과 아내, 아들과 딸 등으로 동시에 여러 지위를 차지한다. 또한 분위기메이커이자 주전선수로 공식적 역할과 비공식적 역할이 교차하기도 한다.

> 개인에게 주어진 다양한 역할을 동시에 수행하기 어려운 상황에서는 기대되는 양립 불가능한 가치를 지향함으로써 압력·긴장을 느끼는 상태인 역할 긴장(role strain), 둘 이상의 지위에 따른 역할이 상충할 경우 발생하는 역할 갈등(role conflict) 등을 느끼게 된다.

2. 역할

(1) 의미

(2) 역할 분화

① 역할 범주

공식적 역할	집단이나 조직에 의해 공식적으로 수립된 역할 축구나 야구와 같은 구기 종목의 경우 포지션별로 담당코치와 비디오 분석관, 기술 분석관, 체력훈련 담당 트레이너 등이 있다. 이렇듯 현대스포츠에서는 기술의 발달과 다원화된 사회적 욕구에 따라 공식적 역할의 세분화가 이루어지고 있다.
비공식적 역할	팀 구성원 간의 상호작용 결과로 지정되는 역할 팀 내의 위계 관계를 담당하고 있는 군기담당, 오락담당, 분위기메이커, 사회적 지도자 등은 상호작용 결과에 의해 결정되며 각자의 역할을 수행함으로써 화합과 단결을 조성한다.

② 역할 행동 유형

과제 전문가	• 집단목표 성취 초점 • 집단 성공의 도구적·수단적 역할 • 과제 수행 과정에서 긴장과 스트레스 생성 • 탁월성 중요
사회적·정서적 전문가	• 집단의 조화와 통합 관심 • 성원의 긴장과 스트레스를 해소시켜 집단 일체감을 진작 • 경력수준 중요

	(1) 특징	① 지위에 따라 허용될 수 있는 행동 기준으로 제재와 구속력을 수반 ② 기술성, 평가성, 비공식성, 비강제성, 신축성, 내면성, 안정성 등의 특성 보유

🏆 **모트(Mott, 1965) : 스포츠 집단 규범의 유형** 2025년 B 7번

규정 규범	• 집단 구성원에게 적절하다고 여겨지는 행동 유형만을 구체적으로 제시 • 생산성 증대 목적 • 스포츠에 심취할 수 있는 기회 제공 예 훈련시간 정하여 준수하도록 하는 것
금지 규범	• 적절치 못하다고 여겨지는 행동 유형 • 공정한 경쟁 보장과 불공정한 경쟁 예방 • 팀 구성원 간 위계질서 유지 예 약물복용, 승부조작
허용 규범	• 특정 행동을 요구하지 않지만 이미 실천된 행동 허용 • 이기적 이익 원리 기초 • 바람직하지 않은 행동의 잠정적 허용 • 심판 스트라이크 존 설정, 농구·축구 경기 어드밴티지 룰 적용 예 팀 버스가 아닌 개인 자가용을 이용하여 연습장에 가는 것
선호 규범	• 공식적으로 용인되지 않으나 집단 구성원이 바람직하다고 평가 • 반칙을 통한 승리 선호 • 요구되지 않으나 바람직한 행동 유형 예 자율적으로 개인 보충훈련을 하는 것, 결의를 다지기 위해 삭발하는 것

위 표의 행 구분은 **3. 규범** 의 **(2) 유형** 에 속한다.

04 스포츠 집단과 응집성

1. 응집성의 본질 2000년 3번 / 2013년 26번 / 2025년 B 8번

(1) 정의	① Hagstom(1965)	사회적 만족 차원	집단에 대한 만족감과 집단이 개인 행동에 미치는 영향
		사회적 응집성	구성원 간 개인적 유대
	② Zander(1968)	• 집단의 매력 강조와 구성원 사기 • 성원 간 노력·협동 수반	
	③ Carron(1982)	• 역동적 과정(결속, 집단의 경향성 강조)으로 개인적 사회관계와 집단과제 강조 • 다차원적 구조 사회 응집성 차원, 과제 응집성 차원으로 분류	

(2) 측정

🏆 마튼스(Martens)의 스포츠 응집성 질문지(3차원) – SCQ

개인 대 개인의 관계	대인 간 매력, 개인적 영향력
개인 대 집단의 관계	구성원으로서 가치, 즐거움, 소속감
집단 전체	팀워크, 친밀감

🏆 그루버(Graber, 1982)의 팀 응집성 질문지 – TCQ

과제 응집성 측면	• 팀 응집성에 대한 만족도 • 자신의 경기력에 대한 만족도 • 과제 만족도
사회 응집성 측면	• 소속감 • 인정을 받고자 하는 욕구 • 구성원에 대한 자부심

🏆 잭슨(Jackson, 1984)의 스포츠 응집성 검사지 – SCI

집단매력 차원	팀워크, 역할 양립, 친밀
목표 · 일치 차원	즐거움, 수용도, 만족감
팀워크의 질 차원	준비도, 헌신도
역할가치 차원	동료 인정, 소속감

(2) 측정

🏆 캐론(Carron, 1985)의 집단 응집성의 개념적 모형, 집단 환경 질문지 – GEQ

집단 응집성	집단 통합	과제 차원
		사회적 차원
	개인의 집단에 대한 매력	과제 차원
		사회적 차원

2. 스포츠 집단 응집성의 구성 요인

(1) 캐론 (Carron, 1985)의 응집성 구성 요인	① 상황적 요인	조직의 지향성	• 조직의 목표, 목표를 달성하기 위한 책략 • 구성원의 성 · 연령 · 성숙 정도에 따라 변화 • 리틀 야구와 프로야구
		지리적 요인	• 신체적 · 기능적 근접성이 응집성에 영향 • 운동수행 위치와 락커 위치가 근접할수록 접촉 증가
		집단 크기 규모	• 작으면 과제 응집력이 커지나 자원이 작아 비효율적 • 적정 규모에 따른 응집성
	② 개인적 요인		• 개인의 성격 • 사회경제적 배경 • 인구통계학적 배경 • 개인의 만족
	③ 팀 요인		• 팀 성공 여부 • 과제의 특성 • 집단 안정성

(2) 마빈 (Marvin) 의 응집성 영향 요인	① 활동의 배합		임무수행 활동과 집단형성 활동이 활발하고 집단 구성원의 만족만을 추구하는 활동을 최소화할 때 응집성은 커지게 된다.
	② 지위와 신망		집단이 주변의 다른 집단에 비해 높은 지위를 누리며 누구나 집단에 속하기를 바라는 경우 그러한 집단의 응집성은 강해진다.
	③ 규모		집단의 규모도 응집성을 결정하는 데 영향을 미친다. 대규모 집단보다 집단의 규모가 작은 경우 응집성이 높아지는 경우가 있다.
	④ 동질성· 이질성		집단의 동질성은 원칙적으로 응집성에 긍정적인 영향을 미친다. 하지만 예외적으로 이질성이 응집성을 높이는 경우도 있기 때문에 이를 잘 구분해야 한다.
	⑤ 의사전달		집단 내에서 의사전달이 원활하면 응집성이 높아지며, 역으로 응집성이 높아지면 의사전달이 촉진된다.
	⑥ 업무 및 훈련		업무 및 훈련이 구성원들의 상호의존적인 노력을 요구하게 되면 응집성을 강화할 수 있다.
	⑦ 대외관계		다른 집단들로부터 압력을 받거나 고립되어 있을 때, 그리고 위기의 순간이 닥쳤을 때 집단의 응집성이 강화되는 경향이 있다.
	⑧ 승·패의 경험		집단 구성원이 협력을 통해 목표 성취에 성공하면 집단의 응집성이 강해지고 그 반대의 경우 응집성이 약화되는 경향이 있다.
	⑨ 규범 순응도		집단 규범에 대한 순응도가 높을수록 응집성은 강화되고, 역으로 응집성이 강화되면 집단 규범에 대한 순응도가 높아진다.
	⑩ 구성원 간의 신뢰		구성원들이 서로 믿고 의지할 때, 그리고 상호 간의 능력을 신뢰하고 존중할 때 응집성이 강화된다.
	⑪ 자율성		집단 구성원의 일정한 자유를 보장하면 응집성 강화에 긍정적인 영향을 미칠 수 있다. 하지만 지나친 자율성은 오히려 역효과를 초래하기도 한다.

02 스포츠와 사회조직

01 스포츠 조직의 개념

1. 스포츠 조직(organism, 유기체)의 의미

(1) 조직의 의미	① 구성된 자격의 한정과 역할의 내적 분화 ② 공식적으로 설립된 사회적 집합으로 '조직화'의 의미 내포 **공식적 조직**: 특정 목적의 효율적 달성을 위한 의도성 **비공식적 조직**: 인간관계에 기초하여 자연 발생적으로 형성
(2) 스포츠 조직의 의미	① 스포츠 활동 속 상호작용이 구조화된 과정 ② 스포츠 활동을 매개로 이루어지는 조직체, 자발적 결사체의 성격 스포츠 팀은 승리라는 공동 목표를 달성하기 위해 지도자와 선수가 상호작용하는 동시에 각자가 역할에 따른 책임을 수행하기 위하여 과제를 수행할 것이 요구되는데, 그 결과에 따라 **스포츠 조직의 효율성이 결정된다.**

2. 스포츠 조직의 구조적 특성 2019년 B 2번

(1) 관료주의적 권위구조	① 각 지위는 조직 성원에게 요구되는 일련의 규칙과 규정으로 전문화 요구 ② 지위 간 비인격적 관계와 규칙의 비인간적 적용 🏆 관료주의적 성격 **수직적 명령체계**: 위계 서열 간의 명령체계를 확실히 하기 위하여 노동 분화 **비인격적 관계**: 규정에 따른 합리적인 사무 처리 **임무의 일반화**: 특정인을 상시로 교체할 수 있는 임무체계 **관료제(bureaucracy)** 관료제란 '분업', '권위에 입각한 위계질서', '직위에 따른 행동을 규정한 규약과 절차', '인간관계의 몰인격성', '기술적 전문성', '관료적 경력의 중요시(이력)'를 특징으로 하는 관료조직에 의한 지배체제를 의미한다. 현대 관료제는 인간 합리성의 소산으로 효율적인 조직형태라는 것과 막강한 권력으로 민중을 착취한다는 것의 두 가지 평가를 받는다.

(2) 기록성과 통계	① 사회 과정(조직효율성과 사회 이동) 측정 ② 조직의 연대기적 성격 분석 스포츠 조직은 일반 사회조직과 달리 개인선수, 팀, 승률, 급여 등의 광범위한 기록과 통계를 지니고 있다. 이렇게 기록과 통계를 중시하는 이유는 두 가지로 요약된다. 첫째, 조직의 효율성 및 우수성을 측정하는 데 정확한 자료가 되기 때문이다. 예를 들어 프로팀은 팀의 승률이나 관중 동원 등과 관련된 다양한 자료를 축적하고 있는데, 이를 통해 매년 팀의 성공 여부를 측정하여 그 결과를 평가할 수 있다. 둘째, 기록과 통계가 축적되면 자신뿐만 아니라 유사한 조직과 비교를 할 수 있다. 즉, 한 팀의 기록이 다른 팀의 기록과 함께 몇 년간 축적되면 이를 통해 조직의 특성 및 변화 추이를 알 수 있다.
(3) 구조적 안정성	① 비교적 높은 구조적 안정성 보유 ② 구조적 안정성의 예외 : 야구의 지명타자제도 다른 분야의 조직은 목표 달성을 위해 조직의 구조를 수시로 변화시키지만, 스포츠 조직은 상대적으로 매우 안정된 구조를 지니고 있다. 예를 들어 프로팀은 구단주를 정점으로 사장, 단장, 감독, 코치, 선배 선수, 후배 선수라는 일반적인 역할체계를 지니고 있는데 이러한 체계는 프로스포츠 초창기부터 형성되어 거의 변화 없이 지금까지 이어져 오고 있다.

3. 스포츠와 조직문화

(1) 조직문화의 개념과 특징	**① 가시적 문화** 표면적 수준에서 유니폼, 물질적 상징, 마스코트, 사무실 및 라커룸 배열 등 관찰할 수 있는 것이다. **② 비가시적 문화** 신념, 가치, 규범, 전제 등 눈으로 볼 수 없는 것이지만 행동에 의해 정당화되는 명시된 가치와 믿음이 해당된다.
(2) 조직문화의 구성요소 (Peters & Waterman)	**① 공유가치** 7S 중에서 가장 중요한 요소로서 구성원들이 공통적으로 소유하는 가치관과 이념, 전통가치와 조직의 기본적인 목적 등을 포함 **② 전략** 조직의 중장기적인 목적과 계획, 그리고 이를 달성하기 위한 배분 패턴을 포괄하는 개념 **③ 구조** 조직에서 전략을 수립할 때 기본이 되는 틀 **④ 관리시스템** 조직체 관리의 의사결정과 일상 운영의 틀 **⑤ 구성원** 인력구성뿐만 아니라 구성원의 능력과 전문성, 가치관과 신념, 욕구와 동기, 지각과 태도, 행동 패턴을 포함하는 개념 **⑥ 기술** 각종 기계, 장치, 컴퓨터 등 하드웨어는 물론 이를 사용하는 소프트웨어 기술을 포함 **⑦ 리더십 스타일** 전반적인 조직관리 스타일로서 구성원의 행동을 조정할 뿐만 아니라 구성원 간의 상호관계, 그리고 조직분위기에 직접적인 영향을 미침

(3) 조직문화의 네 가지 기능 (Smirich & Morgan)	① 정체성 제공 공유하는 특정한 동질성이 정체성을 제공한다. 즉 조직 구성원들을 통합해 조직생활에 목적과 의미를 부여하는 역할을 담당한다. ② 집단적 몰입 행동의 유형 및 지향점을 암시하고 구성원들의 행동을 정당화하여 성원의 몰입도를 증진한다. ③ 조직 체계의 안정성 조직 내부에서는 문화적 동질성을 강화하기 위하여 규범과 통제를 증가시키며 이를 위반 시 제재를 가한다. 또한 성원은 조직의 규범과 통제에 일종의 감정적 애착을 느끼게 된다. ④ 행동 형성 해야 할 행동과 해서는 안 될 행동의 기준을 제공하는 구성원들의 학습 도구로서의 기능을 담당한다.
(4) 스포츠 조직 자체의 특징 (Slack & Parent)	① 이야기 및 신화(stories/myths) 팀의 창단 및 전성기에 대한 이야기와 신화가 존재하며 이야기와 신화는 구성원들에게 무엇을 하고, 무엇을 하지 말아야 하는지에 대한 기준을 제시한다. ② 상징(symbols) 팀 로고와 마스코트가 대표적이며, 독특한 관중 응원 문화, 치어 리딩 문화 등이 있다. ③ 조직의 구호(slogan) 대상 집단을 향한 단일화된 메시지를 전달하여 조직에 대한 이미지 형성에 영향을 준다. ④ 행사 및 의식(event/ritual)

4. 스포츠 조직 갈등과 협상

(1) 스포츠 조직 갈등의 정의	목표 상충 시 발생 팀 스포츠에서 감독은 팀 승리를 위해 개인이 희생하기를 바라지만 선수는 자신의 경력을 쌓기 위해 감독이 의도한 바와는 다른 행동을 한다.

(2) 스포츠 조직 갈등의 기능	① 전통적 견해 조직 내 역기능을 불러와 조직효과성에 부정적 영향을 미친다. ② 행태적 견해 갈등은 조직 내 당연하게 나타나는 현상이다. ③ 상호작용적 견해 행태적 견해가 갈등을 수용하는 데에서 나아가 갈등을 권장한다. 갈등은 새로운 아이디어 촉진, 집단의 응집성 함양, 요구불만 해소를 제공하기도 한다. 따라서 갈등의 해로운 점은 최소화하고 유익한 점은 최대한 신장시켜야 한다.

(3) 스포츠 조직 갈등의 유형

① 계층 갈등

수직적 갈등	스포츠 조직에서 상호 간 상하 관계를 맺고 있는 서로 다른 계층에서 일어나는 갈등으로 코치진과 선수들 간, 대한체육회와 시도 체육회 간, 대학의 체육부와 운동부 감독 간의 갈등이 예이다. 이는 적절한 리더십과 조직 공동목표를 강조함으로써 갈등을 해결할 수 있다.
수평적 갈등	동일 스포츠 조직 내에서 비슷한 위계, 혹은 같은 계층에 있는 성원 간 발생하는 갈등으로 동일한 리그에 소속된 두 프로팀의 예산 분배, 선수 드래프트, 종목별 협의회 간 갈등이 예이다.

② 주체에 따른 갈등

집단 내	조직 내부의 부서나 팀 간 의사결정 및 업무 진행과 관련하여 갈등이 생기는 경우가 발생된다.
집단 간	두 개 이상의 다른 부서 간의 갈등으로 대한체육회 출범 이후 대한체육회와 국민생활체육회 간에 갈등이 발생한 경우이다.
조직 간의 갈등	상급기관과의 갈등으로 프로 구단, 종목별 협회, 체육회 간, 구단과 스폰서, 구단과 지역주민이나 팬 간의 갈등이 발생된다.
세대 간의 갈등	신구 세대 간의 갈등 양상이 나타난다.

(4) 스포츠 조직 갈등의 관리 방안

① 갈등의 예방전략
② 갈등의 해소를 위한 세 가지 기본 전략(Ruble & Tomas)

원인이 조직구조나 의사소통 과정에 있다면 기술적 개입을, 원인이 조직의 정책이나 절차에 있을 경우에는 행정적 개입을, 원인이 인간관계에 있을 경우에는 사회적 개입을 한다.
원인의 진단과 개입 방식의 적절성에 대한 평가 과정들을 환류시킨다.

02 스포츠 조직의 유형과 수준 2015년 B 서술 3번 / 2019년 B 2번

1. 조직의 유형

🏆 블라우와 스콧(Blow & Scott)의 주 수혜자에 따른 조직의 유형

조직 유형	조직의 특징	주 수혜자	스포츠 조직의 예
호혜조직	자발적 조직, 구성원 간의 동등한 이익 실현	구성원 (공평한 혜택)	스포츠 동호인 집단, 자생 스포츠 집단, 클럽
사업조직	이익 실현	소유주 (경영자)	사설 스포츠 센터, 프로 스포츠 팀
봉사조직	조직이용자의 이익 추구, 선교 및 복지사회 실현	이용자	종목별 연맹, YMCA, 사회체육센터, 공공단체
공익조직	국민 복지 실현	대중 (불특정 일반 대중)	문화체육관광부, 국민체육진흥공단, 대한체육회

🏆 브룸과 셀즈닉(Broom & Selznick)의 조직 복잡성에 따른 조직 수준

조직의 수준	특성	예
개인적 수준	두 사람 간 상호관계	선수-코치, 팬-선수, 감독-구단주
집단적 수준	집단 간 상호관계	노조-경영진, 구단-KBO
사회적 수준	추상적 의미의 사회적 관계	용품제조자, 아마와 프로 통괄 기구, 스포츠 연맹

🏆 케플러(Caplow, 1964)의 스포츠 조직의 성원규모에 따른 사회조직 수준 분류

조직 수준	설명	사례
기본적 수준	• 구성원 간 모두 직접적인 일대일 대면이 가능한 규모 • 명백한 위계적 질서와 공식적 대표가 존재하지 않음	어린이 야구 팀, 자생적 동호인 팀
전문적 수준	• 구성원 간 잘 알고 있으나, 동시 대면이 어려운 정도의 규모 • 행정적 지휘 능력에서 수행할 권위를 특정인에게 부여	직장 체육 동호인 팀, 지역사회, 학교 운동부
관리적 수준	• 구성원 모두를 상세히 알기 어려울 정도의 규모 • 조직의 대표 행정적 지도자 정도만 알 수 있는 규모	프로스포츠 팀(구단)
법인적 수준	• 관료주의적 구조의 특성에 의해 특징 지어지는 규모 • 의사결정권에 따른 노동 분화와 수직적 명령 체계가 강함	프로스포츠 연맹, 대한체육회, 국기원

2. 조직의 수준

03 국내외 스포츠 조직

1. 국제 스포츠 조직	(1) 국제올림픽위원회 (IOC)	① 올림픽 운동(Olympic Movement)의 통솔기구 (Umbrella Organization)이자 최상위 조직 ② 올림픽 개최를 위해 각국의 국가올림픽위원회 (National Olympic Committee) 및 국제경기연맹(International Sports Federations)의 회원단체를 승인 최근 IOC는 값비싼 중계권료와 다국적 기업들로부터 거둬들이는 스폰서십으로 인해 상업화되었다는 비판을 받는다.
	(2) 국가올림픽위원회 (NOC)	① IOC를 대표하는 세계 각국에 설치된 조직 ② 올림픽 국가 선수단 선발 및 관리 1896년 제1회 근대 올림픽 대회가 시작되었을 때 대회의 참가 신청은 개인이나 팀 단위로 이루어졌다. 따라서 국가의 지원 없이 선수 개인 차원에서 올림픽에 참가해야 하는 문제가 발생했다. 이를 피하고자 1908년 제4회 런던 올림픽 때부터 각국 NOC 단위로 참가 신청을 하도록 하고, 개회식 때 국명에 따라 알파벳 순서로 입장하도록 하였다. 올림픽헌장 27조 6항은 'NOC는 올림픽헌장의 준수를 저해할 수 있는 정치적·법적·종교적·경제적 압력을 비롯하여 어떠한 압력에도 굴하지 않고 자율성을 유지해야 한다.'고 명시하고 있다.
	(3) 국제경기연맹 (IFs)	① IOC에 의해 승인받아 올림픽 종목으로 인정된 종목 협회의 연합 ② IOC의 협력 단체로서 경기 운영, 규칙 개정, 선수 자격 심사, 세계 기록 공인 등의 업무를 분담

2. 국내 스포츠 조직	(1) 문화체육관광부	① 우리나라의 중앙정부 차원의 체육행정기구 ② 1982년 88 서울 올림픽 개최를 계기로 발족
	(2) 대한체육회	① 1920년 창립된 조선체육회를 전신으로 하는 단체 ② 국민체육진흥법상의 특수법인이며, 민법상 사단법인 대한체육회는 사적 부문의 조직이지만, 재원의 90% 이상을 국고보조금 및 국민체육진흥기금에서 지원을 받고 있는 준정부기구의 성격을 지닌다. 🏆 대한체육회의 역할 <table><tr><td>국가체육회</td><td>전국체육대회 및 전국소년체육대회 주관</td></tr><tr><td>대한올림픽위원회</td><td>대한민국의 IOC 대리 기구</td></tr><tr><td>국민생활체육회</td><td>체육동호인 단체 지원</td></tr></table>
	(3) 국민체육진흥공단	① 1988년 공익법인으로 설립되어 국민체육 진흥, 체육과학 연구, 청소년 건전 육성과 관련된 사업 지원 ② 기금 조성을 위해 경륜·경정·체육진흥투표권 사업(스포츠 토토) 등을 운영

04 스포츠 조직과 리더십

1. 리더십의 개념

(1) 조직과 개인의 목적을 달성하기 위해 타인에 대한 동기화를 촉진하고 영향력을 행사하는 과정

(2) 지도자의 기능

활동 양태적 측면	성원 건강 및 체력 진단, 조직 기획·운영, 사회봉사
지도 과정적 측면	조직 내 활동 평가자, 동기유발, 내용 전달

(3) 리더십의 구성요소(Hersey & Kenneth)

① 영향의 과정	리더십은 개인이나 집단의 활동에 영향을 미치는 과정이다. 따라서 리더십은 영향력이 불균등하게 배분되어 있는 사람들 사이에서 일어나는 과정이라 할 수 있다.
② 추종자와의 관계	리더십은 리더의 행동이 주도하지만 리더의 행동은 고립적인 것이 아니다. 리더는 추종자와의 관계 속에서만 존재할 수 있다. 추종자가 없는 리더는 일반적으로 이야기하는 리더가 아니다.
③ 기능적·상황적 연관성	리더의 기능은 리더와 추종자가 소속해 있는 집단과 조직의 분화된 여러 기능 가운데 하나이기 때문에 다른 기능들과 복잡한 관계를 맺고 있다. 이러한 기능적 연관성뿐만 아니라 그 밖의 상황적 변수들도 리더십에 영향을 미친다.
④ 목표 지향성	리더십은 목표지향적이다. 리더십은 특정한 목표의 달성을 위해 정진하는 과정이다.
⑤ 공식적·비공식적 리더십	리더십에는 공식적인 자리에서 추종자를 이끄는 공식적 리더십과 사적인 자리에서 추종자를 이끄는 비공식적 리더십이 있다.

(4) 리더십의 유형 – 행태적 접근방법의 전형적인 유형(Lewin, Luppitt & White)

① 권위형	주어진 임무를 성취하는 국면에 역점을 둔 리더십 행태로 권력을 행사하며 추종자들의 행동을 면밀히 통제하고 감시한다.
② 민주형	원만한 인간관계 만족에 깊은 관심을 갖고 성원의 자율성을 존중하며 참여를 독려한다.
③ 방임형	명목상으로만 존재할 뿐 독자적 리더십 유형으로 분류하는 것은 부적절하다.
④ 변혁형 (Bennis & Nanus)	초점은 조직의 변동 추구에 있으며 새로운 비전(vision)을 창출하고 비전이 새로운 현실이 되도록 적절한 지지를 확보함으로 조직 문화를 개조하고자 한다. 또한 추종자들의 조직 목표 성취를 통한 자기실현을 촉진한다.

2. 리더십 이론 2002년 10번 / 2008년 13번 / 2009년 2차 4번

(1) 보편적(일반적) 특성 이론	① 위인론 ② 성격론
(2) 일반적 행동 이론	① **일반적 행동 차원**: 배려, 구조 주도, 생산성 강조, 감수성 ② 배려성과 구조화의 긍정적 상관

(3) 상황적 특성 이론 (피들러의 유관 이론)

① 지도자 특성과 상황적 변인 동시 고려

② **상황요인**: 지도자와 성원과의 관계, 과제의 구조, 지도자의 권한

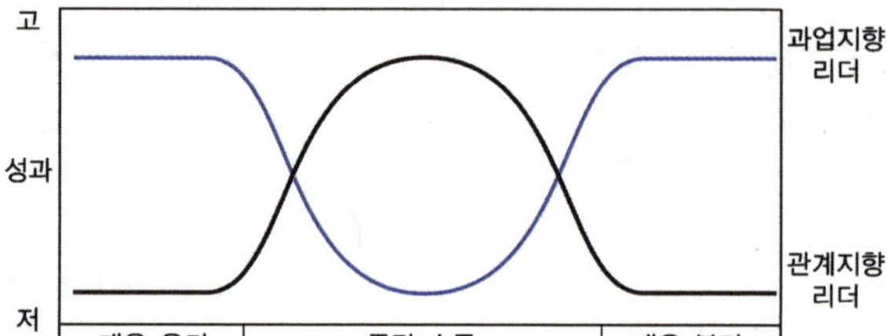

	매우 유리		중간 수준				매우 불리	
리더-부하관계	좋음	좋음	좋음	좋음	나쁨	나쁨	나쁨	나쁨
과업구조	구조화		비구조화		구조화		비구조화	
리더지위권력	강함	약함	강함	약함	강함	약함	강함	약함

🏆 상황부합에 따른 과제지향 리더와 관계지향 리더의 영향력(Fiedler, 1978)

③ LPC 척도(공동작업 최소선호 척도)

척도 높은 사람	긍정적 인간관계를 통한 만족감(관계지향)
척도 낮은 사람	성공적 작업수행으로부터 만족감(과제지향)

④ 상황 선호도에 따른 적절한 지도자의 특성이 요구됨

과제지향적 지도자	극단적인 우호 관계
관계지향적 지도자	중간 정도 우호 상태

<table>
<tr>
<td rowspan="3">(4) 상황적 행동 이론 :
첼라두라이
(Chelladurai, 1978)
다차원 리더십 모형</td>
<td>① 특정한 상황에서 매우 효율적인 지도자 행동 가정
② 지도자행동은 성원의 만족감과 효율적인 수행력 수반
③ 효율적 행동 : 선수 선호행동, 상황 요구행동, 지도자 실제행동의 일치</td>
</tr>
<tr>
<td>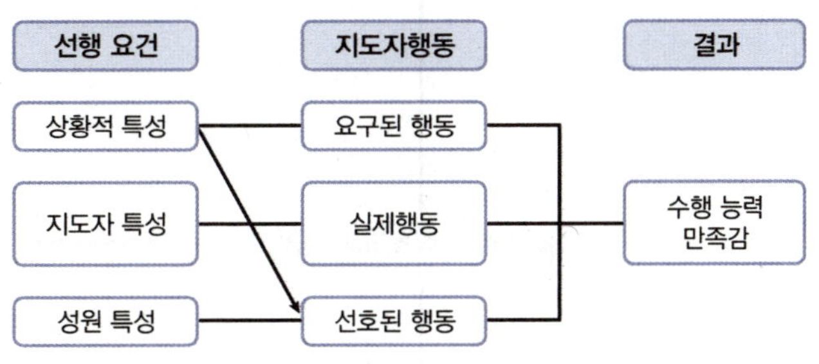</td>
</tr>
</table>

리더행동			결과
규정행동	실제행동	선호행동	
+	+	+	이상적(성과 및 만족)
−	−	−	자유방임(성과 및 만족, 불확실)
+	−	+	리더 추방
−	+	+	만족(성과 불확실)

05 스포츠 조직의 지도자 충원

1. 스포츠 조직의 지도자 개념

지도자 특성	• 물리적 요소, 제도적 요소, 인성 변수, 특정한 기술과 능력 • 체질·판단·기술·능력 등을 포함하는 총체적 퍼스낼리티(personality)
지도 양식	• 민주, 독재, 자유
특정 상황	• 대인 간 상호관계의 구조, 문화적 환경, 조직의 물리적 상황과 임무

2. 스포츠 조직의 지도자 충원 이론(인과 이론)

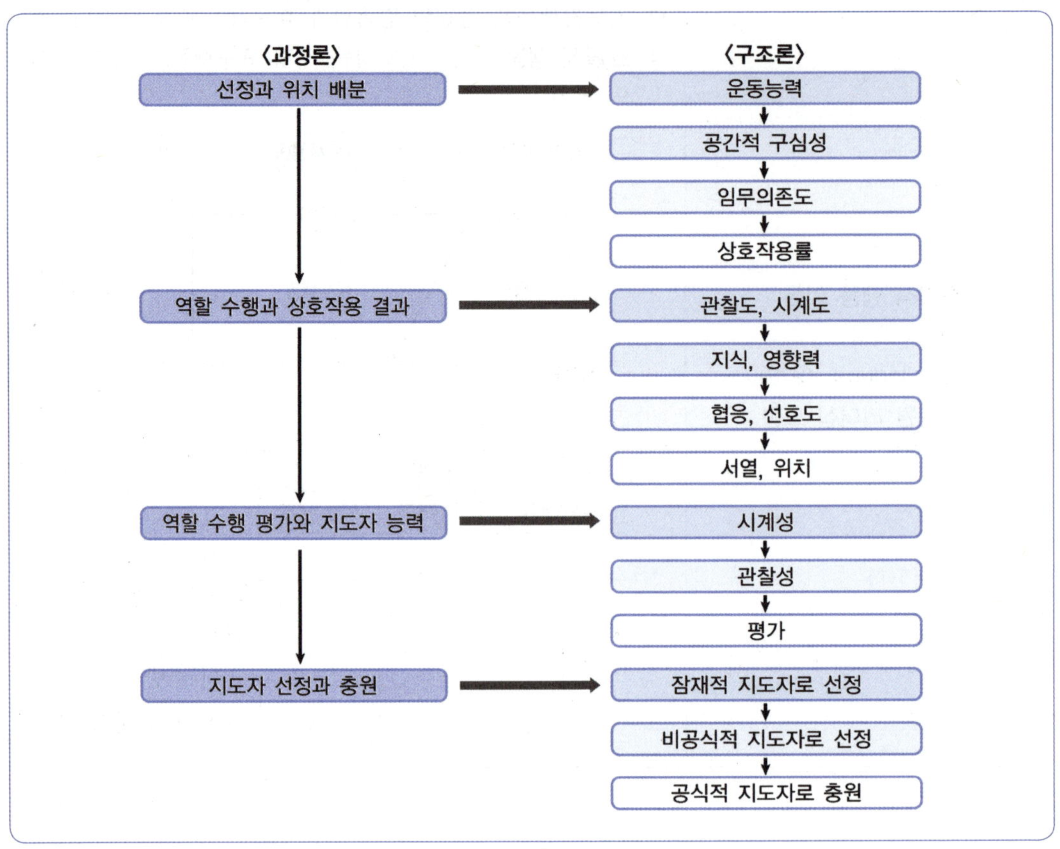

(1) 과정론	(2) 구조론

(1) 과정론

① 지도자 선정과 위치 배분
② 역할 수행과 상호작용 결과
③ 역할 수행과 지도자 능력의 평가
④ 지도자 선정과 충원

(2) 구조론

① 공간적 구심성

인접성	타 위치의 성원과 상호작용할 수 있는 공간적 거리
관찰성	타 위치의 성원 행동을 보고 듣고 예측할 수 있는 정도
시계성	타 위치와의 사이에서 자신의 위치가 노출되는 정도

② 상호작용
③ 과업 의존
④ 기능 수준

MEMO

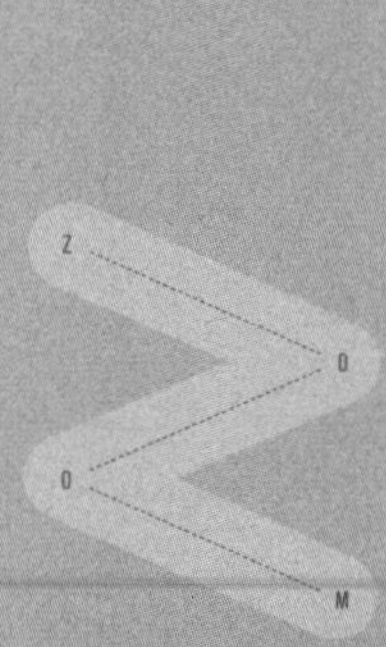

권은성 ZOOM 전공체육

스포츠사회학

05

사회문제와 스포츠

01 스포츠와 여성

01 성역할의 이해

1. 성역할(gender)의 사회적 구성

(1) 섹스(sex)	① 자연적으로 타고난 성, 즉 생물학적 성을 의미함 ② 내외적 생식기관 및 생식기의 형태와 같은 해부학적 기준에 따른 성 구분 전통적으로 여성과 남성의 기질, 역할, 인성의 차이는 신체적 차이인 섹스(sex)의 결과로 이해되었다.
(2) 젠더(gender)	① 심리적·사회적·문화적 차이를 통해 구축된 성을 의미함 ② 주로 성별에 따라 각기 요구되는 '사회적 역할과 정체성'을 지칭함 남성답고 여성다운 이유는 특정 사회에서 남성과 여성에게 기대하고 적합하다고 믿는 태도·가치·행동양식을 습득시킨 결과이다. 남성 또는 여성이라는 성적 태도나 정체성은 타고난 것이 아니라 교육과 기대를 통해 사회문화적·역사적으로 구성된다. 생물학적 성은 성별 간 차이를 나타낼 뿐, 우열을 의미하지는 않는다. 차이는 어떤 차별의 근거도 되지 못하기 때문이다. 차별을 낳는 건 권력이다. 특정 사회의 성역할 관계가 불균등한 구도를 나타낼 경우, 사회적으로 구성된 남성과 여성의 차이는 우열을 의미하기도 하기 때문이다. 이처럼 성 불평등은 생물학적 섹스가 아니라 사회적으로 구성된 젠더로부터 기인한다. ③ 젠더 고정관념 생물학적 성에 기반하여 기대되는 젠더의 이미지, 행동, 태도 등을 젠더 고정관념이라 한다. 남성은 강인하고, 여성은 보호받아야 할 대상으로 생각하는 것이 젠더 고정관념의 예이다.

2. 성역할의 사회적 특성 2019년 B 3번 / 2023년 A 3번

이름, 머리, 옷 모양을 보면 남녀를 쉽게 구별할 수 있다. '여자답다'는 '여성성'과 '남자답다'는 '남성성'은 개인에게 젠더에 부여된 역할을 내면화시킨다. 이를 통해 사회가 남성성과 여성성의 특성을 어떻게 구조화시키는지, 그 구조 속에서 개인은 왜 갈등 상황에 직면하는지 파악할 수 있다.

(1) 성역할 사회화	사회화 과정을 통한 성역할 습득(모방과 학습에 의해 습득되며 보상과 처벌의 기제를 통해 동기가 부여됨) 가부장제의 체제 안에서 성장한 남성과 여성은 각 성별에서 기대되고 적합하다고 믿어지는 성적 태도와 가치·행동을 관찰·모방·학습하게 된다. 즉, 성역할은 부모를 비롯한 주요타자(significant others)가 제공하는 보상과 처벌의 기제를 통해 효과적으로 강화된다. 부모는 분홍색 옷을 입고 인형 놀이를 하며 조용하게 노는 여자아이에게 '예쁘다.'고 칭찬함으로써 아이의 행동에 보상을 준다. 반대로, 여자아이가 밖에서 거친 장난을 하고, 남자 아이들과 서슴없이 어울리면 '계집애가 머슴애처럼 논다.'며 꾸짖는다. 이렇듯 남성과 여성은 어릴 때부터 주위의 태도, 기대되는 행동양식, 주어지는 도구 및 놀이의 유형을 통해 사회가 구축한 젠더역할을 수용하도록 사회화된다(Leonard, 1980).
(2) 성역할 분극화	남성성과 여성성의 특성을 하나의 수직선 위 대립하는 양극단에 위치시키는 현상 사회는 남성은 공격적·독립적·활동적이라는 한쪽 극단으로, 반면 여성은 수동적·감성적·의존적이라는 대척점에 위치시킨다. 일반적으로 남성은 가장으로서 공적 영역에서 가장의 역할을 수행하며, 사회생활과 문화생활의 주관자로서 기대된다. 반면 여성은 사적 영역에서 아내, 어머니, 주부로서 보조자의 역할을 수행하도록 기대된다. 남성은 공격적·독립적·활동적인 특성을 나타내고, 여성은 의존적·감성적·수동적 특성을 나타낸다는 관념이 지배적이다. 이는 남녀의 직업구조에도 영향을 미치는데, 여성이 교직, 간호직, 사무직 등 비활동적·소극적 직업에 주로 진출하는 반면 남성은 조직 내에서 리더십을 발휘하거나 직종 내에서 관리직(교장, 의사, 경영자 등)을 차지한다. 이렇게 할 때 비로소 사회적으로 기대되는 젠더역할을 수행할 수 있다고 평가된다(임번장, 2008).

(3) 성역할 갈등	생물학적 성과 젠더에 대한 사회적 기대가 충돌을 일으키는 현상
	공격적·독립적·활동적 여성과 수동적·감성적·의존적 남성은 빈번하게 문제상황에 놓인다. 이처럼 성역할의 기대에 부응하지 못하는 개인은 끊임없이 갈등 상황에 직면한다. 체조, 싱크로나이즈드 스위밍, 피겨스케이팅과 같은 종목에 참여하는 여성은 경기의 격렬함에도 불구하고 우아함, 균형감, 유연성, 아름다움 등 이들 종목이 추구하는 요소가 여성에 대한 성역할 기대에 부응하기 때문에, 젠더 갈등을 크게 경험하지 않는다(Eitzen & Sage, 1982). 그러나 복싱, 레슬링, 축구, 럭비 등 전통적으로 남성에게 적합하다고 여겨지는 스포츠에 참여하는 여성은 '여성적 아름다움을 상실하고 남성화되는 것 아니냐'는 우려뿐 아니라 심지어 레즈비언이 아니냐는 눈총을 받는다. 여성은 남성에 비해 더 적은 '사회활동 기대'와 더 많은 '가사노동 기대'를 받는다. 그 때문에 사회진출에 성공한 여성이라 하더라도 역할 갈등을 훨씬 많이 경험한다. 결혼한 남자선수의 경우, 사회적으로 운동선수라는 직업정체성과 그것을 통한 성취가 기대되기 때문에 출산과 육아에 대한 부담 없이 선수생활을 해 나가는 반면 결혼한 여자선수는 출산과 육아에 대한 사회적 기대 때문에 결혼 자체를 망설이게 되고, 결혼 후 선수생활을 지속하는 데도 심각한 역할 갈등을 경험하게 된다.

02 여성스포츠 이론 : 젠더 불평등에 관한 관점

2010년 26번 / 2012년 23번 / 2013년 22번 / 2014년 B 서술 1번 / 2019년 B 3번 / 2024년 B 5번

1. 자유주의

(1) 개인의 자율성, 자아실현, 천부인권을 주장한 18세기의 자유주의 철학 반영

> 자유주의 사상과 관련되어 모든 인간은 이성적 존재로 동등하다. 모든 인간은 평등하다는 자유주의 원칙에서 남성 중심의 관념과 관행 등이 젠더 불평등을 만들며 특정한 제도가 남성과 여성을 다루는 방식에서 남녀 불평등이 뿌리박고 있음을 전제한다.

(2) 여성이 남성과 동등한 권리를 보장받지 못하는 현실에서 여성운동의 이론적 근거를 수립함

(3) 남녀의 선천적 능력의 차이보다 차별적으로 제공되는 기회로 불평등 발생

> '기회의 균등'을 통해 불평등을 해결하고자 한다. 즉, 고용·교육 기회의 균등, 동일노동·동일임금 보장, 낙태의 자유 등 제도의 개선을 통해 남녀불평등을 해결할 수 있다.

(4) 남성스포츠와 동등한 물적 조건 제공으로 여성스포츠의 양적 성장에 기여함

> 1972년 미국의 Title IX은 모든 학교체육에서 여성이 남성과 동등한 권리를 갖도록 보장함으로써 많은 여성의 스포츠 참여 기회를 확대하는 데 기여했다(Oglesby, 1978). 2012년 런던 올림픽에서 복싱이 추가되면서 모든 종목에서 여성이 참여할 수 있게 되었다.

Title IX	'미국의 어느 누구도 성에 근거하여 연방정부의 재정보조를 받는 어떤 교육 프로그램이나 행위에서도 참여가 배제되거나 수혜를 거부당하거나 차별을 받아서는 안 된다.'는 것으로 1972년 제정된 미국의 남녀평등교육법이다. Title IX을 계기로 축구, 농구, 야구, 미식축구, 아이스하키와 같이 기존에 주로 남학생에게 제공되던 교육의 기회가 여학생에게도 제공되었다.

(5) 자유주의 경쟁체제 기반의 관점

> 개인의 능력에 따라 성취가 가능한 자유주의 경쟁체제를 기반으로 젠더 불평등을 사회 전체의 불평등 문제와 관련된 구조적인 모순으로 이해하기보다 개별 여성의 문제로 파악했다(Giddens, 2006). 따라서 기존체제에 순응하는 가운데 합법적 절차와 민주적 수단을 통해 점진적인 개혁을 추구했고, 관심은 여성에 대한 기회보장의 차원에 한정됐다.

1. 자유주의	(6) 20세기 초 여성의 참정권 확보로 형식적 평등 보장에 기여 법과 제도의 개선은 형식적 평등에 불과할 뿐 실질적 평등을 가져온 것은 아니라는 점에서 한계를 갖는다. 일부 지배층 여성에게만 혜택이 돌아갔을 뿐 대다수 여성은 여전히 공공연한 차별구조를 경험하고 있기 때문이다. 마르크스주의 페미니스트들은 여성의 박탈감에만 초점을 맞춘 나머지 사회에 만연해 있는 체계적 억압에 무관심하기 때문이라고 지적한다. 관련된 여타 불평등의 문제에는 눈감고, 이를 야기하는 경쟁적 체제를 옹호하기 때문에 젠더 불평등 문제 역시 근본적으로 해결할 수 없는 한계를 갖는다.
2. 마르크스주의	(1) 여성 억압의 원인을 계급으로 설명 자본주의 사회에서 일어나는 모든 불평등과 마찬가지로 젠더문제 역시 궁극적으로 생산수단의 소유와 관련된 계급 관계에서 비롯된다. (2) 가사노동과 노동 재생산에 초점 마르크스주의 페미니즘에 의하면 여성 경제력 박탈이 여성 억압의 근원이다. 자유주의 페미니즘이 확보한 법과 제도의 형식적 평등은 생계유지에 급급한 노동자계급의 여성에게 아무런 의미가 없었다. 자본주의 사회의 스포츠가 궁극적으로 이윤을 추구하기 때문에 경제적으로 구매력이 떨어지는 여성을 위한 제도가 되기는 어렵다고 본다. 또한 더욱 많은 사회자본을 가진 남성들에 의해 스포츠가 기획·운영되는 한, 여성스포츠가 존재한다 해도 단지 남성들의 소비를 촉진하기 위한 목적에 제한될 가능성이 높다. 따라서 여성은 스스로 자신을 표현하고 발산하기보다 남성의 동기와 시선에 의해 대상화되고 주변화된다. (3) 사회주의 혁명으로 젠더 불평등을 해결하고자 함 자본주의에 대한 근본적인 변혁 없이 젠더 불평등 문제는 해결될 수 없다. 자본주의 사회에서 가족의 기능이 재산상속의 수단이나 경제단위로서의 의미에 불과하다고 비판하고, 계급 관계 때문에 더욱 가중되는 여성의 억압을 규명하고 이를 개선하고자 했다. 공산혁명 과정에서 러시아, 중국, 남미 등의 공산주의 국가에서는 여성이 혁명 및 사회생산에 주체로 참여할 수 있도록 자녀 양육과 가사노동 등 전통적 여성 젠더역할을 공공영역으로 이관해 탁아소, 보육원, 세탁공장과 같은 시스템을 발달시키기도 했다.

2. 마르크스주의	⑷ 젠더 불평등은 단지 여성만의 문제가 아니라 사회 전체의 구조적 모순과 연계해서 해결하고자 함 여성을 자본주의의 경제적 맥락에서 유급 및 무급 노동자로 분석하였다. 특히 가정에서 여성 무임금 노동의 가치, 일상생활에서 계급 관계에 의해 일어나는 여성에 대한 억압 문제를 규명하고 대안을 제시함으로써 실질적인 여권 신장에 기여했다는 평가를 받는다. 또한, 스포츠에 존재하는 가시적인 차별뿐만 아니라 경제적 동기와 소비 욕망에 의해 추동되는 남성 중심의 미시권력의 비가시적이고 구조적인 차별의 기제를 드러낸다. 이를 통해 페미니스트들은 형식적 권리를 획득하는 것을 넘어 남성 중심의 시선에 저항하고, 이를 극복하기 위한 여성운동의 전략과 방식에도 관심을 갖게 되었다.
3. 급진주의	⑴ 여성 억압의 근원을 '가부장제도'에서 찾으며 '성의 혁명'인 생물학적 조건의 전환 주장 생물학적 차이에 의해 형성된 성계급은 여성의 성과 출산을 통제하는 가부장제로부터 비롯된 것으로 보았다. 가부장제를 비롯하여 오랜 세월 동안 지속된 남성지배적 문화로 인해 여성성이 형성된 것이라면, 억압적인 문화에 오염된 여성성만 제거한다면 여성에게 얼마든지 변화 가능성이 열릴 것으로 기대했다. 따라서 젠더 불평등 문제해결을 위해 궁극적으로 '여성은 어때야 한다.'는 가부장적 질서를 전복시켜야 한다고 주장한다. 자유주의 페미니즘과 달리 체제 전체를 문제 삼는다는 의미(급진적)와 여성 억압을 계급 억압의 부산물로 보는 마르크스주의 페미니즘과 달리 여성 억압의 뿌리 깊은 근원성을 강조한다. 여성을 지배하며 여성 종속에서 이득을 보는 것은 자본이나 사회구조가 아니라 바로 남성으로 남성에 의한 여성 지배 체제가 바로 이들이 말하는 가부장제이다. 즉 생물학적 가족 체제를 여성의 억압을 낳는 핵심요인으로 파악하고 가부장제로 구축되어진 성별, 성적 지위, 역할, 기질 등을 제거하여 가부장제의 철폐와 생물학적 성에 기초한 가족관계의 전복을 통해서 여성의 권리를 회복할 수 있음을 주장하였다. **가부장제 (patriarchy)** — 오늘날 가부장제는 부계(父系) 가장의 권위에 의해 존속되는 가족제도를 말한다. 페미니즘에서 이를 확대해 남성이 정치·경제·사회·문화적으로 여성에 대해 지배적 권위를 행사하는 체제를 가리키기도 한다.

(2) 가족은 남성 중심의 사회적 재생산을 위해 조직된 생식단위

> 남성으로부터의 분리주의, 동성애의 허용, 가족관계에 구애되지 않는 자유 연애와 성생활을 주장하면서 서구문화에 오랫동안 고착되어 있던 가부장적 젠더관념의 해체를 시도했다. 미모와 여성성이라는 (주로 미디어의 문화적 생산물로 나타나는) 남성의 시각을 통해 대상화된 여성의 몸에 대한 기존의 통념을 뒤바꾸기 위해 기존의 젠더관념을 초월하여 강한 여성, 용감한 여성을 부각시켰다. 스포츠는 이러한 문화운동의 좋은 소재로 활용되었다.

(3) 남녀의 동등한 기회 추구보다는 대안적인 스포츠의 창안, 스포츠의 지배적인 가치와 목표에 대한 문제 제기를 통해 젠더 불평등 문제를 해결하고자 함

3. 급진주의

> 급진적 페미니스트들은 스포츠에서 남녀의 신체적 차이로 인해 여성이 열등한 위치를 갖게 된다고 인식했다. 따라서 남성이 지배하는 기존의 스포츠와는 별도로, 남녀가 공동으로 참여하고 공정하게 보상받을 수 있는 새로운 형태의 스포츠를 창안하자고 주장했다. 남성의 신체에 적합하도록 짜여 있는 기존의 스포츠는 신체의 유능성을 남성 신체에 따라 정의하기 때문에, 여성 신체의 특수성을 고려한 스포츠를 통해 여성의 신체적 권위를 확보하고자 했다(Boutilier & Gionanni, 1983). 또한 여성이 보디빌딩, 축구, 격투기와 같은 남성 중심의 격렬한 스포츠에 적극적으로 참가함으로써 여성의 젠더정체성이 새롭게 정립될 수 있다고 생각했다.

(4) 급진주의의 한계점

> 가부장제 개념은 여성 억압의 일반화를 설명하는 데 부족하다는 한계를 갖고 있었다. 젠더 불평등은 가부장제뿐만 아니라 인종, 계급, 민족 등 다양한 요인들이 개입되어 있기 때문에 이들을 고려하지 않고서 근본적인 문제해결은 요원하다는 비판이 제기됐다. 또한 생물학적 환원주의에 빠질 위험이 있다는 경고를 받기도 했다(Giddens, 2006). 복잡한 과정을 거쳐 사회적으로 구성된 젠더 불평등 현상을 남자와 여자의 단순한 신체적 차이로만 설명하기 때문에 여성의 생리적 특성을 거부하는 등의 극단적 운동으로 발전하는 것이라고 비판받았다.

⑴ 계급과 가부장제가 여성 불평등의 근원으로, 가정 내 여성 억압구조와 사회적 생산 영역에서 포괄적인 성차별 분석

급진주의 페미니즘과 마르크스주의 페미니즘의 통찰을 통해 가부장제론 및 역사적·유물론적 접근 등을 비판적이고 발전적으로 통합하자는 문제 의식에서 출발한다. 계급 모순과 가부장제 이데올로기를 결합시킬 수 있는 매개 고리를 찾으려 했다. 가부장제에서 아내의 일은 현재 지향적 일로 그 가치가 축소된다. '가내제 생산양식' 아래에서 여성은 자신의 노동을 남성에게 전유당하는 성계급을 형성하게 된다. 결혼제도는 일종의 성-노동 계약이며, 이 제도를 통해 아내의 무임금 가사노동과 성노동을 남편이 전유한다. 사회주의 페미니스트들은 가내제 생산양식이야말로 여성 착취의 물질적 토대라고 간주했다. 가부장제의 물질적 토대로서 여성의 노동력, 재생산, 무보수 가사노동, 임신, 출산, 양육, 교육 등을 핵심 의제로 삼았다.

4. 사회주의

⑵ 마르크스주의를 수용하고 급진주의를 절충하여 실질적 제도의 뒷받침 선행을 주장

사회주의 페미니즘의 관점에서 급진주의 페미니즘은 여성들 내부의 계급적 차이에 대한 배려가 없으며 가부장제 개념도 비역사적으로 적용한다고 본다. 마르크스주의 페미니즘에 대해서는 여성 억압이 부차적인 것으로 간주한다는 점을 비판한다. 또한 현재 여성의 문제는 자본주의와 가부장제의 결합을 통해 빚어진다고 간주한다. 사회주의 변혁이 여성 해방에 도움은 되겠지만 여성 해방 자체는 아니며, 여성 해방은 가부장제와 성별 노동 분업의 철폐, 나아가 성별 자체의 철폐를 지향하는 별개의 혁명을 통해 수행되어야 한다. 가부장제와 자본주의가 별개가 아니라 하나의 체계를 구성하고, 이로 인해 남녀 간의 위계질서가 만들어짐을 강조한다. 여성의 스포츠 참가에 대한 제한을 성에 기초한 편견에서 재해석하여 여성 스포츠에 대한 편견을 타파하고, 여성들이 스포츠에서 성취감을 경험하고 고취할 수 있도록 해야 함을 주장한다. 여성 스포츠에 대한 재정적 지원, 다양한 스포츠에서의 참여기회 개방 등의 실질적인 제도가 선행되어야 함을 역설한다.

05

<table>
<tr><td>

5. 남성 페미니즘

</td><td>

(1) 폭력행위·성차별 관행, 남성지배 유지를 위한 특권적 구조와 제도를 분석하고 비판

> 남성성과 여성성을 분리해서 볼 수 없으며, 이 둘을 통합적인 관점으로 이해하여 남성성에 초점을 맞추면서 몸, 섹슈얼리티, 폭력, 건강, 가족관계 등에 관심을 둔다. 한 사회 안에서 헤게모니를 독점한 지배층 남성이 특권·자원·권력을 독점한다. 젠더 불평등의 원인은 남성 헤게모니 집단이 경제적·교육적 자원과 정치권력을 독점하기 때문이다. 이들은 단단한 남성연대를 구축하고 서로를 인정하면서, 여성을 배척하고, 모든 측면에서 제도화된 특권을 누린다.

(2) 스포츠에 구축된 남성성의 문화 비판

> 스포츠는 남성지배를 강화하는 사회적 제도로서 기능하기도 하지만 그렇게 구축된 폭력의 문화가 때로는 남성 개인에게 많은 고통을 부여하기도 한다. 스포츠는 움직이는 남성의 강한 몸을 끊임없이 전시한다. 그리고 스포츠에서의 남자의 몸은 대중에게 스펙터클을 선사한다. 반면 스포츠에서 여성은 미디어에 의해 주변화되어 있다(Messner & Sabo, 1990). 스포츠는 남성적 몸의 우월성과 여성적 몸의 열등함을 대비시킨다. 가령 여성 치어리더의 몸은 심한 노출로 인해 취약성을 드러내고, 이와는 대조적으로 완전 무장한 미식축구선수의 남성적 몸은 우월성을 보여준다. 스포츠는 "보라! 남성이 이렇게 여성보다 우월하지 않은가"란 사실을 입증하면서, 스포츠에서 몸은 남자의 우월성과 지배권을 증명하는 상징처럼 기능한다(Connell, 1995). 인종적·경제적 계층화와 폭력적인 스포츠 문화는 남성으로 인정받으려면 강해야 하고, 울어서는 안 되고, 수다스러워도 안 되고, 약한 모습을 보여서도 안 되는 등 인간 누구에게나 있을 수 있는 나약함과 두려움이 없는 것처럼 자신을 억압하도록 강요한다.

(3) 젠더 불평등 해소 방안

> 남성에게 집중된 자원과 권력의 공유가 이루어져야 하고, 여성의 지위는 물론 동성애자를 포함하여 혜택을 받지 못한 남성들의 지위도 향상되어야 한다고 주장한다.

</td></tr>
</table>

03 스포츠 성 불평등의 실제

1. 스포츠 참여 불평등	(1) 1900년 2회 파리 올림픽부터 테니스, 세일링, 크로켓, 승마 및 골프 종목에서 여성의 참여 허용 (2) 2012년 복싱이 올림픽 정식종목으로 채택되면서 올림픽 전 종목에서 여성 참여 🏆 여성 참여 스포츠종목에 대한 사회문화적 시각 (Snyder & Spreitzer, 1983) <table><tr><td>용인될 수 없는 종목</td><td>격투기 등 신체접촉을 통해 신체적으로 상대를 굴복시키는 종목</td></tr><tr><td>용인되기 어려운 종목</td><td>대다수의 필드 경기, 단거리 경주, 멀리뛰기 등 체력위주이며 소수집단에만 허용되는 종목</td></tr><tr><td>용인되는 종목</td><td>수영, 체조, 피겨스케이팅, 테니스 등 신체접촉이 없으며 체력보다는 미적 표현이나 우아함이 강조되는 종목</td></tr></table> (3) 젠더역할에 대한 고정관념으로 여성의 스포츠 참여 기회는 특정 종목에 한정되고 여성의 젠더역할 재생산
2. 불평등한 보상	(1) 테니스 종목에서 남녀의 동일한 상금 보상을 선도 US 오픈(1973년), 호주 오픈(2001년), 프랑스 오픈(2006년), 윔블던(2007년) 등 모든 메이저 대회 상금이 동일하게 바뀌었다. (2) 축구, 골프 등의 종목에서 확연한 보상 차이 존재 월드컵 우승 상금은 17.5배, 골프 주요 메이저대회 남자부 우승상금은 남자가 여자보다 두 배가량 많다. 임금 격차 구조에 대해 관중 수 등 경제적 요인을 얘기하지만 실제로 방송시청률 등에서 큰 차이가 나지 않는다는 점에서 여성스포츠에 대한 편견이 영향을 미친 결과이다. (3) 동일한 보상 구조와 체계적인 지원 시스템의 필요성 여성의 성적 특성을 고려해야 한다. 생리와 같은 여성의 신체적 특성이 고려된 훈련 환경이 조성되어야 하고, 출산과 같이 여성에게 기대되는 사회적 역할을 수행할 수 있는 제도적 장치가 마련되어야 한다. 이러한 요소들의 고려 없이 동등한 보상만을 시행할 경우, 효율과 경쟁을 중시하는 스포츠 조직에서 여성선수에 대한 실질적 평등은 보장하기 어렵다.

<table>
<tr><td rowspan="2">3. 취업 불평등</td><td>(1) 스포츠계의 '유리천장'</td></tr>
<tr><td>여성스포츠의 사회적 위상이 높아지고 참가자도 늘고 있지만, 여전히 여성 스포츠 지도자 및 행정가는 찾아보기 힘들다. 특히 고위직일수록 여성 지도자의 감소율은 더욱 높다.

(2) 여성에 대한 배타적 직업구조</td></tr>
</table>

4. 스포츠의 이분법적 성별 구분

(1) 승마와 요트를 제외한 모든 종목의 기본 형식은 남자와 여자를 구분함

(2) 국제대회 출전 규정

2016 리우 올림픽 여자 800m 금메달리스트 세메냐(Caster Semenya)는 전통적 기준에서 너무 '남자'처럼 보여 경쟁했던 다른 나라들로부터 성별에 대한 확인을 요구받았다. 이후 IOC와 국제 스포츠기구들은 '여성 공정성(female fairness)' 정책의 일환으로 안드로겐과잉증(hyperandrogenism) 검사결과를 제출해야 경기에 출전할 수 있도록 했다.

코클리(Coakley, 2017)의 IOC와 스포츠기구의 성판별 검사에 대한 문제점

- 남녀 생물학적 성별에 대한 이분법적 구분의 한계성 지적
- 남성적 외모를 지닌 여성에 대한 스포츠 참여 자격 차별
- 여자선수들에게 정신적 악영향
- 안드로겐 과잉이나 테스토스테론 수준으로 경기 결과 예측에 한계

스포츠는 남자와 여자라는 전통적 섹슈얼리티의 관념을 지속해서 강화시켜 왔다. 남성과 여성이라는 두 분류체계로 구분되지 않는 선수들은 선천적 기형 또는 장애라는 낙인이 찍힌다. 그러나 참여 자격을 남성과 여성으로 명확하게 구분하는 성별에 대한 이분법적 구분은 인간의 섹슈얼리티를 반영하지 못한다. 어떠한 기준으로 성별을 구분하더라도 선수의 인권, 신체에 대한 존중, 사생활이 우선적으로 고려되어야 한다.

🏆 보이지 않는 장벽 : 코클리(Coakley)의 유리천장과 스태킹

유리천장 (glass ceiling)	여성들이 고위직, 경력 상위에 도달하는 것을 막는 보이지 않는 장벽을 의미하다. 명백한 법적 장벽이 아닌 사회적, 문화적, 조직적 요인들이 복합적으로 작용한 결과로, 여성 리더십에 대한 편견, 경력 개발 기회 부족, 멘토링 부족 등이 포함된다.
스태킹 (stacking)	인종적 고정관념에 따라 흑인선수들이 특정 포지션에 집중 배치되는 현상을 의미한다. 흑인 운동선수들이 배치되는 포지션에는 주로 신체적 능력이 강조되는 반면, 백인선수가 배치되는 포지션에는 전략적 사고와 리더십이 요구된다. 이러한 현상은 단순한 우연이 아니라 인종적 고정관념과 편견에 의해 발생하며, 흑인선수들의 다양한 능력을 제한적으로 평가하게 만든다.

04 차별적 성 이데올로기의 재생산 2006년 14번 / 2013년 22번

성 불평등 이데올로기는 남녀의 불평등한 권력관계를 은폐하고 정당화하기 위한 관념체계로, 과학적 지식 등을 위장해서 담론의 형태로 유포된다. 사회 구성원들은 가정과 학교와 같은 사회화 기관을 통해 이를 내면화하고, 신문이나 방송과 같은 대중 미디어는 이데올로기를 전달하고 재생산한다. 이러한 전 과정에서 스포츠는 젠더 이데올로기의 재생산이나 전복에 관여한다.

1. 젠더 불평등 이데올로기 형성 : 편견	**(1) 생리학적 측면** 과격한 신체활동이 생리적 측면에서 여성에게 해롭다는 주장이 광범위하게 제기됐다. 주로 여성의 사회적 기능이라 여겨졌던 출산과 관련된 지식을 들 수 있는데, 스포츠에 지속적으로 참여할 경우, 골반조직이 경직되고 자궁의 기능 및 형태가 손상돼 임신 가능성이 저하된다는 것이었다. 또한 여성의 생리는 고통과 스트레스를 주기 때문에 스포츠활동에 커다란 장애가 된다고 생각했다. 또한 여성다움과 밀접한 관련이 있는 체형의 변형을 우려하는 지적도 있다. 스포츠활동은 여성의 근육 사용을 증가시켜서 비대해진 근육 때문에 여성적인 매력과 아름다움이 유지될 수 없다는 것이다. 이는 여성 스스로에게도 자아 손상으로 이어지기 때문에 여성의 스포츠 참가를 제약하는 요인이 되어 왔다. **(2) 운동수행 측면** 여성의 운동수행 능력이 남성에 미치지 못한다고 말한다. 그러나 남성 중심적 환경으로 구성된 스포츠에서 여성의 신체능력을 동등하게 비교하는 것은 무리며 사격, 양궁, 피겨스케이팅, 다이빙 등 정확성과 우아함을 요구하는 종목에서는 남성과 여성의 운동수행 차이가 나타나지 않는다. 즉, 남성의 신체활동을 중심으로 구축된 스포츠 환경에서 남성의 압도적 참여가 여성의 신체능력을 발달시킬 기회를 제한했으며, 그 이외의 종목들에서 나타나는 여성의 성취는 여성의 운동수행 능력이 결코 열등하지 않다는 것을 보여준다. **(3) 사회심리학적 측면** 여성은 스포츠에 진정한 흥미를 느끼지 못한다고 생각한다. 그러나 여성 역시 운동기능의 학습을 통해 성취감과 자아정체감을 경험한다. 따라서 여성의 이러한 특성을 선천적인 본성이라고 볼 수는 없다. 예컨대 가정 · 학교 · 또래집단과의 관계를 통해 젠더사회화가 이루어지는 과정에서 얌전함, 조신함과 같이 여성에게 부과되는 젠더역할이 여성의 스포츠에 대한 열의를 저하시킨다.

<table>
<tr><td>

**1. 젠더 불평등
 이데올로기 형성
 : 편견**

</td><td>

(4) 이데올로기적 편견

스포츠는 강하고, 공격적인 형태라는 것이 지배적이다. 이는 남성성을 강화한다. 사회적으로 강하고, 공격적 행동의 남성은 영웅시되거나 추앙받지만, 그렇지 않은 남성은 사회적으로 무시하거나 남성성이 부족하다고 본다(Jansen & Sabo).
여성의 스포츠 참여를 제약하는 요인으로 이데올로기적 편견을 들 수 있다. 여성이 가정에 헌신하고 가족을 보호해야 한다는 이데올로기는 사회에서 여성을 억압하는 요인이 된다. 또한 여성스러움이란 도구적 관심보다 표현적 역할에 더 뛰어나고, 그것에 충실해야 한다는 여성성의 이데올로기를 형성하고 있다. 따라서 여성이 도구적 역할을 추구하고, 경쟁적·적극적이고, 자기주장을 강하게 표현하는 스포츠에 참여하는 것은 비정상적인 모습이라는 이데올로기가 사회 전반에 걸쳐 지배적이기 때문이다.

</td></tr>
<tr><td>

**2. 젠더 불평등
 이데올로기 유포
 : 미디어**

</td><td>

(1) 젠더역할 전시

가정과 학교가 개인의 차별적인 젠더역할 사회화에 기여한다면, 미디어는 사회담론의 형태로 공공연히 이를 표출하고 확증한다. 즉, 미디어는 사람들이 각기 가정과 학교에서 자신의 젠더역할을 학습하는 과정에서 공식적으로 남녀 젠더역할의 전형을 전시함으로써 그들의 젠더사회화가 올바르다고 인정해 주고 증진시킨다.

(2) 남성과 여성에 대한 이원화된 묘사

여성의 이미지는 가사 노동자, 어머니, 성적 대상으로 한정된다. 이는 현실에서 여성의 취약한 위치를 반영하는 것이기도 하지만, 반대로 수용자들로 하여금 여성의 젠더역할을 몇 가지 형태로 고정시키게 하는 효과를 갖는다.

(3) 스포츠 보도

남성선수는 운동능력, 내면적 가치, 사회적 성취 등의 측면에 초점을 맞추는 반면 여성선수는 미모나 의상 등 성적매력에 한정하여 보도한다. 여성선수의 플레이는 스포츠와 운동수행 능력 그 자체로 평가되기보다 남성 대중의 욕구에 맞는 형태로 편집되고 왜곡된다.

</td></tr>
</table>

(1) 가정, 학교, 미디어에 의해 젠더이미지를 갖게 되는 과정으로, 스포츠가 주도하는 젠더 불평등 이데올로기 학습

(2) 스포츠는 전형적인 남성 제도

> 양복을 입은 남성 행정가와 코트 또는 필드의 남성선수, 그리고 열광하는 소녀팬과 치어리더를 생각해 보자. 대중스포츠가 행해지는 경기장은 남성의 지배와 여성의 주변화가 가장 잘 표출되는 장소이다. 여성선수의 경기는 남성의 욕구대로 조직된다. 좋은 승부보다 볼거리를 제공하기 위해 고심하는 여성스포츠의 행정, 실력이 좋은 선수보다 미모의 선수에 주목하는 미디어의 행태는 사실 남성의 요구와 시선에 좌우된 것이다.

(3) 스포츠에서 젠더 불평등 이데올로기를 재생산하는 2가지 형태

3. 젠더 불평등 이데올로기 재생산 : 스포츠

① 불평등한 젠더 내면화	스포츠에 참여하거나 관람하는 대중들로 하여금 남성은 남성대로 지배적 시각을 유지하고, 여성은 여성대로 소극적 행동을 유지해서 기존의 남성 중심 사회질서가 공고히 유지되도록 한다.
② 여성 자기검열 유도	미디어는 여성선수를 대상화해서 남성들이 보고 싶어 하는 방식으로 보여준다. 따라서 이를 수용하는 여성들은 여성을 바라보는 사회의 지배적 시각에 자신을 끼워 맞추려고 한다. 지배적 시각에 저항하기보다는 몸짱, 얼짱에 대한 열망을 키워가기 때문에 저항 이데올로기 생산의 기능성은 점차 줄어든다.

> 스포츠 현장에서 남성의 시각을 거부하고 지배문화에 저항하면서 자신의 실력을 보여준 여성선수들은 새로운 여성젠더의 이미지를 제시하기도 했다. 그러나 이에 대해 찬사보다 동성애자라는 낙인을 찍거나 남성이 아니냐는 의혹을 던진다. 이러한 현상은 스포츠 분야에서 젠더 불평등 이데올로기가 얼마나 깊이 뿌리박혀 있는지를 보여준다.

🏆 에티즌(D. Eitzen)과 세이지(G. Sage) 스포츠 성차별의 근원: 차별적으로 배분되는 부정적인 특성

문화적 전통	• 전통적 성역할 고정관념 역사적 맥락에서 종교적 신념과 산업자본주의 출현은 스포츠 젠더 불평등의 근원이다. 즉 여성의 스포츠 불평등에는 종교적 신념과 산업자본주의 출현이 주요한 원인이다(Collins). 19세기 후반 유혈 스포츠가 전 근대적 여가활동으로 널리 퍼져있었고 후기 빅토리아 시대 '건장한 기독교 신사' 등의 이러한 스포츠 윤리는 훈육된 남성적 자아를 만들었으며 여성들은 '나약하다'는 종교적 신념으로 인해 스포츠 참여가 제한되었다. 여성은 통제되어야만 하는 대상으로 인식되었다. 산업사회와 후기 산업사회에서 여성 대부분은 임금노동과 무임금노동을 하였고 스포츠와 같은 여가를 즐길 수 있는 시간은 제한되었다. 이로써 여성은 스포츠 산업으로부터 배제되었다. • 남성-지배적인 성향, 여성-수동적인 어머니 역할 문화적 규범과 가부장제와 의학적 신념은 젠더 불평등의 근원이다. 빅토리아 시대에는 '연약한 여성(delicate female)'이란 의학적 모델을 교육받았고 이러한 규범에 따라 비경쟁적인 운동이 여성에게 건강, 우아함, 자녀출산을 증진하는 것으로 인식되어 스포츠가 인성을 발달시킨다는 시각은 주로 남성에게 국한되었다. 젠더 이데올로기와 여성의 신체는 격렬한 활동을 할 수 없다는 편견들은 소위 '과학적 증거'로 뒷받침한 의학적 신념에 의해 지지되었으며, 이러한 믿음은 당시 여성의 건강에 부정적인 영향을 미쳤다(Vertinsky). • 여성은 주부, 어머니로서의 역할에 한정 • 과격한 신체활동 및 스포츠로의 참여는 비여성적인 활동
차별적 성역할 사회화	• 출생 직후 부모를 통한 성역할 학습 • **과격한 신체활동**: 남성 긍정적, 여성 부정적 • 부모들은 자녀에게 성에 적합한 역할을 수행하도록 사회화 • 여자아이에게 수동적, 융합성, 의존성을 요구
학교의 전통적 성역할 강화	• 성별에 따른 차별적 기대 • 성에 따른 수업과 활동 분리(성역할 양립 불가능) • 참가에 의한 역할 갈등 경험 • 남학생 신체활동 중심 수업, 여학생 가정생활 · 요리 · 바느질 중시 수업 • 교내 체육프로그램 시 남학생에게 중요성을 강조, 여학생은 배제

대중매체의 편향적 보도	• 남성 : 인격, 태도, 가치 등의 사회적 의미 부여 • 여성 : 성적매력의 논점 보도 • 대중매체에서는 여성보다는 남성에게 더 많은 지면과 보도를 할애 • 여성의 보도 내용은 미모와 의상에 초점
역할모형의 희소성	• 여성 : 용모 • 교과서 : 남성 위주의 주인공 등장 • 남성선수는 프로선수의 동정이나 활약상을 역할모형으로 쉽게 설정 • 여성선수는 외모나 화젯거리에 더 호감 → 역할모형을 접할 기회 부족

05 스포츠에서 젠더 평등의 전망 2023년 A 3번

(1) 국가적 차원의 노력	① 미국 정부 1964년 민권법 교육수정조항인 민권법 제9장(일명 타이틀 나인법) 제정 법령 이후의 스포츠 활동에 여학생들의 적극적인 참여가 이루어졌고 축구, 농구, 야구, 미식축구, 아이스하키와 같은 종목의 참여 기회가 여학생에게도 제공되었다. ② 국내의 경우 학교체육진흥법 제13조 2항에 여학생 체육활동 활성화 지원을 명시하여 법적인 근거를 마련함
(2) 국내·외 스포츠 조직	1994년 영국스포츠위원회의 주관 '브라이튼 선언' 여성과 스포츠를 주제로 한 첫 번째 국제회의로 정부, 비정부기구, 국가올림픽위원회 및 국내외 스포츠연맹 등 82개국 280명이 참여하였다. 여성의 양적인 측면의 스포츠 참가를 넘어 의사결정권자로서의 기회를 부여하고 여성의 완전한 참여를 실행시키는 스포츠 문화를 형성하고자 노력하고 있다.

02 스포츠와 사회일탈

01 스포츠 일탈의 개념

<table>
<tr><td rowspan="6">1. 스포츠 일탈의
이해</td><td>(1) 사회적 일탈은 사회적 상황에서 행위가 발생했을 때 사회규범인 '정도(正道)'를 벗어난 상태</td></tr>
<tr><td>(2) 일반사회의 보편타당한 규범적 기대를 벗어나는 행동</td></tr>
<tr><td>사회적 일탈이란 사회 구성원에 의해 수용되는 사회규범에 대한 위반이나 비동조(nonconformity)로서 사회의 일반적 통념·관례·가치에서 벗어난 행위를 뜻한다.</td></tr>
<tr><td>(3) 스포츠에서의 일탈 행동은 스포츠 환경에서 규정된 다양한 형태의 규범을 위반한 행동</td></tr>
<tr><td>스포츠에서 발생하는 일탈은 사회에서 적용하는 기준과는 달리 스포츠 환경을 고려하여 적용되는 특수성을 지닌다.</td></tr>
</table>

2. 일탈에 대한 규정

(1) 규범과 일탈

규범	• 법적 규범 • 도덕적 규범: 스포츠맨십, 페어플레이	
일탈	• 규범 위반: 규범에 대한 위반 행동으로 금지된 행동 • 사회적 규정: 사회적 반응의 산물로 낙인	
	규범 위반 중시	−구조기능 이론 −문화전달 이론(차별교제) −사회통제 이론(사회결속)

(2) 스포츠에서 일탈 규정의 한계성

코클리(Coakley, 2009)의 일탈 규정의 제한점

• 스포츠에서 다양한 일탈의 유형과 원인이 존재함

> 다양한 일탈의 원인이 존재하며 한 가지 이론으로 모든 것을 설명할 수 없다. 일탈은 발생한 맥락 속에서 이해되어야 한다.

• 허용 행동 범위의 특수성

> 스포츠경기 중 복싱선수가 상대방 선수를 다치게 하는 행위는 합법이지만 사회에서는 불법으로 간주된다.

• 스포츠에서의 일탈은 규범의 거부보다는 규범을 무비판적으로 받아들이는 것이 포함됨
• 새로운 유형의 과학 기술과 밀접한 선수 훈련과 운동수행

> 초창기 도핑은 불법이 아니었으나 약물의 부작용이 사후에 알려지면서 도핑은 불법으로 규정되었다. 현재 도핑(기술도핑 포함)은 대표적인 일탈 행위에 속한다.

02 스포츠 일탈의 개념적 접근

1. 스포츠 일탈의 접근 방법(스포츠 현장에서의 특수성에 기반을 둔 스포츠 일탈 이해의 상반된 두 가지 관점) 2020년 A 10번

(1) 절대주의적 접근	① 규칙이나 절대적인 기준을 적용하여 행동의 옳고 그름에 대한 평가

① 규칙이나 절대적인 기준을 적용하여 행동의 옳고 그름에 대한 평가

② 일탈에 대한 진리 중심(truth-based) 접근

> **일탈을 구분하는 가치체계**
>
> 사회 구성원 대부분을 만족시킬 수 있는 보편적·절대적 기준이 명확하다는 가정하에, 개별 행동의 옳고 그름 여부는 보편적 사회 기준에 근거하여 판단된다.

③ 보편적으로 적용될 수 있는 윤리적 가치체계인 스포츠 규칙 위반

> 스포츠는 본질적으로 규칙에 의해서 지배받는다. 그리고 스포츠를 제어하는 규범은 사회의 보편적 정서에 준하는 윤리적 규준에 근거를 두고 있다. 스포츠에서 규칙이나 윤리적 문제의 무시 혹은 경시는 스포츠의 본질을 훼손하는 것이다.

④ 개인의 일탈 통제 방법

> 개인적인 문제로서의 일탈을 통제하는 유일한 방법은 규칙 위반자를 단속하고 처벌하는 것이다.

⑤ 절대주의 접근에 대한 한계 및 비판점(Coakley, 2009)

> 절대주의적 접근은 창의성과 변화를 약화시키고 규칙에 대한 저항을 초래한다.

① 특정한 환경을 고려하여 그 상황에서 용인되는 규칙의 범위를 규정하며 일탈은 전적으로 규칙을 만드는 사람에 달려 있음

> 어떤 상황에서의 규칙이나 기준도 그 집단의 특수한 상황을 고려해서 설정되어야 한다고 가정하며 일탈의 용인된 범위는 구성원들의 타협을 통해서 규정된다. 권력을 가진 사람들은 자신들의 이익을 위하여 사회 규범과 일탈을 정의하게 되며 피지배층들의 행동은 일탈적 행동으로 분류될 가능성이 더 높아진다.
> 권력을 지닌 소수들이 다수를 지배하는 구조 일탈은 개인의 문제가 아니라 사회 구조적 문제로 귀결된다. 스포츠에서 일탈적인 행동을 통제하기 위해서는 사회 전체를 변화시킬 필요가 있다고 주장한다.

② 일반적인 사회적 범주에서 벗어날 경우 일탈

기준을 충족한 사고
및 행위의 범위

| 일탈 | 동조 | 일탈 |

구성주의적 접근의 강조점(Coakley, 2009)

- 규범은 상호작용 과정에서 사회적으로 구성된다.
- 일탈은 사회적으로 용인되는 범주의 경계에 대해 사람들이 타협하는 과정에서 사회적으로 구성된다.
- 규범적 경계와 사회적으로 용인되는 범주에 대해 타협하는 과정은 사회에 존재하는 권력 역학관계의 영향을 받는다.
- 규범을 무시하거나 거부하는 행위는 과소동조의 일탈 행위가 되며, 규범을 의문 없이 수용하는 행위는 과잉동조의 일탈 행위가 된다.

③ 사회의 고유한(특수한) 상황에서 일탈 발생
④ 인간관계의 상호작용을 기반으로 일탈의 범위 규정

**(2) 구성주의적 접근
(상대론적 접근)**

	🏆 일탈의 상대성	
시간	고대 올림픽 경기에서는 모든 선수가 벌거벗은 나체로 경기에 임하였다. 당시에는 이러한 행위가 당연한 것이었으나 오늘날에는 일탈 행위로 규정된다.	

(2) 구성주의적 접근 (상대론적 접근)

장소	인디언 종족 주니족의 달리기 선수는 경쟁자를 계속적으로 능가하려고 노력하지 않는다. 이러한 그들의 행동은 그 지역사회에서는 당연하다고 용인되는 행동이 되지만, 일반적인 시각에서는 일탈로 낙인찍힌다. 또한, 뉴질랜드의 럭비와 풋볼 경기에서는 팔이 없는 상의를 입고 경기를 하지만, 다른 지역에서 착용했을 때는 비정상적 일탈 행위로 간주한다.	
사회적 상황	복싱의 경우 격렬한 신체적 가격을 통해서 상대방을 완전히 격퇴시키는 데 목적을 두고 있으나, 골프 경기에서 그러한 행위는 일탈로 간주된다. 또한, 축구 경기에서는 관중의 소란스러운 응원이 자연스러운 행동이 되지만, 테니스 경기나 골프 경기에서는 침착하고 조용한 관전이 요구된다. 그리고 권투 경기에서는 상대방에 대한 예의가 그다지 중요하지 않으나 태권도, 검도, 유도와 같은 다른 격투기 종목의 경우 상대방에 대한 예의와 존경이 요구된다.	

2. 일탈의 유형 2017년 B 1번 / 2026년 B 5번

(1) 상대론적 관점

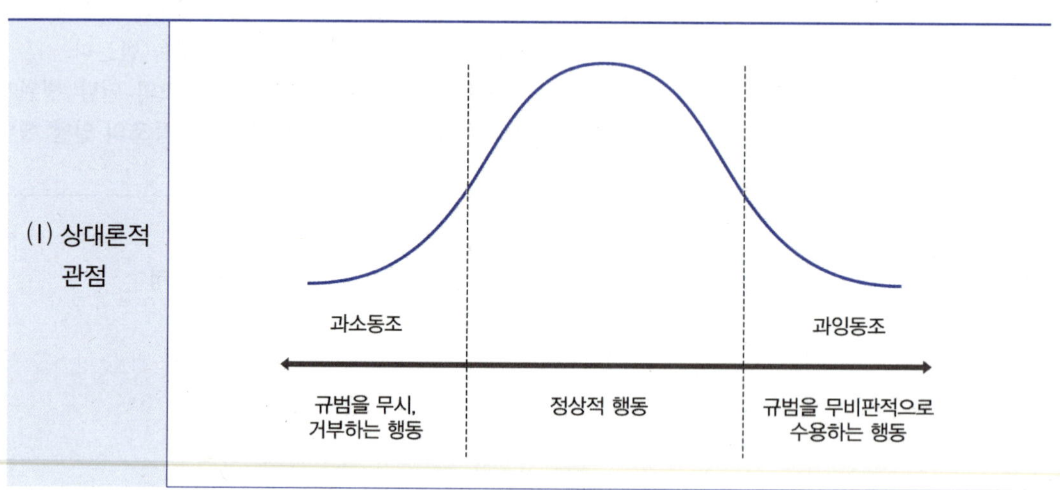

절대주의자들은 일탈 행위를 불순종으로 정의하고, 규칙을 위반하는 사람들을 문제와 도덕적 손실을 일으키는 것으로 간주한다. 상대주의자들은 일탈적인 행동을 권력자들의 이익으로부터 벗어나는 것으로 정의하고, 일탈하는 행위자들을 지배층의 착취로부터 발생한 희생자로 간주한다. 이 주장들의 가장 큰 문제점은 일탈 행위가 규칙에 대한 과도한 준수와 기대까지 포함한다는 사실을 무시한다는 것이다. 또 다른 문제점은 스포츠 문화에서 사용되는 규범과 운동선수가 자신과 타인을 평가하기 위해 규범을 사용하는 사실을 고려하지 않는다는 것이다. 따라서 스포츠의 규칙을 위반하는 사람들을 도덕적 타락으로 간주할 수 없으며 피해자로 간주할 수도 없다. 청소년들이 운동선수가 무엇인지에 대한 개념을 받아들이고 그것에 대하여 지나치게 준수하는 것을 중요하게 생각할 때 도덕적 성향이 부족하다고 말하는 것은 적합하지 않다. 물론 운동선수가 모든 스포츠 환경을 통제하는 것은 아니지만 스포츠 상황에서 결정과 행동을 하도록 제안하는 규범의 형성 및 유지에 중요한 역할을 한다. 상대론적 접근에서 정상적인 행동의 범위를 초과하면 일탈 행동이 발생한다.

(1) 상대론적 관점	① 과소동조	규범을 거부하거나 무시하는 것으로 판단되는 사고·특성·행위 정해진 훈련시간에 늦게 오는 행위, 관중의 야유에 화가 나 야구방망이를 관중석으로 집어 던지는 행위, 경기 후 음주운전을 하는 행위 등이 포함된다. 이러한 과소동조 행위를 할 경우 해당 선수는 즉각적으로 처벌을 받게 된다.
	② 과잉동조	규범에 대한 무비판적인 수용이나 규범수준의 한계에 대해 제대로 인식하지 못해 정상을 과도하게 넘어서는 사고·특성·행위 큰 부상을 당했음에도 불구하고 진통제를 맞고 경기에 참가하는 행위나 팀 승리를 위해 지도자의 지시에 따라 상대 팀의 주요선수에게 상해를 입히는 행위 등이 포함된다. 극단적인 경우 파시즘으로 나타날 수 있다. 특정 선수의 과잉동조 행위를 칭찬하는 문화가 계속되게 되면 다른 선수들도 과잉동조화될 가능성이 높아지게 되어 심각성이 더해진다. 과잉동조는 일탈 행위임에도 불구하고 특정 스포츠 집단의 기준으로 인정될 때 선수들은 이를 일탈로 보지 않게 된다. 그 이유는 과잉동조가 운동선수로서의 정체성을 인정받고 재확인하는 과정에서 필수요소로 작용하기 때문이다. 따라서 과잉동조를 중단할 경우 코치와 다른 선수들은 자신들의 집단에서 탈퇴하도록 강요하면서 그 선수를 하찮은 존재로 만들고 배제시켜버린다. 따라서 과잉동조 행위는 위험하고 삶에 지장을 초래할지라도 코치로부터 인정받고 다른 선수들로부터 존경받기 위해서 지불해야 할 대가로 여겨진다.

🏆 일탈적 과잉동조의 원인으로서 스포츠 규범(Hughes & Coakley, 1991)

(1) 상대론적 관점	② 과잉동조	**경기에 헌신 : '몰입 규범'** — 선수가 '경기'를 사랑해야 하고, 그들의 삶에서 경기를 가장 우선순위에 두어야 한다고 강조한다. 또한 동료선수들의 기대에 부응하고 스포츠 세계에서 살아남기 위해서 희생해야 함을 포함한다. 이러한 규범에 동조하는 선수들은 경기에 출전하는 것 자체로부터 자신의 정체성을 확인받을 수 있다고 믿는다. 따라서 고난과 역경 속에서도 경기장에 모습을 나타내는 선수에 대해 존경을 표하며 자신도 늘 그렇게 되길 바란다.
		탁월성 추구 : '구분 짓기 규범' — 올림픽 모토인 '더 빠르게, 더 높게, 더 강하게'는 이 규범의 의미를 잘 나타내 준다. 기록을 깬다는 것은 탁월함의 궁극적인 지표가 되는데 그것은 운동선수들이 한계를 밀어 붙이고 다른 사람들을 능가하며 최고가 되기 위하여 어떤 대가를 치르더라도 헌신을 다하는 특별한 집단임을 재확인시켜 주기 때문이다. 다른 선수와의 차별성을 강조하는 것으로 끊임없이 최고의 기량을 향상시키고 성취하려는 노력을 기울여야 한다는 규범이다. 이러한 규범은 선수들로 하여금 훈련과정에서 자신의 한계를 넘어서도록 독려한다. 따라서 가혹한 훈련은 더 이상 가혹한 훈련이 아니라 극복해야 될 상징이 되는 것이다.
		위험과 고난 감수 : '인내 규범' — 운동선수는 경쟁적 도전으로부터 물러서지 않고 압박감, 고통, 두려움을 견뎌내야 하며 이를 경기의 일부분으로 받아들여야 한다는 규범이다. 특히 경기장에서 자신의 신체를 위험에 노출시킨 채 고통 속에서도 기꺼이 경기에 임하고자 하는 태도는 코치들에 의해 진정한 운동선수의 표본으로 인정받게 된다.
		성공 추구에 어떠한 장애물도 용납하지 않음 : '도전 규범' — 꿈을 강조하며 어떠한 대가를 치르더라도 꿈을 추구해야 한다는 의무를 강조한다. 그리고 선수들은 장애물을 반드시 극복하고 역경을 헤쳐나가는 노력을 해야 함도 포함한다. 선수들은 스스로 그만두지 않는 한 꿈은 이루어질 수 있는 것이라고 말한다.

| (2) 일탈의
개념
2011년 22번 | ① 긍정적
일탈 | 규범지향적이나 관용한계 초월

K∪무패 행진, 높이뛰기이 포스베리

베커(Becker)
긍정적 일탈은 '한 개인이 기존의 가치체계 혹은 규범을 과도하게 따르는 행위'를 의미하며(Ewald & Jiobu, 1985), 이는 코클리(Coakley)가 제시한 일탈적 과잉동조와 같은 개념이다. 긍정적 일탈의 예로는 일상생활에 지장을 줄 정도로 공부에 매진하거나 일에 매진함으로써 건강을 해치는 경우가 이에 해당될 수 있다. 스포츠 현장에서 발견할 수 있는 긍정적 일탈의 예로는 운동중독, 과 트레이닝 등을 들 수 있다.

아툴 가완디(Atul Gawande, 2014)
긍정적 일탈이란 '동일함이라고 하는 지배적인 무리들 속에서 빠져나와, 전통적인 방식과 고정관념을 거부하면서 새롭고 혁신적인 대안을 제시하는 소수들의 도전'이다. 스포츠의 맥락에서 틀에 박히고 정형화된 변화가 아니라, 보다 커다란 혁신을 가져오는 동력으로 긍정적 일탈이 기여할 수 있다. 예를 들면, 엘리트스포츠와 생활체육이 분리된 개념으로 취급되어 왔으나 이를 하나로 통합해 새로운 미래로 나아가려는 시도는 이에 해당된다고 볼 수 있다. |
| | ② 부정적
일탈 | 규범 위반의 바람직하지 못한 행동

반칙, 부정행위, 약물복용, 도박, 담합, 대교경기 일탈 |

03 스포츠 일탈의 사회학적 주요 이론 2012년 23번 / 2020년 A 10번

1. 구조기능주의 관점

(1) 특징	① 20세기 초부터 제2차 세계대전 시기까지 안전과 통합에 대해 높아진 관심 반영 사회구조(안정적·지속적 행동의 유형들)가 합의된 문화적 목표에 공헌하는가? ② 일탈을 규범 위반의 관점에서 정의 사회의 기본적 규범과 가치에 대한 높은 합의를 가정하며, 규범 위반의 원인과 결과가 일탈연구의 핵심적 초점이 된다. 즉, 일탈은 사회구조의 결함이 가져온 산물이며 사회 합의와 통합이 파괴된 것으로 개념화된다. ③ 일탈은 사회질서 유지에 기여하며, 지속적인 행동유형과 같이 정상적인 것으로 간주 일탈은 단순히 나쁜 행동이 아니라 사회를 유지하는 데 있어 필수적이다. 구조기능주의자들은 일탈을 억제만 하지 말고, 사회적 유지를 위한 조건으로 인정해야 한다고 주장한다. 스포츠에서 일어나는 관중폭력이나 약물복용 등의 행위는 그 자체로서는 부정적이지만, 이를 통해 사람들은 그런 행동을 경멸하고 이에 대한 경각심을 갖게 된다. 또한 대중매체가 이를 널리 알리고 사람들은 그런 행동에 대하여 서로 이야기함으로써 옳고 그름에 대한 공통의 가치를 재확인한다. **에릭슨(Erikson, 1966)** 일탈의 기능론적 측면을 체계화한 그는 '일탈자의 확인은 집단의 문화적 정체성을 다시 한번 확인시키고 강화시키려는 사회집단의 중요한 목적에 기여한다.'고 주장하였다. 일탈자는 공통목표를 추구하기 위해 집단성원들이 함께 뭉치는 기회를 제공하고, 이러한 상황은 집단성원들에게 그들이 공통으로 가지고 있는 것이 무엇인지 일깨워 주며, 아울러 사회적 결속을 강화시켜 준다(Liska & Messner, 2001).
(2) 아노미 이론	① 뒤르켐(Durkheim) : 아노미(anomie) 아노미란 '무규범 상태'를 이르는 말이지만, 규범이 없다기보다 다양하고 양립 불가능한 규범이 동시에 작용하여 개인이 모순과 갈등에 놓인 상태를 의미한다. 목적지를 향해 가는 길이 고속도로 하나라면 선택의 여지가 없겠지만, 비슷한 길이 여러 개라면 그중 어떤 길을 선택할지 모르는 상황에 봉착하게 된다.

② 머튼(Merton)： 아노미(anomie)

아노미란 개인이 받아들이는 규범이 사회적 현실과 갈등할 때, 그의 행동에 가해진 긴장을 지칭한다. 사람들이 보편적으로 가지고 있는 성공에 대한 목표와 이를 성취할 수 있는 기회에 대한 불평등이 서로 결합할 때, 아노미에 대한 압력과 높은 수준의 일탈이 일어나는 것이다(Liska & Messner, 2001). 즉, 아노미는 목표와 수단의 괴리에서 발생한다. 가령 기량이 탁월한 상대방 스트라이커에게 선취점을 빼앗긴 수비수가 누군가로부터 그 스트라이커를 백 태클하여 부상을 입히라는 주문을 받았을 때의 상황을 가정해 보자. 그 상황에서 그는 선수로서의 윤리와 승리라는 실익, 이 두 가지의 양립 불가능한 가치를 동시에 수용하게 되는데 이런 상황이 아노미이다.

머튼의 아노미 이론은 사회적 상황을 중심으로 일탈 현상을 설명하고자 한다. 사회 구성원 사이의 규범적 합의에 기반을 두어 일탈을 정의하고 사회규정(social definition)보다 규범위반(rule violation)이 핵심적인 초점이다. 아노미란 무규범 상태를 의미한다. 목표와 수단의 모순적인 상황으로 인해 발생되며 현대 사회의 스포츠는 상업화, 관료화, 조직화의 영향으로 그 갈등의 수준은 더 극대화되었다.

🏆 머튼(Merton)의 아노미 이론

이론의 가정	• 현대 사회에서 성원에게 규범의 구속력이 약하게 작용하여 아노미 상태인 모순과 갈등이 발생 • 사회 통제의 약화로 인한 규범 위반이 발생한 원인을 설명하며, 사회질서의 붕괴보다 사회질서 내 불일치로 일탈 발생 • 사회·문화구조(문화적 목표와 구조적 기회)의 불일치 심화에서 일탈 발생 • 구조적 역기능에 의한 문화적 가치(목표)와 제도적 수단 간의 결함으로 개인 긴장·스트레스가 발생되며, 이에 대한 강도 증가 시 '일탈' 발생
이론의 적용	• 구조적 역기능이 높은 조직은 스포츠 조직 • 유일한 문화적 목표는 승리이고, 승리 쟁취의 수단과 방법은 제한적 • 스포츠 상업화·관료화·조직화·승리제일주의 가치의 강조로 인하여 승리에 대한 사회적 압력은 높고 구조적 기회는 제한(규칙, 스포츠맨십, 페어플레이) • 목표-수단 간의 괴리는 성공강박의 구조적 긴장이 증가하여 스포츠 일탈현상 발생

05

🏆 머튼(Merton)의 스포츠 장면에서 일탈 유형(아노미 상황에서 개인의 긴장해결 방법)

(2) 아노미 이론
1999년 추가 6번 /
2007년 추가 16번 /
2009년 25번 /
2011년 2차 1번 /
2012년 13번 /
2013년 21번 /
2015년 B 3번 /
2021년 A 8번

동조	• 목표 수용과 제도화된 수단 채택 • 승리 추구와 경기규칙의 준수를 동시 추구 • 경기전술 차원에서 비윤리적 동조 행동으로 발생하는 합법적 규칙 위반(규칙의 관용 한계 내 위반) 행동 포함 • 자연 발생적 규칙 위반, 지연작전, 테크니컬 파울 목표를 긍정하면서 수단 또한 인정하는 행위를 말한다. 즉, 스포츠가 내포하는 가치와 수단의 괴리 현상을 그대로 수용하면서 주어진 조건 내에서 경기를 수행하는 행동이다. 대부분 일탈로 간주되지 않지만, 경기규칙이 허용하는 한도 내에서 시간 끌기, 파울 작전 등은 비윤리적인 행위로서 일탈 행위라 할 수 있다.
혁신	• 문화적 목표는 수용하나 성취를 위한 수단은 거부 • 불법적 규범 위반 • 승리에 대한 과도한 집착으로 불법적 수단 사용 • 약물 사용, 경기장 폭력, 난동, 담합에 의한 승부 조작, 고의적 규칙위반 스포츠 일탈 중 가장 문제되는 형태로 승리라는 궁극적 목표는 수용하지만 수단은 거부하는 행위이다. 즉, 기존의 방법을 거부하고 새로운 방법을 모색하여 목표를 달성하고자 한다. 대표적으로 육상 높이뛰기에서 처음으로 배면뛰기를 시도한 경우가 이에 해당된다. 이러한 행위는 긍정적 일탈(positive deviance)로 표현된다. 한편, 불법적인 수단을 사용해서라도 승리를 추구하려는 유형 또한 이에 해당된다고 볼 수 있다. 불법 스카우트, 뇌물수수, 약물 복용, 경기장 폭력, 승부 조작 등이 대표적인 예이다. 그러나 이러한 행위는 엄연히 일탈적 과잉동조에 해당된다. **혁신의 순기능** • 새 제도 출현의 사회적 기반 형성 • 일탈에 의한 경각심 부여 • 폭력행위의 사회문제를 다소 예방 • 합법적으로 스포츠에 내재된 폭력적 경향과 공격성 발산 스포츠경기에서 불법적인 방법을 동원해서라도 꼭 승리하고자 하는 상태를 말하며, 불법 스카우트, 뇌물수수, 금지된 약물의 복용, 경기장 폭력, 승부 조작 등이 이에 해당한다.

	의례 주의	• 실현 가능한 목표수립으로 좌절과 스트레스 감소 • 조직 내 지위상승이 한계 봉착 시 발생 • 승리에 대한 기대를 스스로 포기 • 승패에 집착이 없는 참가 스포츠 장면에서 승인된 목표는 반대하지만, 수단은 수용하는 행동 형태이다. 자신이 실현 가능한 범위로 목표를 제한하여 좌절과 스트레스를 약화시키는 행동의 경우 최고의 선수가 되겠다는 목표는 갖지 않는다. 그러나 자신에게 주어진 역할과 훈련은 충실히 수행한다. 그리고 경기 참가에 의의를 두지만 경기 성적을 중시하지 않는다. 의례주의는 기대 역할 수행을 스스로 포기한 행동이라는 점에서 일탈로 간주한다.
(2) 아노미 이론 1999년 추가 6번 / 2007년 추가 16번 / 2009년 25번 / 2011년 2차 1번 / 2012년 13번 / 2013년 21번 / 2015년 B 3번 / 2021년 A 8번	**도피 주의**	• 목표-수단 모두 거부 • 스포츠 참가 중단과 포기 • 역할포기와 자아상실 • 약물중독, 알코올중독, 신부, 수도자 목표와 수단을 모두 거부하고 기존 사회로부터 탈피하는 적응 방식이다. 운동초기 및 숙련 단계에서 운동에 대한 불쾌감이나 염증을 경험하거나 부상의 공포에 시달리는 경우, 스포츠 참가의 중단이나 포기로 나타난다. 이 행동은 타인으로 하여금 반사회적 문제를 유발시키거나 집단적인 대응 형태를 보이게 유도하지는 않지만, 사회에서 기대하는 역할의 포기와 자아상실이 나타난다는 점에서 일탈로 간주할 수 있다.
	혁명 (반역)	• 새로운 목표와 수단 주창으로 적극적 사회변혁 도모 • 올림픽 개선 운동, 아마추어 운동, 대체용구 사용, 생활체육 활성화 운동, 아마추어리즘의 회복 본래의 목표와 수단을 모두 부정하고 새로운 목표를 설정하여 혁신적인 수단을 이용하여 소정의 목적을 달성하고자 하는 행동으로 적극적인 사회운동에 참여하여 사회의 변혁을 시도하고자 한다. 엘리트 중심 체육정책에 대한 반작용으로 일기 시작한 생활체육 운동이 민간 중심의 활동으로 확산되면서 국가의 체육정책을 변화시키고 있는데, 이것이 혁명의 예라 할 수 있다.

2. 갈등론적 관점

<table>
<tr><td rowspan="2">(1) 특징</td><td colspan="2">① 일탈에 관한 마르크스주의적 해석</td></tr>
<tr><td colspan="2">일탈은 경제, 인종, 젠더 등 다양한 측면에서 접근할 수 있다. 그러나 그 초점이 무엇이든지 간에, 갈등이론가들은 누가 기득권 집단(상류계급, 백인, 남성)에게 위협적인지 그리고 권력을 가진 집단들이 기득권 유지를 위해 어떻게 위협에 반응하는지에 관심을 보인다. 갈등 이론은 사회제도에서의 권력, 억압, 갈등, 변화의 현상을 재발견하는 데 주안점을 둔다. 사회는 희소한 자원의 불평등한 배분에 대한 갈등이 존재하며 사회적 규범 또는 규칙이 권력자 또는 가진 자의 이익만을 반영하기 때문에 이에 대한 반작용으로 일탈 행위가 발생된다. 일탈은 사회적 불평등을 반영하기 때문에, 일탈 행위는 개인의 아닌 사회구조적인 문제로 귀결된다.</td></tr>
</table>

② 일탈이란 정교하게 선택된 행위

> 자본주의 체제의 불평등에 대한 적극적인 대응으로서 일탈 행위에 참가한다. 스포츠는 자본주의를 유지하고 결과적으로 기존의 계급구조를 정당화시키는 데 기여한다. 일탈이란 정교하게 선택된 행위로 사람들의 자본주의에서 기인한 불평등한 구조에 대한 반응이다.

(2) 일탈의 원인 — ① 경제 갈등

- 전통적 마르크스주의에 입각한 경제적 갈등 이론

  > 현대사회의 법과 같은 제도들은 생산수단을 소유하고 통제하는 자본가들의 이해관계를 반영한다.

- 도덕적 근거가 불충분한 제도와 규칙

  > 프로야구 선수와 구단 간의 관계를 규정하는 보류조항(reserves clause)이나 신인선수 드래프트(draft pick system)와 같은 제도는 불평등 구조를 반영한다. 이들 조항은 리그의 안정성을 꾀하고 구단의 경제적 부담을 과중시키지 않기 위해서 제정되었다. 하지만 시장자본주의 시스템 속에서 자유로운 경제활동을 보장받아야 할 선수 개인의 이해관계는 결코 반영하지 못한다. 프로야구 드래프트를 거부한 신인이나 구단과 연봉 협상에서 난항을 일으키는 선수는 종종 실력에 비해 돈만 밝히는 선수로 인식되어 주위의 곱지 않은 시선을 받는다. 왜냐하면 이들이 구단(자본가)과 선수(임금노동자) 간의 약속을 지키지 않았기 때문이다.

- 불평등한 구조의 원인

  > 스포츠 장면에서 구단이나 감독에게 항명하는 선수들, 드래프트를 거부하는 신인들과 같이 기존의 체계에 반항하고 기행을 벌이는 경우, 그 책임은 고스란히 선수 개인의 도덕적 문제로 전가되는 경우가 많다. 갈등 이론의 관점에서 운동선수의 행위적 일탈, 심지어 약물의 사용까지도 결국 선수들을 그 지경으로 몰고 간 사회의 불평등한 구조적 시스템에 근본적 원인이 있다.

	② 인종 갈등	• 소수 인종은 때때로 더 일탈적이고, 더 범죄적인 것처럼 취급받음 • 소수 인종에 의한 폭력강도의 근본적 원인은 실업과 임금문제
(2) 일탈의 원인	③ 젠더 갈등	• 스포츠는 성에 대한 지배적 정의를 강화시키는 대표적인 제도 남녀 이분법적 기준 외에 다른 분류체계는 정상에서 벗어난 일탈로 간주되어 왔다. 게이와 레즈비언이 비정상이자 심각한 일탈로 여겨지고 주변화되는 것이 대표적인 예라고 할 수 있다. 세계랭킹 1위를 지배한 뛰어난 여성선수의 성공에 대해 "과연 이들을 여성이라고 할 수 있는가?", "여자를 좋아한다니 남자 아니야?"라고 여기는 것이다. 갈등 이론의 관점에서 볼 때, 이들의 커밍아웃은 이성 중심의 사회질서에 도전하는 정치적 행동의 일종으로 간주된다.

🏆 스포츠 일탈의 구조적 근원(임번장, 『스포츠사회학 개론』) 1999년 추가 6번 / 2023년 A 8번

양립 불가능한 가치 지향 : **승리 ↔ 공정** (스포츠맨십, 페어플레이)	규칙을 준수하는 것과 승리는 서로 모순적이며 승리에 집착할수록 일탈 행위를 할 가능성이 커진다. 맹목적인 승리를 추구하는 집단일수록 일탈 행위에 취약해질 수 있다. 팀이나 조직이 양립하는 어느 가치를 강조하느냐에 따라 스포츠 일탈의 수준이 결정된다. 농구의 경우 수비선수는 공격선수의 주의를 흐트러뜨리고 심리적 불안정 유도를 위하여 공격선수의 하의를 잡아당기거나 상대선수의 파울 유도를 위하여 여러 가지 가식적 행동을 취하는 경우가 많다. 이와 같은 스포츠 일탈은 승리 추구의 가치가 정정당당하게 경기를 하고자 하는 도덕적 가치보다 더 중요하게 여겨지기 때문에 발생하는 현상이다.
가치 · 규범과 성공강박 간의 **불일치** (승리에 대한 강박 관념)	과도하게 승리에 집착할 경우 운동선수로서의 본분을 망각한 채 비정상적인 행위를 하는 경우가 발생된다. 학생선수들의 기본 권리인 학습권을 소홀히 하고, 스포츠에서 지켜져야 할 규칙이나 행동이 무시되는 경향이 발생한다. 고등학교나 대학의 경우 비정상적인 훈련방법을 통해 상대보다 유리한 고지를 점령하게 된다. 대부분의 고등학교나 대학 팀은 허용된 연습시간 이외의 시간에도 학업을 도외시한 채 비공식적인 연습을 하고 있다. 또한 공식적으로 허용된 연습시간 외에도 수업을 철폐하고 연습에만 전념하는 탈법적 훈련을 실시하는 경우가 많다.
경쟁적 보상 구조	스포츠 일탈은 경쟁적 보상 구조가 클 때 발생하게 된다. 승리가 성공의 유일한 척도이고 승리에 대한 보상이 클 경우, 사람들은 스포츠에서 성공 기회를 포착하기 위한 수단으로 일탈 행동을 범하게 된다. 승자독식의 자본주의 체제로 인해 승리를 위한 금지약물 복용, 부정행위 등이 발생된다.
역할 갈등 : **다양한 기대충족을 위한** **역할 모순** (선수 ↔ 일반학생)	역할 갈등이란 두 가지 이상의 지위나 역할로 발생하는 갈등을 의미한다. 역할을 수행함에 있어 상반되는 가치의 충돌이 심화될 경우 일탈 행위가 증가된다. 고등학교 운동선수는 일반학생으로서 수업에 빠짐없이 출석하고 학급 생활을 열심히 하여 우수한 성적을 거두도록 기대된다. 또한, 운동선수로서는 시합에 참가하여 승리하기 위해 열심히 연습에 참가하도록 기대된다. 감독은 선수 개개인의 건강과 선수로서의 생명을 고려해야 할 책임을 지닌다. 동시에 팀의 승리를 위해 선수 개인을 희생시켜야 하는 역할 갈등을 경험하게 된다.

3. 상호작용론적 관점 2012년 23번 / 2021년 A 8번

(1) 특징	① 일탈은 사회적으로 구성된 현상 일탈은 행위 유형이 있는 것이 아니라, 어떻게 초기의 행위가 비행으로 정의되고 왜 어떤 집단은 일탈집단으로 불리고 다른 집단은 그렇지 않은가에 의문을 제기한다 (Giddens, 2001). ② 사회구조보다 사회적 과정인 미시적 차원에서 일탈 규명 ③ 일탈이란 가변적이며, 상황과 맥락에 따라 의미가 변화함 인간은 상징을 통해 타인과 의사소통을 하는데, 이러한 행위를 통해 일탈적이라고 개념화(낙인)됨으로써 일탈이 된다.
(2) 차별교제 이론	① 일탈 행위는 문화적 유형화 행위로 규정 일탈적 행위를 학습하는 과정을 중요시하며 친밀도가 높은 집단 내에서 학습효과가 증가된다. 이로써 학습내용에는 범죄행위의 기술뿐 아니라 동기, 태도 등의 집단 문화가 포함된다. ② 근묵자흑(近墨者黑) : 인간은 주위 환경에 따라 변화됨 서덜랜드(Sutherland)의 차별교제 이론에 따르면 일탈은 다른 사람들과의 상호작용을 통해 학습된다. 사회적으로 인정되지 않는 일탈 행동도, 사회적으로 인정되고 권장되는 동조 행동과 마찬가지로 사회화 과정을 통해 형성된다. 다만, 어떤 사회 환경의 경우 불법적 활동을 격려하는 경향이 있고, 개인은 이 같은 환경에서 일탈 유형과 지속적으로 접하면서 사회규범에 동조적인 행동 유형과는 멀어지게 된다. ③ 차별적 결합(differential association)에 의한 학습 스포츠에 참가하게 되면 특정 문화를 공유하는 스포츠 집단의 문화를 내면화하는 일련의 사회화 과정을 겪게 되는데, 이는 개인에게 긍정적으로 작용하기도 하지만 집단적 폭력과 같은 일탈 행동을 조장하기도 한다.

사회통제 이론은 문화전달 이론과 같이 규범 위반이라는 일탈 연구에 초점을 두고 있으나 행위를 일으키게 하는 동기에 관해서는 다른 견해를 갖는다. 사회통제 이론에서는 대부분의 사람이 규범을 위반하려는 동기를 가지고 있음에도 결과적으로는 규범을 위반하는 사람이 왜 소수에 불과한지를 설명한다. 즉, 일탈의 동기보다 일탈을 하지 않는 이유를 설명한다. 따라서 사회성원이 일탈동기에 따라 행동하려는 것을 통제하고 억누르는 기제를 검토함으로써 일탈을 파악하고자 한다. 사회통제 이론에 의하면 사회성원이 내적·외적 통제 때문에 규범에 동조하는 것으로 본다.

(3) 사회통제 이론
2021년 A 8번

외적 통제	규범 위반자로 알려짐으로써 받는 사회적 처벌과 기대된 사회적 보상의 상실로 인한 일탈적 동기의 행동화 예방의 이유가 기대된 사회적 보상과 사회적 처벌을 사회성원이 미리 예상하기 때문이라고 주장한다.
내적 통제	사회적 규범의 내면화로 규범과 일치된 행동에서 만족감을 경험한다. 반면 규범과 모순된 행동 시, 죄의식 및 자기비난 등을 일으켜 내면화된 규범이 일탈 행동을 통제하게 된다.

🏆 허스키(Hirschi)의 사회결속 이론

외적 통제	애착	개인이 다른 사람이나 집단의 견해와 감정에 대해 관심을 기울이는 정도
	수용	규범 준수에 따르는 사회적 보상에 대하여 사회성원이 갖는 관심
	참여	관습적인 활동에 보내는 시간과 노력의 양
내적 통제	신념	사회에서 일반적으로 인정되고 있는 관습적 규범의 내면화 정도

(4) 낙인 이론
2021년 A 8번

① 사회적 규정(social definition)으로 일탈 개념화

일탈이란 행위 자체의 속성이 아니라 집단에 의해 규정된 상호작용의 산물이라고 정의한다. 특정행동에 대한 사회집단의 평가를 통해 소외받아 찍히는 것이다. 일탈이란 행위 자체가 나쁜 것이 아니라 집단에 의해 형성된 사회적 규정(social definition)에 의해 일탈로 낙인되었기에 일탈이 된 것이다. 어떤 행위도 본래부터 일탈적인 것은 없다. 심지어 살인과 같은 명백한 범죄 행위일지라도 전쟁터에서는 일상적이고 필요한 활동이다. 동일한 행위도 상황에 따라 일탈로 규정되거나 그렇지 않을 수 있다.

낙인 이론가 베커(Becker)는 일탈을 사회적 규정으로 파악하면서, 사회집단은 규칙을 만들고 그 규칙을 특정인에게 적용시켜 그들의 주변인으로 낙인을 찍음으로써, 일탈행위를 만들어 낸다고 주장하였다.

② 사회는 인간관계에 나타나는 상징으로 구성되며, 인간은 자신의 행위를 능동적으로 구성한다고 가정함

> 낙인 이론에서 일탈이란 개인이나 집단의 특성으로 해석하지 않고, 일탈자와 비일탈자 간의 상호작용 과정으로 보았다. 이 과정에서 법과 질서의 힘을 보여주고자 하는 사람들 혹은 전통적인 도덕성의 정의를 다른 사람에게 강요할 수 있는 사람들이 대부분의 낙인을 찍는다. 이와 같이 일탈이라는 범주를 만들어 내는 낙인은 사회의 권력 구조를 나타낸다. 대체로 일탈이 정의되는 규칙들은 가난한 사람들을 대상으로 부자들이, 여성을 대상으로 남성들이, 소수 인종을 대상으로 다수 인종에 의해서 만들어진다(Giddens, 2001).

③ 특정인이 일탈자가 되는 이유 : '찍히기'

> 경기장에도 다양한 일탈 행동으로 낙인찍힌 선수들이 있다. 한 번의 실수는 이들에게 풍운아, 악동과 같은 이름표를 남긴다. 이처럼 스포츠계에서 몇 번의 일탈 행위로 인해 딱지가 붙으면, 그 사람은 악동으로 낙인찍히고, 감독이나 미래의 고용주에 의해서 믿을 수 없는 사람으로 여겨져 지속적으로 선수 생활에 불리하게 작용한다.

(4) 낙인 이론
2021년 A 8번

🏆 레머트(Lemert, 1967)의 일탈의 분류

일차적 일탈 (primary)	• 개인적 · 상황적 이유 등의 다소 경미한 일탈 1차적 일탈은 사회규범을 위반하였으나, 개인의 심리적 구조와 사회적 역할 수행에 영향을 미치지 않는 일탈이다.
이차적 일탈 (second)	• 일탈자의 일탈에 대한 타자의 반응으로 일탈자로 낙인 • **자아완성적 예언**: 외부에서 개인이나 집단에 대한 낙인 • **전과자**: 취업이나 사회적 기회에서 차별 대우를 경험한 이후 스스로 전과자로 인식 1차적 일탈은 다른 요인들 즉, 상황적 우연성(품행과 같은)과 사회적 지위들(인종·계층·성별)과 결합하여 한 개인을 일탈자로 낙인찍는다. 일탈자로 낙인찍히는 것은 사회적으로 오명을 씌우는 것이고, 사회적 관계와 경제적 기회에 부정적 영향을 미친다.

① 일탈이 일어나는 과정을 설명하는 이론으로, 기본적으로 일탈자와 정상인이 다르다는 통념을 배격
② 중화 이론은 규범에 동조하는 사람이나 그것을 어기는 사람이나 근본적으로 모두 규범을 어기고 싶은 욕구를 갖고 있다는 것에 주목
③ 인간은 규범동조라는 극과 규범파괴라는 또 다른 극 사이에서 왔다 갔다 표류하는 존재

🏆 **사익스와 마짜(Sykes & Matza) 중화 기법 5가지**

⑸ 중화 이론
2026년 B 5번

책임의 부인	• 일탈행위가 자신의 책임이 아니라고 부정하는 것 • 일탈행위를 행하고 나서 그 탓을 다른 곳으로 돌리는 것
가해의 부인	• 자기가 저지른 행위의 잘못을 사소한 것으로 치부하거나 부인함으로써 일탈을 합리화하려는 것
피해자의 부인	• 상대방에게 피해를 주었을 경우 피해자가 당한 것은 당연하다고 합리화하는 것
비난자의 비난	• 경찰이나 사법기구 같은 범죄통제기구를 반도덕적인 부패기구로 몰아침으로써 자기 행위를 합리화하고 정당화
높은 충성심에 의한 호소	• 초기 일탈자들에게 흔히 보이는 중화 기법 • 우리 사회의 공식적인 법규범을 어긴 것은 그 규범을 거부하기 때문이 아니라 보다 긴급하고 고귀한 규범을 우선시하기 때문이라고 중화하는 기법

04 스포츠 일탈의 기능

1. 일탈의 역기능

(1) 스포츠의 공정성 훼손

> 스포츠에서 약물이나 심판매수와 같은 일탈 행위는 공정성과 같은 스포츠의 기본 가치를 훼손시키고, 결국 스포츠의 의미를 상실시킨다.

(2) 사회화 영향: 일탈 행동의 제도화(폭력·공격·규칙 위반)를 통한 부정적 행동 습득의 내면화

> 스포츠스타는 자라나는 청소년들의 역할 모델이다. 따라서 스포츠 장면에서의 일탈은 이들에게 일탈적 행동을 조장하는 등 청소년의 스포츠사회화에 부정적으로 작용할 수 있다. 또한, 스포츠에 참가하고자 하는 개인에게 부정적인 가치를 심어주고 스포츠 폭력에 대한 위협을 느끼게 하여 스포츠 참가의 탈사회화를 조장하기도 한다.

(3) 스포츠 체계의 질서 및 예측 가능성 위협과 긴장-불안 조성

> 스포츠 내에 존재하는 규칙은 질서유지를 위한 사회적 산물이자 예측 불가능한 상황에 대한 긴장과 불안을 최소화하는 안전판의 역할을 한다. 그런데 경기에서 지나치게 반칙 행위가 증가할 경우, 이는 스포츠 질서의 붕괴로 이어질 수 있다.

2. 일탈의 순기능

(1) 규범에 대한 동조 강화

> 집단에 소속된 구성원으로 하여금 일탈적 행동에 반대하고 규범에 동조하려는 규범 동조를 강화시킨다.

(2) 부분적 스포츠 일탈은 사회적 안전판 역할 수행

> 일탈 행동은 잠재적 공격성과 불만을 잠재우는(해소) 안전판의 기능을 수행하여 심각한 사회적 문제의 발생을 사전에 예방하기도 한다.

(3) 혁명: 사회를 개혁하고 창의성을 부여하여 다음 세대 규범으로 확립됨

> 경영 종목 중 접영이나 높이뛰기의 포스베리 기법과 같은 경우 기존의 상식을 깬 일부 선구자의 일탈 행위가 스포츠를 변화시킨 좋은 예로 평가되고 있다.

05 스포츠 일탈의 유형과 원인 2011년 22번 / 2014년 A 기입 7번 / 2020년 A 10번

1. 폭력	🏆 신체적 공격 행위로서 폭력 개념		
	행동적 정의	행위의 결과 중시: 상해 결과 강조	
	동기적 정의	결과보다 의도에 초점	

🏆 스포츠 폭력 형태

적대적 공격	타인의 부상, 분노적 공격, 상대에게 해를 가할 목적의 행위
도구적 공격	승리·보상·위광을 위한 외적 목표 추구 행위

🏆 코클리(Coakley, 1981)의 스포츠 폭력의 원인

스포츠 상업화	• 선수의 영웅적 행동의 중요성 • 스포츠결과 측면에서 승리에 의한 금전적 보상
스포츠 팀의 구조적 특성	**스포츠 팀의 구조적 위협 요소(Sykes, 1958)** • 도덕적 가치에 대한 위협 • 성인 지위에 대한 위협(어른임을 증명) • 남성다움에 대한 위협 • 개인적 적합성에 대한 위협
운동선수의 역할 사회화	• 공격적인 스타 운동선수와 동일시하고자 하는 청소년 역할 모델 • 청소년 운동선수 사회화 과정에서 중요타자로부터 폭력 사용 지지

🏆 스미스(Smith)의 폭력 유형

(1) 경기장 내 폭력	**격렬한 신체 접촉**	경기 상황에서 흔히 발생되는 신체적 활동을 선수들은 자연스러운 것으로 받아들인다. 자리를 잡기 위하여 선수 간 몸싸움을 하는 것에서부터 공을 빼앗기 위한 태클 등이 이에 해당된다. 이러한 신체 접촉은 불법도 아니며 처벌 대상이 되지 않는다. 오히려 지도자에 의해 장려되기도 한다. 충돌, 가격, 태클, 방해, 부딪힘, 그 외의 다른 부상을 유발할 수 있는 형태의 강한 신체적 접촉

1. 폭력	**(1) 경기장 내 폭력**	**경계 폭력** / 경계 폭력이란 스포츠의 예절 및 윤리규범에는 부합하지만 공식적 경기 규치에는 위반되는 경기에서 전략의 일환으로 사용되는 폭력으로, 경기 규칙에는 위반되지만 스포츠 윤리규범에는 저촉되지 않으며 경기 전략의 일환으로 사용된다. 야구경기에서의 빈볼, 아이스하키에서의 주먹질 싸움(fist fight), 축구에서 팔꿈치로 상대방 선수의 얼굴을 고의적으로 가격하는 행위 등이 이에 속한다. 이러한 폭력은 상대방의 보복 행위를 유발하기도 한다.

야구에서의 빈볼성 투구, 축구와 농구에서 팔꿈치나 무릎의 사용, 중장거리 육상선수가 다른 선수의 리듬을 방해하기 위해 행하는 전술적 신체충돌, 아이스하키에서의 주먹질, 미식축구에서 쿼터백의 갈비뼈를 팔뚝으로 가격하는 것

유사 범죄 폭력

스포츠에서 공식적으로 제정된 규범인 경기 규칙 위반임과 동시에 선수들 간의 비공식적 규범에도 저촉되는 행위로 상대방 선수에게 치명적인 부상을 입힐 수 있는 행위가 이에 해당된다. 즉 선수로서 지녀야 하는 전문성과 책임의식을 잃은 행동으로, 미식축구에서의 지연된 파울(delayed foul)과 상대방이 전혀 예상하지 못한 상황에서의 가격 등 경기 진행에 큰 차질을 미치는 난동이 대표적인 예이다. 이러한 행위는 선수들 사이에서 인정받지 못할 뿐만 아니라 벌금과 출전정지 대상과 같은 중징계를 받게 된다.

비열한 플레이(cheap shots), 레이트 히트(late hits), 불시의 공격, 플래그런트 파울(flagrant foul) 등 선수의 신체를 위험에 빠뜨리고 경기 자체에 대한 헌신의 규범을 어기는 행위. 미식축구에서의 지연된 파울(delayed foul)과 상대방이 전혀 예상하지 못한 상황에서의 가격 등

1. 폭력	(1) 경기장 내 폭력	**범죄 폭력** 명백한 법 위반이자 범죄에 해당되는 행위이다. 이러한 행위는 아주 드물게 나타나기는 하지만 사건 발생 시 비난과 함께 법적 처벌을 요구받기도 한다. 대표적인 예로 경기 도중 상대방 선수와 말싸움 끝에 주먹으로 상대방 선수를 가격하는 행위나 관중 혹은 심판에게 물리적 폭력을 가하는 행위 등이 이에 해당된다. 경기 도중 상대방 선수와 말싸움 끝에 주먹으로 상대방 선수를 가격하는 행위나 관중 혹은 심판에게 물리적 폭력을 가하는 행위 등 경기 중에 발생한 것으로, 사전에 계획되어 죽거나 불구에 이를 정도의 심각한 폭행

과잉동조로서의 폭력과 제도화된 폭력 (institutionalization violence)

과잉동조로서의 폭력은 팀의 승리를 위한 수단으로서의 폭력, 즉 도구적 폭력성을 의미한다. 이는 상대방과 아무런 개인적 감정이나 적대감이 없음에도 불구하고 팀의 승리를 위해 행해지는 폭력 행위이다. 선수들은 격렬한 신체접촉이나 경계폭력에 대해 염려하면서도 동의한다. 그 이유는 팀의 승리와 대중적 인기를 높이기 위해 폭력이 장려되기 때문이다. 따라서 스포츠윤리에 과잉동조하며 폭력에 가담한 선수는 경기장 안팎에서 지지와 인정을 받게 된다. 한편, 특정한 폭력 유형들은 특정 스포츠의 문화·구조·전략 속에서 형성된다. 예를 들어 럭비, 미식축구, 아이스하키, 축구, 농구 등과 같은 종목의 선수들은 고통과 부상을 유발할지라도 폭력을 하나의 전략으로 이용하는 법을 배운다. 이는 폭력을 제도화시키기 때문에 그 어떤 폭력보다 통제하기 어려워진다.

1. 폭력	**(2) 경기장 밖 폭력**	일상생활에서 일어나는 폭력으로 대부분 중대 범죄에 해당됨

코클리(Coakley)의 여성에 대한 폭력과 관련 있는 남성스포츠 문화

- 남성스포츠 문화는 폭력이 남성다움을 확립하고 선수로서의 지위를 얻으며 여성을 통제하는 데 효과적인 전략이라는 믿음을 뒷받침하고 있다.
- 남성스포츠 문화는 사회적 유대를 강화하고 사회로부터 선수를 고립시키는 자만심을 조장한다.
- 남성스포츠 문화는 여성 엘리트선수들은 존경할 가치가 없으며 남성 엘리트선수는 일반 사회의 규범 밖에서 산다는 특권의식을 갖게 한다.
- 남성스포츠 문화는 여성들을 어머니와 여자 형제들과는 별개로 단지 성적 쾌락에 집착하여 쫓아다니는 '열성팬들(사생팬)'이라는 믿음을 낳게 한다.
- 남성스포츠 문화는 경외감과 이상주의와 연결되어, 지역사회의 일반 사람들과 기관이 지역사회의 규범·규칙을 위반한 엘리트선수에게 그 책임을 묻는 데 실패하게 된다.

2. 부정행위

(1) 상대방보다 유리한 위치를 차지하기 위해 규칙이나 규정에서 정한 범위를 벗어나는 행위

> 비승인 용구나 기구의 사용, 경기성적 조작, 서류 위조, 승부 조작, 심판 매수, 의도적 규칙 위반, 단합에 의한 승부 조작, 탈법적 선수 충원 등

구분	제도적 부정행위	일탈적 부정행위
특징	전략적 차원에서 용인되고 조장되는 속임수 행위로 제도화된 속임수와 관련된 경기 전략, 즉 관례적 일탈	사회에서 용인되지 않는 심각한 부정행위 사용으로 비의도적·감정적·반사적 행위
예시	• 심판에게 반칙 판정을 유도하는 할리우드 액션 • 거친 태클 및 소매 잡아당기기 • 파울 선언을 위해 상해를 가하는 행위	• 상대편 경기 용구의 훼손 • 불법 운동기구 사용 • 담합에 의한 경기 승부 조작

(2) 부정행위의 원인

> 승리에 대한 보상이 상대적으로 클 때, 경기규칙이 지나치게 엄격할 때, 경쟁 결과가 불투명할 때 일어나기 쉽다.

3. 조직적 일탈	(1) 대교경기 출전을 위한 운동부 일탈 행위, 스포츠연맹 협회의 규정 위반 등 (2) 학교 교육의 순수성과 대교경기의 지배적 가치 간 불일치로 특정수준 조직의 묵시적 지지
4. 범죄행위	(1) 법률에 의해 금지된 행위로 민·형사상의 범죄행위 포함 운동선수들의 마약소지 및 복용, 성범죄, (성)폭력범죄와 병역법 위반 행위 등 (2) 일반적으로 운동선수의 범죄행위에 대한 처벌은 상대적으로 관대한 대우를 받는 경향 존재 운동선수에 의한 범죄행위는 정화 이론과 사회학습 이론에 의해 설명된다. 정화 이론은 목표에 대한 좌절감, 욕구불만, 공격성, 난폭성 등의 감정을 범죄행위로 표출함으로써 자신 내부에 축적된 감정을 정화한다는 이론으로, 운동선수의 범죄행위에 대한 정화 이론은 스포츠에 참여함으로써 범죄행위를 줄일 수 있다고 주장한다. 사회학습 이론은 범죄행위가 선천적인 것이 아닌, 사회생활 과정으로 인해 후천적으로 학습되는 행동으로 규정한다. 개인의 사회화 과정을 중요시하며 운동선수가 경기장 내에서 공격적인 행동을 할 경우 이를 학습하여 경기장 밖에서도 범죄행위를 일으킬 경향이 있다.
5. 도핑 (doping)	(1) 경기력 향상을 목적으로 인체의 생리기능을 인위적으로 조절하는 일체의 행위 과거에는 주로 금지 약물복용에 관한 용어로 사용되던 도핑이 최근에는 유전정보를 변형시키는 유전자 도핑, 수술을 통해 인공적으로 신체를 변화시켜 경기력 향상을 도모하는 서지컬 도핑, 첨단기술이 적용된 기구·장비를 착용해 도핑과 비슷한 효과를 본다는 기술 도핑으로 그 용례가 확장되었다. (2) 도핑테스트 양성반응자에 대한 대회출전 금지·선수 자격 정지 및 박탈 조처 약물복용은 선수 스스로의 선택에 의한 경우도 있지만, 감독이나 코치가 팀의 성적을 위해 약물복용을 권유하거나 선수가 모르는 사이에 음식물과 함께 복용시키는 사례도 있다.

03 스포츠와 집합행동

01 집합행동(관중행동)의 이해 2011년 22번 / 2022년 B 7번 / 2025년 A 10번

1. 개념	스포츠 집합행동은 다수의 군중이 스포츠로 인해 발생하는 공통의 감정을 기반으로 행하는 일시적·충동적·자발적인 행동을 의미한다.

🏆 집합행동 분류 기준

사회관계	지속적 관계 유무
행동규범	규범 형성 유무

2. 유형

```
                          군집
        ┌──────────────────┼──────────────────┐
      공중               대중                군중
• 지역적으로 흩어져 있음   • 지역적으로 흩어져 있음   • 동일한 장소에 집합
• 동질적인 집단          • 이질적인 집단          • 일시적인 집단
• 적극적 상호작용         • 간접적 상호작용         • 일시적 상호작용
```

행위 주체		대중, 공중, 군중
		스포츠 경기장에 모인 관중은 일시적으로 경기관람이라는 명확한 의도를 지닌 집단이며, 경기장이라는 물리적 공간에 모여 있지만 본 적도 없고 만난 적도 없는 사람들로 '군중'에 해당한다.
군중	임시적	거리의 약장수에 관심을 두고 모인 사람들과 같이 공통 사건을 보고 일시적으로 모였다가 곧 헤어지는 사람들
	인습적	스포츠 관중은 경기관람이라는 특정한 목적을 위하여 한자리에 모인 명확한 의도를 지닌 집단이다. 인습적 군중은 행동이 비교적 규칙적이고 계획적이기 때문에 어느 정도 예측할 수 있는 가시적 집단이다.
	능동적	인습적 군중의 감정이 격화되어 폭력적 집합행동으로 표출될 때 '능동적 군중(active crowd)'이라 부른다. 능동적 군중이 극단적인 행동에 개입하게 되면, 폭도화되어 '폭력 행위'를 표출하거나, 심지어 '폭동'으로까지 번질 수 있다.

🏆 블루머(Blumer)의 군중 유형 – 군중이 모이게 된 관심의 대상과 성격에 따른 분류

2. 유형

우연적 군중	규제화된 행동이 없는 단순한 군중 프로야구 한국시리즈 개막전의 티켓을 사기 위해 줄을 서서 기다리는 군중이 있다.
인습적 군중	스포츠경기·영화·공연 등을 관람하기 위한 공통의 관심이나 목적을 지닌 군중으로, 사회문화적으로 일정하게 규제화된 행동 등 관례적인 규범이나 역할이 적용되며 확립된 규칙에 따라 행동하는 군중 테니스 경기의 경우 다른 스포츠와 달리 선수들에게 방해가 되므로 플레이 중에는 조용히 해야 한다. 또한 경기 도중에 자리를 움직여서는 안 된다. 골프의 경우도 고도의 집중력이 요구되는 경기이므로 선수가 티샷 준비 자세를 취하면 관중들은 조용히 해야 된다. 선수들에게 방해가 되는 사람들은 군중의 기대되는 행동유형에서 벗어나게 되어 다른 사람들에 의해 제재를 받는 경우도 있다.
표출적 군중	우연적 군중이나 인습적 군중에서 비롯되어 시작하지만 감정으로 시작하며 축제나 종교집회에 모인 군중과 같이 신체적 행동을 표출 경기장에서 락 콘서트처럼 응원하고 춤추고 기뻐하는 관중이 있다.
행동적 군중 (능동적 군중)	분개나 노여움, 긴장된 상황에서 폭도들과 같이 군중의 각성 수준이나 흥분이 높아지고 집단적으로 공격성이 폭발하여 사람이나 재산에 대한 피해를 유발하는 형태 심판의 불공정한 판정을 둘러싸고 양쪽 팀의 관중들이 서로 싸움을 벌이게 되어 집단행동이 발생된다.

🏆 Brown(1954)의 군중 분류

🏆 스멜서(Smelser)의 집합행동 유형

전염	공황, 열광, 도락, 유행, 대중 히스테리, 광란
적대적 분출	폭동, 소요, 사형

🏆 페더리코(Federico)의 집합행동 유형

2. 유형	관객 청중 (수동적)		활동군중으로 변화할 요소 잠재
	군중 집합행동 (활동적)	공격적 폭도	사람과 재산을 표적한 소요, 사형, 테러, 훌리거니즘
		도피군중	위협적 상황 모면
		취득군중	경제적 재화와 희소자원 획득
		표출군중	감정 표출로 욕설, 빈 병 투척, 시설 파괴, 난입

3. 기능	(1) 순기능	① 스포츠에서 관중은 적극적 응원으로 선수 격려 및 승리에 대한 동기화 ② 서포터스(스포츠 팀의 응원단)는 경기에 대한 응원뿐만 아니라 구단의 상징이 됨 ③ 스포츠의 관중들은 다양한 소비 행위를 통해 구단 운영을 재정적으로 지원함
	(2) 역기능	지나친 스포츠 관중행동으로 폭력적 관중행동 발생 경기장에서 관중 간의 과열된 신경전은 선수들 간 경기가 거칠어지는 원인이다. 흥분한 관중들의 폭력적 집합행위는 대규모 사망사고와 같은 파국을 초래한다.

05

02 집합행동 이론 2014년 A 7번 / 2022년 B 7번

(1) Le Bon '군중의 정신적 통합법칙(the law of mental unity of crowds)'

인간에게 내재된 집합 심성(collective mind)은 감정적인 전염을 통하여 개인을 군중 속으로 몰입하게 된다. 개인이 군중 속에 포함되면 일종의 일체감이 형성되어 일상적인 사고나 감정과는 다른 방식으로 행동하게 됨

(2) 집합행동 원인 과정(사회심리적 메커니즘)

1. 전염 이론	피암시성	개인이 다른 사람의 행동에 보다 민감해지고 쉽게 영향을 받게 되며 결과적으로 비정상적인 행동을 일으키도록 하는 데 있어 촉매작용을 하는 심리적 상태를 말한다. 군중 속의 개인은 의식적인 개성을 완전히 잃고 모든 암시에 복종하게 되는데, 이때 군중은 도덕적인 책임을 집단으로 전가함으로써 감정적이게 되고 쉽게 흥분하며 이성과 판단력을 잃게 된다. 결국 군중적 분위기는 일종의 최면 효과를 발휘하여 개인의 합리적 판단을 흐리게 하고 책임질 수 없는 무모한 행동을 취하게 한다.
	모방과 전염	집단 내에서는 모든 감정과 행위가 전염되는데, 개인이 군중 속에 일단 휘말려 들면 평소의 이성적 판단력을 상실하고 군중적 분위기에 쉽게 감염되어 군중행동에 적극 동조하는 경향을 가진다.
	순환적 반작용	군중 속의 집합행동은 참여 성원들 간의 관계를 통한 사회심리적 과정과 기제에서 비롯된다. 즉 집합행동은 한 사람의 행동이 다른 사람의 행동에 대하여 자극과 반응으로서 기능하는 상호작용적 사회과정이다. 이러한 순환반응은 사람들을 모두 비슷하게 만드는 경향으로 이끈다.

전염 이론 관점에서 스포츠 관중행동의 결과는 돌발적인 사건에 의해 초래되고, 관중난동이 일단 시작되면 감정적인 전염에 의해 적극적인 참여자의 수가 급속히 증가하는 현상을 발견할 수 있다. 가령 스포츠에서의 선수 간 격렬한 분위기와 난투극이 전개되었을 경우, 지고 있는 응원 관중이 경기장에 오물이나 빈 병을 투척하는 행위는 군중 속에서 개인의 이성적 사고와 감정을 상실한 군중행동이다. 바로 전염 이론 관점에서 바라본 전형적인 집합행동이다.

(1) Allport(1924)에 의해 제안되고 Miller와 Dollard(1941)에 의해 확장된 이론으로 사회규범이라는 허구 속에 숨겨진 개인의 실제 자아가 익명성(anonymity)과 몰개성화(deindividualization)의 상황에서 표출된다는 사실에 주안점을 두어 설명함

익명성	집단 속의 개인은 혼자 있을 때 억제되었던 본능적 힘을 느끼기 때문에 개인을 규제하고 있는 책임감이 완전히 소멸한다. 즉 익명성이 보장되어 있는 군중 속에서는 평소 억제되어 있던 감성적 충동과 욕구가 쉽사리 표출된다. 이는 군중 속에서는 행동의 구속이나 제한이 사라지고, 일반적으로 방해나 처벌의 두려움 때문에 억제되는 많은 비규범적이고 반사회적인 충동에 노출될 가능성이 커지기 때문이다.
몰개성화	몰개성화는 집단 속의 몰입을 뜻한다. 그래서 몰개성화는 집단 내에서 자기 자신을 더 이상 독립적인 개인으로서 생각하지 않게 만든다. 군중 속에서 개개인들은 자신의 특성이나 개성을 잃고 획일화·일체화된다. 즉 집단이 산출하는 집단주의에 의해 자의식이 저하되는 것을 의미한다.

2. 수렴 이론

(2) 사회규범에 의해 억제된 행동 욕구를 지닌 개인의 반사회적 성향을 강조함

> 영국 축구의 훌리거니즘(Soccer hooliganism)은 수렴 이론에 의해 비교적 잘 설명될 수 있는 집합행동의 한 예이다. 이에 가담하는 관중의 대부분은 젊은 실직자이거나 사회·경제적으로 혜택을 받지 못하는 소외계층인데 축구 경기는 이들 불량한 관중과 비행자가 모여 위협적이고 파괴적인 행동을 표출할 수 있는 기회를 제공하고 있다. 이러한 사실을 입증하는 Herrington(1968)의 연구에서 497명의 난동자 중 60%가 축구 경기장이야말로 자신들의 전과와 공격 성향을 반사회적 폭력 행동으로 표출할 수 있는 최적의 장소로 여기고 있는 것이 밝혀졌다. 즉 경기장에서의 폭력 행동은 실제 난동자들이 지닌 평상시의 본성과 잠재적 성향에 의해 결정된다는 것이다.

(3) 수렴 이론과 하류계층 이론(riff-raff theory)에서는 군중 폭동을 일으키는 데 필요한 요소는 군중이 지닌 반항심, 범죄요소, 폭력적 성향 등을 가능케 하는 약간의 자극과 사건뿐이라고 주장함(Smith, 1983)

3. 발현적 규범 이론
(규범생성 이론)

(1) Turner와 Kilian(1957)이 주장한 발현적 규범 이론은 개별 군중 구성원이 단순히 전통적인 규범이 아닌 새로운 규범을 따르고 있다고 함. 군중 내에 존재하는 주동자, 조심스러운 가담자, 수동적 지지자, 방관자, 반대자 등과 같은 다양한 구성원 사이에서 공유된 규범, 즉 일치된 의견과 통일성이 어떻게 발생하는가를 설명하는 이론

> 대부분의 군중은 다양한 개인의 집합이며 어떤 구성원은 단순히 타인의 특정 행동에 대해 강한 부정적 반응을 나타내는 수동적 관찰자의 입장을 취한다. 다양한 사람들로 이루어진 군중 내에서는 기대되는 행동에 대한 공유된 이해인 특정 규범이 나타나게 되는데 이로 인해 어떤 유형의 행동은 자극되는 반면 규범으로부터 이탈되는 행동은 제재를 받게 된다(Turner& Killian, 1957).

(2) 규범의 발현

> 집합행동에 있어 관련 규범은 특정 사회적 상황에 대하여 독특하고 고유하게 반응하는 기대로서 구성원의 감정과 정숙 정도 그리고 수용성 등을 결정하며 몇 마디의 말이나 전체적인 분위기 혹은 한두 사람의 행동 모형이 초래하는 결과에 의해 나타날 수 있다. 또한 개인이 지속적으로 유사한 상황에 놓이지 않거나 군중이 해산될 경우 이들 관련 규범은 대개 개인의 행동에 영향을 미치지 못한다. 모호하거나 혼란스러운 상황에 처하게 되면 정상적인 사회적 행동과 상충될 수 있는 새로운 규범을 따를 수 있다. 스포츠 이벤트를 카니발(축제)에 비유하면서 스포츠 이벤트가 관중에게 독특한 환경을 제공하여 기존의 역할과 규범이 완화되어 다른 곳에서 부정적으로 제재를 받을 수 있는 다양한 행동이 나타날 수 있다.

> 테니스 경기를 관전하는 관중은 전통적으로 경기 중 정숙한 분위기를 유지하고 적절할 때 훌륭한 플레이에 박수를 쳐야 한다는 공유의식을 지니고 있다. 만일, 코트에서 소란스러운 언쟁이나 싸움이 일어난다면 선수나 심판, 관중의 불만족스러운 감정은 한층 공격적으로 변화될 것이다. 이와 유사하게 최근 축구 또는 야구 경기에서 상대 팀의 선수와 임원 또는 심판에게 병이나 돌을 던지는 일이 빈번히 발생하고 있다. 이러한 현상은 자신이 응원하는 팀이 불리하게 된 원인이 상대 팀 선수의 고의적 반칙이나 속임수 또는 심판의 잘못된 판정 때문이라는 피해의식이나 착각을 관중이 공유하기 때문에 초래된다.

(3) 발현적 규범 이론의 특징
① 군중의 구성원에게는 감정의 유발보다는 사회적 압력이 우선함
② 규범은 흥분한 군중뿐만 아니라, 조용한 군중에서도 나타남
③ 집합행동이 일어나면 개인은 집합적 행동 과정의 정당성을 추구함
④ 전염 이론에서 주장하는 행동의 과격화와는 다르게 집합행동에 대한 통제적 요소를 포함함

<table>
<tr><td rowspan="8">4. 부가가치 이론</td><td colspan="2">(1) 스멜서(Smelser)
(2) 집합행동 사전 결정 요인의 반영, 일정 형태와 계기에 따라 순차적으로
　　집합행동 발생</td></tr>
<tr><td>구조적 요인</td><td>사회 구조와 문화적, 환경적 선행 요건</td></tr>
<tr><td>구조적 긴장</td><td>사회적 환경 속 박탈감, 갈등, 불분명한 상황,
규범과 가치관 간 모순과 괴리</td></tr>
<tr><td>일반화된 신념의
성숙과 파급</td><td>구조적 긴장 요인 파악과 해소하는 반응에 대한 신념 파급으로 사회의 구조적 긴장의 모호한 상황 속에서 군중들이 그러한 긴장상태에 대한 공통적인 신념을 창출해 내는 것을 의미함. 구조적 긴장의 원인을 파악하고 이를 해소할 수 있는 실현가능한 대응에 대한 신념이 필요함</td></tr>
<tr><td>촉진 요인</td><td>우연적 또는 비의도적 사건 발생</td></tr>
<tr><td>참여자의 동원</td><td>집합행동을 유도하는 지도자와 참여자 존재</td></tr>
<tr><td>사회통제 기제</td><td>집합행동에 대한 사회 전체 반응으로 긴장상태를 최소한으로 줄이는 사회통제 집합행동이 발생하고 난 이후에 동원되는 사회통제로 나눔. 사회통제 기관의 예방적 조치 또는 개입 조치는 어느 단계에서든 앞서 언급한 결정 요인을 방해할 수 있음</td></tr>
</table>

03 스포츠 집합행동(관중행동)의 실제 2011년 22번 / 2013년 24번

1. 스포츠 집합행동의 유형	쟁점성 관중행동	🏆 **스미스(Smith, 1983)의 쟁점 유무에 따른 관중행동 유형** 특정 쟁점과 결부되어 나타나는 집합행동은 평화적인 항의부터 강력한 폭력 행위까지 다양한 형태를 지님

🏆 스미스(Smith, 1983)의 쟁점 유무에 따른 관중행동 유형

특정 쟁점과 결부되어 나타나는 집합행동은 평화적인 항의부터 강력한 폭력 행위까지 다양한 형태를 지님

구조적 원인 (structural sources)	• 시위(demonstration) : 원인에 대한 주의를 끌기 위한 조직적인 시도 • 대결(confrontation) : 전통적인 라이벌 집단 간의 충돌
상황적 원인 (situational sources)	• 입장거부(Entry) : 경기가 거부당했을 때의 반응 • 패배(Defeat) : 승리를 거부당했을 때의 반응

관중행동 원인	
구조적 긴장	정치·경제·사회·문화적 편견과 대립 등 사건 전에 쌓여온 감정적 긴장 상태
특정 사건	관중행위의 도화선이 되는 사건
기타 촉발 원인	편파판정, 경기장 시설 미비, 더운 날씨 등

무쟁점성 관중행동

스포츠경기는 국가적·지역적 축제의 성격을 지니는 경우가 많은데, 이 기간에 일상행동을 규제하던 도덕적 규범의 구속력이 약화되거나 무시되어 발생하는 집합행동

- 승리(victory) : 승리에 의한 반일상화된(semi-institutionalized) 축제, 사회적 통제가 거의 없음
- 타임아웃(time out) : 일상화된(institutionalized) 축제, 사회적 통제가 거의 없음

2002년 월드컵 기간 중 한국경기가 끝난 후 많은 사람이 거리로 뛰어나와 승리를 축하하며 기쁨을 공유하였다. 당시 경찰은 긴장을 풀지 못하면서도 공중의 안전과 질서에 치명적 손상을 주지 않는 한 제지하지 않으며 소극적으로 대처하였다.

2. 스포츠 집합행동의 실제	(1) 카니발적 집합행동	① 월드컵이나 올림픽 같은 국제 스포츠 이벤트 기간 일상을 벗어난 군중이 국가를 상징하는 색과 국기로 뒤덮인 화려하고 다채로운 '국가 의상(national costume)'으로 치장하고 얼굴에는 페인팅을 한다. 종교적·규범적 일상의 엄격한 문화와 규율을 벗어나 민중들이 다함께 어울리고 참여한다는 보편적 특징을 지닌다. ② 제도 내에서의 '허가된 잔치' 중세 유럽의 카니발은 일상생활의 흐름을 단절하고 해당 축제 기간에는 예외적으로 평소에 금기시되었던 성직자의 위선에 대한 조롱·외설 등이 용인되는 시간이었다. 카니발을 통해서 교회의 권위를 일시적으로 전복시키고 민중들은 일상에서 억압된 본능을 마음껏 해소할 수 있었다.
	(2) 폭력적 집합행동	**① 축하 폭동** 월드컵과 같은 주요 스포츠 이벤트에서 승리를 거둔 후 축하를 위해 모인 군중이 일으키는 집합적 폭력 사태 좌절 폭동(frustrated riot)이 아니라 승리에 대한 기쁨의 광란이 폭동으로 이어지는 축하 폭동은 위험하고 파괴적인 폭력적 집합행동으로서 가장 빈번하게 일어난다.
		② 훌리거니즘 조직적·폭력적 집합행동의 사례 라이벌 팬끼리 벌이는 조직적이고 집단적인 폭력의 행사를 훌리거니즘(hooliganism)이라고 부른다.

2. 스포츠 집합행동의 실제	(2) 폭력적 집합행동

③ Mann(1979)의 FORCE 유형

유형	특징	예시
좌절 폭동	좌절의 원인으로 인식된 것에 대해 보복하려는 실망한 팬으로 인해 발생한 집합행동	비정상적으로 부당해 보이는 처벌로 스타 선수를 징계하기로 한 결정은 폭력적인 항의를 촉발할 수 있다.
무법자 폭동	위협적이고 파괴적인 행동에 가담할 목적으로 스포츠 경기에 모인 비행 단체에 의해 발생하는 집합행동	일부 훌리건은 게임의 결과는 중요하지 않다. 스포츠 이벤트 자체는 언론의 주목을 받는 무대일 뿐이다. 게임은 단지 비행그룹이 모여 파격적인 행위를 하는 기회이다.
항의 폭동	정치적 또는 이념적 불만을 표현하기 위해 항의를 나타내는 집합행동	2000년 시드니 올림픽 기간 동안 호주의 원주민 지도자들은 사회적 불의에 대한 국제적 관심을 끌기 위해 폭력적인 시위를 벌일 계획이라고 경고하였다.
대립적인 폭동	적대감과 분노의 역사를 가진 대립되는 팬 그룹과 관련된 집합행동	뉴욕 양키스와 보스턴 레드삭스 간의 야구경기는 라이벌 팀으로서 오랜 역사를 가지고 있고, 다른 경기보다 집합행동이 일어날 확률이 높다.
표현 폭동	스포츠 경기 결과에 대한 반응으로 도취감 또는 분노, 우울감을 느끼는 관중과 직접적인 관련이 있는 집합행동	1993년 10월 30일, 위스콘신대학교가 미시간대학교를 13-10으로 꺾은 후 수천 명의 축하 팬들이 풋볼경기장에 진입하면서 7명이 중상을 입었고 수십 명이 부상을 입었다.

	(1) 문화적 요인	① 국가적·민족적·지역적·종교적·문화적 정체성을 달리하는 라이벌 간의 경기 ② 상대팀에 대한 타자화와 집단 내 정체성 기반 ③ 1960~70년대에 영국 훌리건 집단 대부 지역 노동자들의 정치적 성향을 대변하며 각종 총파업과 반체제 시위 참여를 주도함 **더비 경기(Derby match)** 원래 같은 지역 연고팀들 사이에만 더비 경기(로컬 더비, local Derby)라는 표현을 사용했지만, '치열한 라이벌 관계'를 뜻하는 용어로 의미가 확장되었다.
3. 폭력적 집합행동의 원인	**(2) 구조적 요인**	① 사회적 불평등으로 인한 구조적 불균형 ② 프로스포츠의 지역연고제와 지역감정 결합
	(3) 상황적 요인 2026년 A 10번	선수들 간의 거친 플레이는 관중들의 폭력성을 높이지만, 역으로 관중소요가 선수들의 경기에도 영향을 미친다. 경기에서 일어나는 교묘하게 옷 잡아당기기, 팔꿈치로 가격하기 등의 눈속임과 시간 죽이기, 결정적 오심과 같은 상황적 요인은 모두 폭력적 집합행동을 부추긴다. 🏆 만(L. Mann) 집합행동의 상황적 요인

관중 규모	관중의 규모가 클수록 집단 속에 익명성이 보장되고, 몰개성화되기 쉽다. 또한 통제가 불가능하기 때문에 관중의 공격적 행동이 증가할 수 있다.
관중 밀도	관중의 밀도가 높으면 혼란에 빠지기 쉽고 불쾌한 감정을 경험하게 되기 쉽다. 또한 인내 수준이 낮아져 공격적 행동이 발생할 수 있다.
관중 소음	자기편을 응원하거나 상대팀을 비난하는 고함소리는 관중을 흥분 상태로 빠지게 하여 이성적인 판단과 행동을 상실하게 만들 수 있다.
좌석의 종류	관중이 많은 경기장에서 서 있는 관중은 앉아 있는 관중보다 행동적이며, 공격적이다.
관중 구성	경기장의 관중은 열성적인 팬부터 소극적인 팬까지 여러 집단으로 구분할 수 있다. 또한 관중의 연령, 성별, 가족 관람에 따라 집합행동의 가능성이 달라질 수 있다.

4. 폭력적 집합행동 이론	(1) 마르크스 주의적 접근	① 1870년대부터 영국에서 노동자 중심으로 많은 축구클럽 창설 ② 노동자들에게 축구는 연대와 결속을 위한 중요한 수단 축구는 전통적으로 남성 노동계급 스포츠로 축구클럽은 '참여 민주주의의 장'이었다(Gilulianoti, 1999). 하지만 시간이 지나면서 부르주아들은 클럽을 통해 기존 노동계급을 유지하기보다 새로운 현대적 관중이나 여가 문화의 소비자들을 만드는 데 노력을 기울였다. 이러한 의도적 노력으로 축구경기는 '볼거리화', '프로화', '국제화'되었다(Gilulianoti, 1999). 마르크스주의는 훌리거니즘을 축구 상업화에 대한 저항이라고 보았다.
	(2) 결합태 이론적 접근 2026년 A 10번	① 레스터학파로 대변되는 엘리아스의 결합태 사회학 관점 인간은 원초적으로 야만성과 폭력성을 지녔다. 그러나 문명화 이래 과업이 전문화되고 점차 인간은 사회적 상호 의존의 네트워크로 연결되었으며, 개인적 관계에서 사회적·국가적 차원까지 이어져 상호 의존하게 되었다. 이 같은 상호 의존의 연결 관계를 엘리아스는 '결합태(figuration)'라고 불렀다(Elias, 1982). 문명화는 개인이 폭력으로부터 즐거움을 획득하는 경향을 장기적 차원에서 감소시켰으나, 그 대신 국가권력이 폭력을 독점적으로 통제하게 되었다(Dunning, 1993). ② 레스터학파의 '반문명화의 역주(decivilizing spurts)' 문명화 과정이 아직 완성되지 않았기 때문에 사회 하층민이나 거친 노동계급에는 아직까지 폭력성이 잔존한다(Dunning, 1988). 그러나 축구팬의 폭력을 단순히 하위계급의 거친 사회화 탓으로 돌리기에 훌리거니즘은 훨씬 더 복잡한 사회문화적 메커니즘과 결부되어 있다.

4. 폭력적 집합행동 이론	(3) 민족지적 접근	① 하위문화의 사회성 축구 훌리거니즘은 전통적인 무질서의 돌출이 아니라, 독특한 팬 하위문화의 사회적 기원과 주로 지역 라이벌 팬끼리 벌이는 조직적·집단적 폭력의 행사와 연관성이 있다. 젊은 팬들은 라이벌 팀의 응원석이나 골문 뒤를 점유하며 물건을 집어던지는 일도 빈번했고, 자신들의 팀이 졌을 때는 정도가 더 심해졌다. 경찰 당국과 축구 관계 기관에서는 축구장 주변에 펜스를 설치하고 팬들을 골문 뒤에 가두었으며, 홈팀과 방문 팀의 관중을 서로 다른 부분에 앉도록 배치했다(Hall, 1978). 그러나 펜스를 설치하여 훌리건들을 격리시킨 조치는 원래의 의도와는 달리 구장 밖 폭력을 부추기고 구장 밖 훌리거니즘을 격렬하게 만드는 구실을 제공한다. ② 현장연구 훌리거니즘은 영국의 '갱문화(gang culture)'와 '남성성의 과시'라는 폭력적 하위문화의 요소들과 밀접한 관련성을 갖는다. 이들은 비공식적 네트워크를 갖추고, 자발적으로 참여하며, 서로를 구속하지 않으면서도 축구를 통해 지속적인 그들만의 우정을 공유한다. 악조건에서도 상대와 당당히 맞서고, 용감하게 싸운 훌리건은 다양한 특권적 지위를 획득하거나 존경을 받게 되고, 상대에게 등을 보이고 도망친 훌리건은 씻을 수 없는 굴욕의 대상으로 전락한다. 이들은 명예를 중시하고, 평범한 서포터들에 대해 공격했을 때는 비난과 조롱의 대상이 된다.

<table>
<tr><td>

5. 폭력적 집합행동 통제 전략

</td><td>

(1) 경기장에서 선수들 간 폭력이 발생하면 관중에게 전염된다(전염 이론)는 것 고려

(2) 폭력적 집합행동에 대한 가장 중요한 통제 전략은 사전예방

> 경기장 안팎의 군중의 규모·나이·성별·계층·인종 등 군중의 인구 구성비, 경기의 중요성, 관중의 팀에 대한 충성도, 경기결과에 대한 관중의 예상 등 다양한 요인에 대한 인식이 필요하다(Coakley, 2017).

> 선수들이 시합 전 미디어 데이(media day)와 같은 공개적인 자리를 빌려 페어플레이와 상대에 대한 존중 의사를 밝히는 것도 도움이 된다. 유럽 축구경기에서는 가끔 등장하는 인종차별적인 관중의 반응에 대해 심판이 경기를 멈추고 관중들의 주의를 환기하기도 하는데, 이는 관중이 더 격렬해질 수 있는 상황을 예방해 준다.

> 폭력적 집합행동을 예방할 수 있는 가장 중요한 요인은 관중의 욕구와 권리를 알고 존중하는 것이다. 무분별한 공권력으로 개입하거나 폭력적으로 진압하는 것이 군중행동을 심각한 폭동으로 바꾸는 원인이 될 수 있기 때문에 군중에 대한 존중, 그리고 전문적 교육이 선행되어야 한다. 이 밖에도 음주에 대한 규제, 경기장의 구조 개선(관중 분리, 출구에 대한 접근성 확보), 가족 동반 관람 문화 장려 등을 통해 폭력사태를 효과적으로 낮출 수 있다.

</td></tr>
</table>

🏆 90년대 영국 정부의 종합 대책 '테일러 리포트(Taylor Report)'
  – 폭력적 집합행동 예방

관중 분리	상대편 서포터스끼리 신체적 접촉을 할 수 없게 하였다.
CCTV를 통한 감시	잠재적 폭력사태에 대한 빠른 대처를 가능하게 하였다.
전 구역 좌석화	1992년 시작된 프리미어리그의 모든 구장은 좌석을 갖추었다.
안전펜스 해체	안전펜스는 과거에 서포터들의 경기장 난입을 방지하기 위해 설치했으나, 오히려 관중들이 안전펜스 쪽으로 몰리며 압사하는 등 안전상의 문제가 대두되었다.
정보의 공유 및 협조체제 구축	영국뿐 아니라 유럽 및 전 세계 국가들과 협조 속에 이루어지기 시작하였다.
멤버십제 도입	홀리건들은 멤버십 등록이 거부되어 경기장 출입이 제한되고, 원정경기에도 따라갈 수 없도록 만들었다.

🏆 집합행동의 통제 전략

통제 전략의 항목	통제 항목
물리적 환경의 정리	• 관중석과 경기장 분리, 선수석의 보호막 설치 • 응원단의 분리 배치, 출입구 구분 배정 • 관중석의 블록별 이동식 차단벽 설치 • 계단에 접이식 간이 좌석 설치
제도적 장치의 보완	• 주류 반입금지정책의 강화 • 음주자 강제 퇴장 • 경기장 청원경찰제도 도입 및 사법권 부여 • 지정좌석제의 탄력적 운영 • 경기 시작 전 관중에 대한 안전교육 시행 • 가족석 설치 운영 및 할인제도 시행

04 스포츠와 세계화

01 스포츠 세계화의 이해

1. 스포츠 세계화의 정의

<table>
<tr><td rowspan="2">(1) 정의</td><td colspan="2">세계화는 '지구적 차원의 사회적 관계의 강화(Giddens, 1990 : 21)', '세계 경제의 통합(Gilpin, 2001 : 364)', '탈영토화' 또는 '사람들 사이의 초영토적 관계의 증가(Scholte, 2000 : 46)', '시공간의 압축(Harvey, 1999)' 등으로 정의됨

🏆 집합행동의 통제 전략국제화와 세계화(Harvey, 1989 / Giddens, 1990 / Waters, 1995 / 박길성, 1996)</td></tr>
<tr><td>국제화
(internationalization)</td><td>민족국가(nation-state) 간의 교류가 늘어나는 현상</td></tr>
<tr><td></td><td>세계화
(globalization)</td><td>양적 교류의 확대를 넘어서 현대적인 사회생활이 새롭게 재구성됨으로써 세계사회가 하나의 독자적인 '단위'를 획득하는 과정

유럽연합과 같이 지역적으로 인접한 국가들 사이에 증가하는 상호 의존 현상에 대해서는 '지역화(regionalization)', 기술발전에 따라 거리와 시간의 경계가 무너지고 커뮤니케이션 측면에서 세계가 축소되는 현상에 대해서는 '시공간의 압축(time-space compression)'이라는 용어를 사용한다.</td></tr>
<tr><td rowspan="2">(2) 특징</td><td colspan="2">① 전 지구적 차원에서 활발한 다방면적 교류</td></tr>
<tr><td colspan="2">스포츠는 지난 100여 년간 세계화가 가장 활발히 진행된 분야 가운데 하나일 것이다. 1896년 제1회 아테네 올림픽 때 불과 14개국이었던 참가국 수는 베이징 올림픽 때 204개국으로 늘어났다. 2010년을 기준으로 UN회원국 수는 192개국인 데 반해 IOC는 205개 회원국을, FIFA는 이보다 더 많은 208개의 회원국을 보유하고 있다. 국제사회에서 독립국가로 인정받지 못할지언정 올림픽에는 참가하고, 축구는 한다. 또한, 유럽축구에서는 약 700명의 브라질 선수들이 활약하고 있고, 한 해에도 수백 명의 선수들이 이 구단에서 저 구단으로 옮기면서 대륙을 오가고 있으며, 이들이 펼치는 경기는 전 세계를 향해 실시간으로 중계되고 있다. 2002년 한일월드컵은 420억 명의 누적시청자를, 2006 독일 월드컵 결승전은 7억 명의 세계인을 TV 앞에 끌어모았다.</td></tr>
</table>

② 문화소비 측면의 세계화

(2) 특징

지구촌 구석구석의 사람들이 나이키나 아디다스와 같이 친 세계에 생산망·판매망을 갖춘 다국적 기업에서 제작한 비슷한 모양의 운동화와 트레이닝복을 착용한다. 또한 운동과 건강에 대한 상식을 공유하며, 스스로의 필요보다는 세계화된 표준에 따라 스포츠를 소비한다.

2. 근대스포츠의 전파

스포츠 세계화는 이성과 합리성을 근간으로 하는 근대스포츠의 태동으로부터 지난 약 150여 년 간 전 세계 구석구석으로 스포츠가 전파되어 나간 일련의 과정을 포함한다.

(1) 근대스포츠의 태동

① 근대는 '이성(reason)'의 시대로 '이유(reason)'가 있어야 받아들여지는 '합리성(rationality)'의 가치 사회
② 18세기 초~19세기 말에 걸쳐 근대스포츠 탄생, 부르주아계급(유산계급)은 근대적 합리주의와 밀접한 관련
③ 과거 전근대적 평민들의 민속경기(folk games)는 야만적·비합리적이고, 부르주아계급이 제도화한 근대스포츠는 이성적·합리적이라는 특성을 지님

'헐링(hurling)', '내편(knappan)', '라술(la Soule)' 등 중세사회 전통 축제 혹은 수확기에 각 지역마다 공을 들거나 차면서 이동시키며 노는 다양한 방식의 집단적 놀이문화를 민속경기(folk games)라 한다. 후대의 사람들은 이를 매스 풋볼(mass football) 또는 몹 풋볼(mob football)이라고 불렀다. 이러한 민속경기는 오늘날 스포츠보다 매우 거칠고 과격하여 싸움에 가까웠다는 점에서 중세 사회의 폭력적 성향을 그대로 반영하고 있다. 매스 풋볼은 그 폭력성 때문에 중세 동안 수십 차례의 금지령이 내려지기도 하였으나, 교회 등 지배계층은 이를 사회적 안전판으로 생각하여 결국 인정하게 되었다.

④ 부르주아계급의 승마와 사격

16세기까지만 해도 수렵은 영지를 가진 귀족만이 누리는 특권적 활동이었다. 경제적 부를 기반으로 사회 주도세력으로 등장한 부르주아계급은 귀족만의 특권에 도전하여 스스로의 게임을 만들었는데, 그것이 바로 승마와 사격이다. 말을 타고 달리며 사냥을 할 수 없자, 그들은 자신의 넓은 마당에서 말을 탔고 장애물도 넘었다. 사격도 실제는 야생의 동물을 쏴야 했지만 정확히 목표물을 맞히는 능력 테스트 방식으로 발전하였다. 근대스포츠는 이처럼 부르주아계급이 주도한 일종의 합리적 여가 소비의 형태라고 할 수 있다.

⑤ 규칙 명문화

매스풋볼은 퍼블릭스쿨(Public School)의 운동장에서 축구로 재탄생되었다. 19세기 초반만 해도 이튼(Eton), 해로(Harrow), 윈체스터(Winchester), 럭비(Rugby), 웨스트민스터(Westminster)와 같은 학교에서 축구는 문서화되지 않은 채 각기 다른 규칙으로 행해졌다. 이후 점차 대외경기(intercollegiate sport)가 활성화되면서, 1845년경 퍼블릭스쿨 간 규칙 명문화가 결정되었고, 1863년 케임브리지 대학의 규칙을 채택하여 최초의 FA(Football Association)가 결성되었다.

⑥ 스포츠는 부르주아계급의 가치관 반영

'주어진 규칙 속에서 사회경제적 조건에 관계없이 모든 사람이 평등하게 경쟁하는 스포츠'야말로 자유경쟁과 합리주의를 추구하는 그들의 가치관에 부합하는 것이었다.

⑦ 19세기 말

부르주아계급에 의해 후원된 근대스포츠는 퍼블릭스쿨을 넘어 중산층 및 노동자 계층으로 확대되었고, 이후 대륙을 거쳐 전 세계로 순식간에 확산되어 갔다.

(1) 근대스포츠의 태동

(2) 근대스포츠 　　전파의 의미	① 19세기 중반 이후 각 종목별 협회 결성, 20세기 초반 국제스포츠협회가 조직되어 스포츠가 빠르게 전파됨 ② 스포츠는 전 세계 보편적 문화현상으로 확립 스포츠가 근대적 합리주의가 평등성과 가치중립성이라는 가치를 내재하고 있었기 때문에 부르주아계급의 가치관과 부합하였듯이, 근대를 경험한 세계의 각국의 사람들도 스포츠의 가치를 인정하였다. 즉, 스포츠는 신분이나 빈부, 체제, 이념과 그 어떤 사회·경제적 차이에 관계없이 모든 이에게 동일한 규칙이 적용된다. 또한 전 세계로 전파된 스포츠는 세계 각처의 사람들에게 건강, 호신, 평등, 페어플레이, 희생, 협동 등 그 내재적 가치를 동시에 전달한다. 이처럼 근대스포츠는 평등성과 가치중립성이라는 비정치적 요소 때문에 이념·체제·인종을 초월하여 다른 어떤 분야보다도 빠르고 폭넓게 세계화를 선도할 수 있었다.

 02 스포츠 세계화의 동인(driving force)

<table>
<tr>
<td rowspan="5">1. 제국주의
(Imperialism)</td>
<td>

(1) 1870년대 이후 영국을 비롯한 서구 열강의 식민지 건설로 스포츠는 제국주의시대에 전 세계적으로 전파

(2) 스포츠는 근대적 교육 프로그램이자, 동화정책의 일환

> 스포츠를 통한 동화정책은 문화적 수단을 활용하여 체제의 지배를 정당화하고, 강압보다 동의를 획득하는 방식으로 이루어졌다. 따라서 제국주의 시대의 스포츠 전파를 문화적 헤게모니(cultural hegemony)라는 개념으로 설명하기도 한다.

(3) 식민지를 사회적으로 통제하기 위한 유용한 수단으로 근대스포츠 전파

> 영국의 식민지였던 인도는 행정가들에 의해 크리켓이 소개되었다. 이후 영국에서 유학한 인도의 귀족 등 친영 엘리트그룹이 귀국 후 영국의 관습과 고상한 매너에 대한 욕구가 높아져 크리켓에 적극적으로 참여하였다. 또한 영국의 전통 스포츠인 크리켓과 럭비가 오늘날 대중적으로 큰 인기를 모으고 있는 거의 모든 나라들이 과거 영국의 식민지였던 영국연방국가(Commonwealth of Nations)인데, 이를 통해 스포츠 전파가 제국주의와 밀접한 관련성을 지닌다는 것을 알 수 있다.

</td>
</tr>
</table>

(1) 스포츠 세계화에 결정적인 영향을 미친 주된 요인

스포츠가 '경쟁'이라는 속성을 가지고 있기 때문인데, 국제경기는 초창기부터 국가의 이름으로 치러졌고, 이는 곧 국가와 동일시되는 민족이라는 정체성을 명확히 확인시키는 과정이었다. 민족국가 형성시기 국가의 이름을 걸고 아군과 적군으로 나누어 벌이는 가상의 전투는 민족이라는 경계에 속한 사람들을 결집시켰고, 이들에게 '하나'라는 정체성을 부여하여 '민족 형성 (nation–building)'에 결정적 영향을 미쳤다. 올림픽을 비롯한 국제 스포츠 대회에서 대한민국 선수의 선전은 국민의 사기에 많은 영향력을 미쳤다.

(2) 제국주의 시대 피식민지 민족주의적 감정과 연결된 스포츠

스포츠가 식민 통치의 효율적 수단이기도 했지만 역으로 피지배 집단이 지배 집단에 대한 역세로 극복할 수 있는 유일한 영역이기도 했다. 정치적 지배를 받고 있는 피식민지 주민들은 스포츠에서 만큼은 식민국의 선수와 동등하게 경쟁했고, 승리라도 하면 해방이라도 맞이한 듯 감격하고 기뻐했다. 특히, 식민국으로부터 전수받은 스포츠에서 승리한다는 것은 '비록 너희들에게 스포츠를 배워서 하고 있지만, 우리가 너희들보다 더 뛰어나다.'는 충성의 신호이자 우월성의 표시였다(Guttmann, 1994). 일제강점기 조선은 축구, 농구, 역도, 마라톤 등 일본과의 각종 경기에서 승리함으로써 심리적 보상과 함께 민족의식을 드높였다. 예컨대 당시에는 첨단 근대문물이었던 자전거 경주 최고의 스타 엄복동은 겨뤘다 하면 일본선수를 제압했고, 1928년 숭실 중학 팀이 전일본축구선수권대회에서 우승을 차지하고 돌아오자 전 국민이 반겼으며, 평양에서는 대대적인 환영행사가 벌어지기도 했다(정희준, 2009).
이처럼 스포츠는 때때로 탈식민주의자의 정서에 결정적 역할을 했으며 심지어 민족해방 운동을 위한 조직적 틀을 제공하기도 했다. 1936년 신사참배, 창씨개명 등 일제의 식민통치의 만행이 극에 달했다. 이런 가운데 조선의 두 청년, 손기정과 남승룡은 제11회 베를린 올림픽 마라톤 경기에 출전하여 금메달과 동메달을 획득한다. 동아일보는 손 선수 유니폼의 일장마크를 고의로 말살한 사진을 게재했다. 이로써 조선이 일본에 승리, 조선독립의 기초가 이루어진 듯이 생각하는 경향이 생겨나기에 이르렀다(1936. 12). 손기정 선수의 금메달 획득은 일제치하 조선인들의 민족적 자긍심을 한껏 높인 사건이었고, 1930년대 후반의 항일 민족투쟁에 불을 지핀 단초의 역할을 하였다. 또한 일장기 말소사건은 일제의 식민지 지배정책에 대한 조선 언론의 정면 도전이기도 했다.

(3) 제2차 세계대전 이후 냉전 시기

냉전 시기, 미국을 위시한 자유민주주의 진영과 소련을 중심으로 한 공산 진영은 사회의 거의 모든 분야에 걸쳐 첨예하게 대립하였다. 스포츠도 예외가 아니어서 냉전 시대 양 진영 간의 대결은 단순히 신체능력을 과시하는 장이 아니라 체제의 우월성을 입증하는 처절한 사투의 링으로 변모하게 되었다.

---

2. 민족주의
  (nationalism)

3. 종교의 전파

(1) 19세기 강건한 기독교 사상

> 빅토리아 시대 강건한 기독교(Muscular Christianity)는 건강하고 강인한 남성성과 기독교 행동주의가 결합된 사상으로 영국 사립학교 교육의 이상이기도 했다. 스포츠가 내포하는 협동·희생·건강·페어플레이 등은 강건한 기독교 남성이면 누구나 갖추어야 할 덕목이었다. 영국의 선교사들은 아시아와 아프리카의 원주민에게 기독교 교리를 전파하기 위해 축구와 크리켓을 활용하였다. 이렇듯 스포츠는 원주민의 종교적 거부감을 해소하는 주요한 도구였다.

(2) 미국 강건한 기독교 사상 YMCA

> YMCA는 전 세계 스포츠 보급에 큰 역할을 담당하였다. 1903년 '황성기독교 청년회'라는 명칭으로 출발한 조선 YMCA는 조선에 근대문물인 농구·야구·배구 등을 소개하였다. 또한 최초의 종합 실내체육관을 건립하였고, 스포츠의 보급 및 저변 확대를 위하여 전국 규모의 대회를 매년 개최하였다. 강건한 기독교 사상에 기반을 두었던 YMCA는 어린이부터 노인 그리고 여성에 이르기까지 다양한 계층이 즐길 수 있는 스포츠 프로그램을 소개함으로써, 오늘날 한국 생활체육의 기틀을 마련하는 데 기여한 것으로 평가되고 있다.

4. 기술의 진보

(1) 실시간 다른 나라와 지역으로 스포츠 전송

> 시공간의 제약을 넘어 스포츠는 거의 실시간으로 다른 나라와 지역으로 전송되고 있다. 이 모든 일들이 가능해진 것은 교통·통신·미디어 등 고도로 발전된 테크놀로지 덕분이며 이는 스포츠의 세계화에 결정적 영향을 미쳤다.

(2) 증기기관과 내연기관의 발달로 촉발된 교통혁명

> 영국의 스포츠가 유럽의 각 항구로 전파되고, 철도의 부설과 함께 내륙으로 확산될 수 있었던 것은 보다 빠르고 편리해진 교통수단의 발달 때문이다. 교통수단의 발달로 오늘날 대규모 응원단의 이동이 가능하게 되었고, 미국처럼 큰 영토를 가진 나라에서도 프로스포츠의 홈 앤 어웨이(home and away) 방식이 가능해졌다.

(3) 1960년대 중·후반 위성 기술 발달

> 신문이나 라디오에 국한되었던 미디어는 위성TV나 인터넷으로 확대되었는데, 이 시기 스포츠의 세계화에도 가속도가 붙었다. 오늘날 지구촌 사람들은 홍수같이 쏟아지는 스포츠 정보를 같이 공유하고 소통한다.

03 스포츠 세계화의 논쟁

1. Bourdieu의 세계화 : 양극화와 상징지배	**(1) 양극화** 인기 스포츠과 비인기 스포츠는 그 경계가 더욱 두드러지며, 이를 소비하는 계층 역시 확연히 구분 **(2) 상징지배** 상류계급이 여타의 계급들과 구별되기 위해 실천하는 전략처럼 세계화 과정에서 지배-피지배의 불평등 관계가 드러나는 정치적 전략을 의미

양극화	상징지배
• 빈익빈 부익부 현상 • 인기 스포츠와 비인기 스포츠	• 지배-피지배의 불평등 관계 • MLB와 여러 국가의 야구리그 관계

2. Giddens의 세계화 : 역식민지화와 민주주의의 민주화	**(1) 역식민지화** 세계화 흐름이 '서구 선진국에서 나머지 세계로 단방향'이라는 생각을 부정하는 것으로 세계화가 서구의 부국에 속하지 않는 나라에도 실질적인 기회를 제공하고 있음을 의미 **(2) 민주주의의 민주화** 민주주의 제도가 구축되어 있기는 하지만 그것이 효과적으로 작동하지 못하는 현상을 가리켜 '민주주의의 역설'이라고 하면서 이 역설을 효과적으로 해결할 수 있는 것으로 '민주주의의 민주화'를 주창

역식민지화	민주주의의 민주화
• 비서구 사회와 서구 사회 간 양방향 교류 • 후진국, 개발도상국과 선진국 동반 성장	• 스포츠에 대한 접근과 포용성 • 인종·민족 통합, 여성·장애인 스포츠 성장

04 신자유주의(neo-liberalism) 시대의 스포츠

1. 신자유주의적 　세계화의 이해	**(1) 기초 개념** 시장에 대한 국가의 개입과 복지국가를 지향했던 케인즈주의에 대한 정치적 대안으로 신자유주의가 등장하였다. 신자유주의는 경제적 규제 완화, 자유시장, 국영기업의 민영화, 개인의 재산권 강화 등을 기초로 한다. **(2) 자유주의와 신자유주의** 신자유주의는 시장에 대한 국가의 개입 최소화라는 자유주의 사상과 다를 바 없어 보인다. 그러나 WTO, IBRD, IMF 등 초국가적 기구를 통해 자유주의 시장 운영을 위한 장벽철폐의 범위를 전 세계로 확대시켰다는 점에서 구별된다. **(3) 세계적 확산** 구소련의 붕괴에 따른 동서 냉전의 종식 이후, 기업과 자본이 세계화를 주도하는 핵심주체가 되어 경쟁과 개방의 원리를 바탕으로 하는 범세계적 자본주의 경제체제인 '신자유주의적 세계화'가 본격적으로 진행되었다.
2. 스포츠의 　신자유주의적 세계화 2023년 B 7번	**(1) 자본 의존적 스포츠** 1990년대 이후 선수의 이동이 자유로워지면서 본격화된 스포츠의 신자유주의적 세계화는 자본이 주도하는 상업화된 스포츠 세계화의 내용과 크게 다르지 않다. **(2) 세계 프로스포츠시장의 근본적인 구조 변동** 우수한 외국인 선수의 영입이 특정 리그와 클럽에 집중되었고, 과거 일개 국가에 머물던 단일 리그가 국경을 넘어 전 세계로 확대되었다. 미국의 MLB, NBA, 영국의 프리미어리그, 스페인 프리메라리가 등 몇몇 리그들은 이제 전 세계 스타 플레이어들의 집합소이다. 반면 나머지 나라들은 자국의 우수 선수를 끊임없이 공급하는 선수 공급소가 되었다. 현재 미국의 MLB에는 세계 각국의 우수 선수가 피라미드 형태로 모여 있다. 즉, MLB는 한국부터 일본에 이르기까지 야구를 하는 거의 모든 나라의 실질적인 상위리그로서 야구를 미국 중심의 위계체제로 구축하였다.

2. 스포츠의 신자유주의적 세계화
2023년 B 7번

(3) 세계적 클럽의 자본 독점과 단일시장의 원리

외국인 선수는 전 세계로부터 영입되고 있고, 몇몇 세계적인 클럽의 경우 최고의 볼거리와 함께 엄청난 경제적 부를 선사받고 있다. 이처럼 소비자본주의 문화의 사회적 배경이 튼튼한 미국이나 서유럽, 소위 자본주의 중심국을 중심으로 전 세계의 프로리그가 하나의 단일 시장으로서 작용하며 피라미드형 구조를 구축하게 되었다.

(4) 신자유주의적 세계화 시스템 고유의 장점

프로스포츠의 이윤 창출을 극대화시키며, 전체적 기술수준 향상을 촉진한다. 신자유주의적 세계화는 프로스포츠 시장이 스스로 더 많은 기회, 가능성, 부를 창출해 내도록 유도한다. 스포츠팬은 최고 수준의 경기를 관람할 기회를 공급받으며, 선수는 더 많은 가능성을 제시받는다.

(5) 스포츠 세계화(Globalization)와 스포츠 세방화(Glocalization)

앤드류(Andrews)와 리처(Ritzer)는 '세계화'는 다양한 지역에서 특이한 결과물을 창출하고 세계와 지역의 균형적인 상호교류를 추구하는 이상적인 개념이며 '세방화'는 국가와 기업, 조직 등이 제국주의적 야망을 바탕으로 전 세계에 걸쳐 자신들의 힘(power)과 영향력(influence), 그리고 수익을 추구한다는 현실적인 개념으로 규정하였다.

(6) 스포츠 세계화와 노동이주 현상

세계화 현상이 가속되면서 자본의 자유로운 이동뿐 아니라 노동력 역시 자유롭게 이동할 수 있는 시대가 왔다. 국내 선수의 해외 진출과 국외 선수의 국내 영입, 용병제 운영, 국내 선수의 국외로의 귀화와 국외 선수의 국내로의 귀화가 이루어지고 있다.

2. 스포츠의 신자유주의적 세계화
2023년 B 7번

🏆 메기(J. Magee)와 서덴(J. Sugden)의 노동이주 유형

종류	특징
개척자 (pioneers)	• 금전적인 보상이 최고의 가치가 아님 • 이주 국가와 친밀한 관계 형성
용병 (mercenaries)	• 경제적 보상이 최고의 이주 결정 요인임 • 더 나은 경제적 보상을 위해 다시 이주할 수 있음
유목민 (nomads)	• 종목의 특성으로 인해 국가 간 이동 발생 • 개인의 취향에 의해 선택하는 경우도 흔히 발생
정착민 (settlers)	• 경제적 보상 외에 다른 요인에 의해 정착 • 보다 나은 사회적 환경이나 교육환경에서 거주
귀향민 (returnees)	• 해외로 이주하였다가 국내로 다시 귀향 (해외 경험을 바탕으로 자국으로 복귀)

3. 신자유주의적 세계화의 그림자

(1) 자본의 양극화 심화

우수선수의 영입이 특정 리그와 팀에 집중되면 팀 간, 리그 간 빈익빈 부익부 현상이 심화될 수밖에 없다. 상위 팀의 경우 관중 수입뿐 아니라 중계권료, 스폰서십 및 용품 판매 등으로 충분한 수익을 보상받을 수 있다. 그리고 이 수익을 다시 팀 운영에 재투자하여 팀의 수준을 유지시킨다. 반면 스타선수를 보유하지 못한 팀은 경제적 적자에 허덕이며, 만년 하위의 설움을 안고 리그에서 생존의 문제를 걱정해야 한다. 프리미어리그의 경우 상위 4팀의 수준과 그 아래 팀들 간 격차가 너무 큰 탓에 나머지 팀들은 4위권 진입을 엄두도 내기 힘들다. 이탈리아나 스페인도 마찬가지로 2~3개 팀이 리그 상위를 독점하고 있는 형국이다.

(2) 주변국의 자국 리그 황폐화

자본주의 중심국에 끊임없이 우수선수를 공급하는 주변국은 스타선수들이 빠져나간 공백으로 인해 자국 리그가 황폐해질 수밖에 없고, 막연한 꿈을 좇아 세계 정상의 무대에 진출한 선수들도 대부분의 경우 변변히 뛰어보지도 못하고 청춘을 허비하는 경우가 많다. 예를 들면 우리나라 IMF 금융위기 직후, 수많은 실업팀들이 해체되었고 많은 선수들은 '스포츠 실업자'로 전락했다.

4. 신자유주의 시대의 문화제국주의

(1) 다국적 기업과 자본에 의해 주도되는 전 지구적 문화지배 현상

오늘날 문화제국주의나 문화적 헤게모니를 표현하는 용어는 '미국화(Americanization)', '맥도날드화(McDonaldization)', '코카콜라 제국화(CocaColonization)' 등이 있다. 세계 어디서나 마이클 조던과 NBA, 나이키를 숭배하고, 아디다스와 리오넬 메시를 보고 자란다. 사람들은 이제 자본의 의도대로 상업화된 자극을 추구하고, 새로운 상품을 끊임없이 소비한다. 이처럼 신자유주의 시대의 문화제국주의를 주도하는 다국적 기업과 자본의 힘으로 전 세계의 사람들이 표준화된 스포츠 상품과 스포츠 문화를 소비한다.

(2) 표준화·획일화로 전통적 신체문화나 전통스포츠 몰락

1980년대 이후 온 국민의 폭 넓은 사랑을 받아온 우리의 전통스포츠 씨름의 경우, IMF 이후 경쟁력을 상실한 채 과거의 입지를 되찾지 못하고 있다. 또한 씨름판을 누비던 몇몇 선수들은 이제 씨름판을 떠나 세계적 싸움꾼들이 다 모인 이종격투기 무대로의 진출을 시도하고 있다.

↘ 참고문헌

박보현 · 한승백 · 탁민혁, 스포츠사회학(개정판), 레인보우북스
이혁기 · 신석민, 개념중심 스포츠사회학, 레인보우북스
임번장, 스포츠사회학 개론, 레인보우북스

2027

권은성
ZOOM 전공체육

스포츠사회학

초판인쇄 | 2026. 3. 20.　**초판발행** | 2026. 3. 25.
편저자 | 권은성　**발행인** | 박 용
표지디자인 | 박문각 디자인팀　**발행처** | (주)박문각출판
등록 | 2015년 4월 29일 제2019-000137호
주소 | 06654 서울특별시 서초구 효령로 283 서경 B/D
전화 | 교재 문의 (02)6466-7202, 동영상 문의 (02)6466-7201

저자와의
협의하에
인지생략

ISBN 979-11-7519-587-5　/　ISBN 979-11-7519-581-3(세트)
정가 18,000원